実践につなぐ

教育原理

教育・保育をひらく

安部 孝 編著

みらい

は じ め に

　本書は、幼稚園や小学校の教員、保育士等を目指すみなさんが、初めて教育・保育の本質について学ぶためのテキストです。作成にあたっては、なにより、読みやすくわかりやすい記述を心がけるとともに、内容については、各執筆者の専門的な視点からみなさんが身につけておかなければならない基礎的なことがらを精選し、取り上げるようにしました。

　また、学習の目的を明らかにするために、章の初めには「考えてみよう」という問いを設け、終わりには、「Point」や「演習問題」を設けることで、学習内容を振り返り、定着をはかることができるようにしました。自習にも、仲間との学びにも大いに活用にしてほしいと思います。

　本書には、学びを充実させるために、各章ごとに多くの「人物紹介」「さらに詳しく」「用語解説」、そして「Column」などが設けられています。これらは学習のスムーズな取り組みを助けるとともに、本文には収まりきらない重要で興味深い知識や情報を提供したものです。本文を読み進めながら、どれかをピックアップして読んでも役立つものばかりであり、みなさんの学習内容に対する関心と理解をいっそう深め、親しみを抱くきっかけになることと思います。

　「教育原理」というと、なにかむずかしいイメージを抱いてしまうかもしれません。確かに専門用語が多く、用いられる言葉も文章の表現もスッと簡単に頭に入り込んでくる感じがしません。しかし、考えてみれば、教育・保育はだれもが受けてきたことであり、そしてだれかに施すことです。つまり、教育・保育とは、私たちが人間として生きていること、生きていくことそのものであり、教育・保育について学習し、考えることは、自分自身を知り、生き方を学び、考えることでもあるのです。そうしてみると、教育・保育は、もっと身近な言葉や事例によって、わかりやすく、やさしく語られてよいし、そうあるべきだと思われます。私たちは、そのことを最も大切にしながら本書の作成に努めました。

　教育・保育は、時代や国、社会の様子、また実際にかかわる子どもの実態によって変わるものですが、そうしたなかでずっと人間が大切にしてきたことは何か、自分のなかに育てられたものは何かということに、本書から改めて気づいていただけることを心から願っております。

　最後に本書の作成に際し、懇切にご助力をいただきました、株式会社みらいのみなさま、担当の小川眞貴子さんに、心より感謝を申し上げます。

2024 年 2 月

編者　安 部　孝

執筆者一覧

50音順　＊印編者

安部　日珠沙　（岐阜聖徳学園大学短期大学部）　　第1章

＊安部　孝　（名古屋芸術大学）　　第3章

井岡　瑞日　（大阪総合保育大学）　　第5章

石﨑　ちひろ　（常磐短期大学）　　第9章

石見　容子　（フェリシアこども短期大学）　　第12章

川上　英明　（山梨学院短期大学）　　第7章

栗原　真孝　（鹿児島純心大学）　　第14章

坂本　雅彦　（長崎純心大学）　　第15章

笹川　啓一　（目白大学）　　第6章

杉原　央樹　（名古屋女子大学）　　第4章

船勢　肇　（長崎女子短期大学）　　第2章

本多　舞　（こども教育宝仙大学）　　第13章

宮崎　元裕　（京都女子大学）　　第8章

村上　博文　（白梅学園大学）　　第10章

横島　三和子　（大阪人間科学大学）　　第11章

目　　次

はじめに　iii

第Ⅰ編　教育の意義

第1章　教育とはなにか————————————————— 2

1　教育の本質……………………………………………………………… 2
1　教育の語意　2　　　　2　教育の意義　3

2　教育の法的位置づけ………………………………………………… 4
1　日本国憲法　5　　　　2　教育基本法　6
3　学校教育法　8

3　保育現場における教育の目的…………………………………… 8
1　幼稚園　9　　　　2　保育所　10
3　認定こども園　11

第2章　子ども観の変遷————————————————13

1　教育への懐疑………………………………………………………… 13
1　オオカミに育てられた少女　13
2　中世には子どもがいなかった？——フィリップ・アリエス　14
3　「子どもの発見」——ジャン=ジャック・ルソー　15

2　戦時日本の子ども観………………………………………………… 17
1　「産めよ殖やせよ」17　　　2　学童集団疎開に見る子ども観　18
3　倉橋惣三の変化　18

3　教育基本法「改正」に見る子ども観…………………………… 19

4　「子どもの最善の利益」と「権利の主体」…………………… 19

第3章　教育と発達————————————————————21

1　発達についてのとらえ方………………………………………… 21
1　教育・保育における発達の意味　21　　　2　要領・指針等における発達　22
3　幼稚園、保育所、小学校における子どもの発達の特徴　23

  4　各段階を超えて意識されること　25

2　発達をふまえた教育・保育——教師・保育者の役割として‥‥‥‥‥‥‥‥26

　1　発達をふまえた適切な働きかけ　26

　2　発達の連続性をふまえた教育・保育の計画　28

3　教育と福祉——教師・保育者のかかわりとして‥‥‥‥‥‥‥‥‥‥‥‥29

第Ⅱ編　教育の歴史と思想

第4章　諸外国の教育の歴史——————————————32

1　ヨーロッパの歴史と教育‥‥‥‥‥‥‥‥‥‥‥‥‥‥‥‥‥‥‥‥‥32

　1　学校はいつから存在するのか　32　　2　ヨーロッパの歴史と学校　33

　3　中世から近世の教育——キリスト教の影響と都市の学校　34

2　公教育制度成立の背景——イギリス・フランスを中心に‥‥‥‥‥‥35

　1　イギリスの場合①——産業革命の影響と生活の変化　35

　2　イギリスの場合②——産業革命期の学校　35

　3　イギリスの場合③——工場法とオウエンの教育思想　36

　4　フランスの場合——フランス革命と公教育の思想　38

　5　公教育制度の成立へ　39

3　現代の学校教育を見つめなおすために‥‥‥‥‥‥‥‥‥‥‥‥‥‥40

第5章　日本の教育の歴史——————————————42

1　近世から近代へ‥‥‥‥‥‥‥‥‥‥‥‥‥‥‥‥‥‥‥‥‥‥‥‥42

　1　江戸・幕末期の教育　42　　2　学制の制定と明治の学校　43

　3　幼稚園・保育所のはじまり　44

2　日本における近代学校制度の完成とその特徴‥‥‥‥‥‥‥‥‥‥45

　1　公教育（義務・無償）の成立　45

　2　複線型の学校体系と男女別学　46

　3　戦時下の子どもと教育　47

3　戦後から現代にかけての教育‥‥‥‥‥‥‥‥‥‥‥‥‥‥‥‥‥48

　1　戦後新体制の教育　48

　2　教育の拡大とカリキュラムの変遷　49

　　3　学校・園はいま　51

第6章　諸外国の教育の思想────────────53

1　教育学の起源……………………………………………………………53

　　1　ソクラテス（Socrates, 前470- 前399年）　53

　　2　まとめ──何のための教育か　54

2　近世の教育思想家…………………………………………………………55

　　1　コメニウス（J. A. Comenius, 1592-1670年）　55

　　2　ロック（J. Locke, 1632-1704年）　56

　　3　ルソー（J. J. Rousseau, 1712-1778年）　57

　　4　まとめ──わかるように教えることと気づくまで待つこと　58

3　近代の教育思想家…………………………………………………………58

　　1　ペスタロッチ（J. H. Pestalozzi, 1746-1827年）　58

　　2　フレーベル（F. W. A. Fröbel, 1782-1852年）　60

　　3　まとめ──子どもにふさわしい教育を目指して　61

4　現代の教育思想家…………………………………………………………61

　　1　デューイ（J. Dewey, 1859-1952年）　61

　　2　マクミラン姉妹（R. McMillan, 1859-1917年 & M. McMillan, 1860-1931年）　62

　　3　まとめ──教育の主役は子ども！　63

第7章　日本の教育の思想────────────64

1　江戸時代の学びと思想……………………………………………………64

　　1　朱子学と陽明学　64

　　2　さまざまな学びの思想──古学・石門心学・国学　65

　　3　私塾での学び　66

2　国家をつくる明治時代の教育思想………………………………………67

　　1　学校と啓蒙　67　　　　2　福沢諭吉の教育思想　68

　　3　教育勅語の思想　68

3　子どもを中心にする大正時代の教育思想………………………………69

　　1　大正時代の思想と教育　69

　　2　フレーベルの「恩物」と日本の幼児教育　69

　　3　倉橋惣三の幼児教育の思想　70

4　＜戦争＞の前と後の教育思想··70

1　戦争と教育──「錬成」と「師弟同行」　70

2　戦前／戦後の城戸幡太郎　71

3　戦後の教育の思想　72

第8章　諸外国の教育制度────────────75

1　諸外国の学校制度··75

1　学校制度と義務教育期間　75　　　2　就学率　76

3　教科書と授業スタイル　77　　　4　教育実習　78

2　幼児教育・保育の制度の違い···79

1　幼児教育・保育の制度　79　　　2　保育者の違い　80

3　放課後の過ごし方··81

1　学校と放課後　81

2　さまざまな放課後活動　82

第9章　日本の教育制度────────────84

1　教育制度の概要··84

1　教育制度とは　84　　　2　教育制度の原則　85

2　教育制度の仕組み··85

1　教育組織としての制度　85　　　2　学校体系としての制度　86

3　幼児教育と学校教育の制度の変遷···86

1　幼児教育の制度と動き　86

2　教育基本法の改正と認定こども園の創設　89

3　要領・指針の改訂とこども家庭庁の設置　89

4　質の高い幼児教育のために···90

1　教育と保育の関係　90

2　Well-being を基調とした子ども政策　91

3　子どもの育ちを支える教師・保育者に必要な教育制度の理解　92

第Ⅲ編　教育の実践

第 10 章　乳幼児期の教育・保育────────────96

1　乳幼児期における教育・保育で大切なこと────────────96
1　養護という営み　96　　　2　養護を基盤とする教育の直接性と間接性　97
3　養護と教育が一体となった営み　98

2　乳幼児期の子どもとのかかわり────────────99
1　子どもを一人の人間としてとらえる　99　　　2　子どもとともに生きる　100
3　子どもとともに生活をつくる　100

3　乳幼児期の子どもの育ちを支える環境づくり────────────101
1　子どもの興味・関心にもとづく環境づくり　102
2　「親しみ」のある場づくり──安心してほっとできる環境づくり　102
3　「くつろぎ」のある場づくり　103

4　乳幼児期のおける教育・保育の特徴────────────105
1　3つの「資質・能力」の基礎をはぐくむ　105
2　「幼児期の終わりまでに育ってほしい姿」　105
3　子どもの育ちを振り返る　107

第 11 章　小学校以降の教育────────────109

1　急激に変化する社会における学校教育────────────109
1　AI、IoT などの急速な技術発展と学校教育　109
2　学校での学び方の変容　110
3　資質・能力の育成　110

2　小学校以降の教育の概要────────────111
1　幼児期の教育と小学校教育の特徴　111
2　教育のねらい・目標、教育課程、教育の方法など　112
3　学習評価　113
4　指導と評価の一体化　113

3　小学校以降の新たな教育の内容・方法────────────114
1　道徳の教科化　114　　　2　外国語活動　115
3　プログラミング教育　115

　　4　STEAM 教育などの横断型・探究学習　116

4　小学校教育と幼児教育・保育の連携と協働 ················· 117

　　1　小1プロブレムの課題　117

　　2　幼児教育・保育と小学校教育の連携・協働　117

　　3　アプローチカリキュラムとスタートカリキュラム　117

　　4　幼保小の架け橋プログラム　118

第12章　教育実践の基礎理論──内容・方法・計画と評価──120

1　幼児教育の内容 ·· 120

　　1　子どもにとっての遊びとは　120

　　2　遊びから学ぶ幼児期　122

2　幼児教育の方法 ·· 124

　　1　幼稚園教育要領と保育所保育指針　124

　　2　保育の形態　125

3　計画と評価の関係 ·· 127

　　1　計画とは　127　　　　2　保育者自身の評価　128

　　3　子どもの成長の評価　130

　　4　計画と評価の関係　131

第13章　多様な教育実践─────────────132

1　OECD で期待される就学前教育 ························ 132

　　1　就学前教育の現状　132

　　2　就学準備型と生活基盤型　133

2　モンテッソーリ教育 ····································· 133

　　1　モンテッソーリ教育の歴史的背景　133

　　2　モンテッソーリ教育の特徴　134

3　レッジョ・エミリア・アプローチ ····················· 136

　　1　レッジョ・エミリア・アプローチの歴史的背景　136

　　2　レッジョ・エミリア・アプローチの特徴　137

4　国際バカロレア ·· 139

　　1　国際バカロレアの歴史的背景　139　　　2　国際バカロレアの特徴　139

第14章　生涯学習社会と教育─────────143

1　生涯学習社会····················143

1　生涯学習　143　　　2　生涯学習社会とは　144

3　生涯学習社会と教育の関係　144

2　生涯学習の歴史····················145

1　ユネスコによる「生涯教育」の提唱　145

2　臨時教育審議会と生涯学習　146

3　教育基本法の改正と生涯学習政策　147

3　生涯学習の現代的意義················148

1　持続可能な開発目標（SDGs）と生涯学習　148

2　社会の変化と生涯学習　149

3　平均寿命の延伸と生涯学習　151

4　生涯学習としての教師・保育者の学び··········152

第15章　現代の教育課題─────────154

1　「現代の教育」をとらえるための視点··········154

2　さまざまな教育課題··················155

1　グローバル化がもたらした教育課題　155

2　ICT・デジタル技術の革新がもたらした教育課題　158

3　価値の多様化がもたらした教育課題　161

4　少子高齢化がもたらした教育課題　163

3　現代を生きる教師・保育者の課題··········164

1　教師や保育者の「現実」をどう見るか　164

2　教師や保育者を目指す人へ　165

演習問題　解答例　167

文献リスト　170

索引　178

本書の使い方

◎ 本書の構成

　本書は、基礎的な理論から具体的な教育・保育の内容、さらに教育・保育現場での実践に向けて、主体的に学んでいけるように、以下のとおりに構成しています。

> 「第Ⅰ編　教育の意義」 ⟶ 「第Ⅱ編　教育の歴史と思想」 ⟶ 「第Ⅲ編　教育の実践」

◎ 学習の流れ

① 「考えてみよう！」で問題意識をもとう

　各章の初めにテーマに関連する問いを設けています。
自分で考えてみることで主体的な学びにつなげていきます。
予習課題やグループワークとしてもご活用ください。

② 「補足説明」でさらに理解しよう

　ページ両端の空白部分に本文で説明できなかった語句説明や補足説明、教育・保育のこぼれ話などをこちらに掲載しています。

③ 「Column」で興味を広げよう

　本文と関連する話題をこちらで取り上げています。これらの話題から現代の教育・保育について考えてみよう。

④ 「POINT」で学びを振り返ろう

　各章末に章の内容を箇条書きで簡潔にまとめています。
学習の振り返りの際にご活用ください。

⑤ 「演習問題」で学びを深めよう

　各章末に理解を深め、学びを発展させる問題を付しています。
　各章の内容を振り返り、ぜひ挑戦してみてください。巻末に解答例や解答へのヒントを掲載しています。

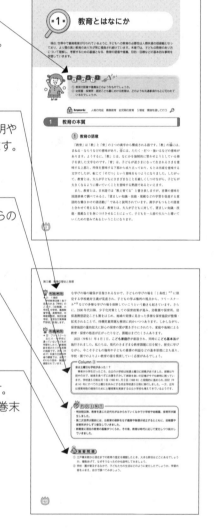

第 I 編

教育の意義

本編では、教育とはなにかを改めて考えてから、これまでの子ども観を振り返り、教育・保育と子どもの発達とのかかわりについて学んでいきます。

第1章　教育とはなにか

第2章　子ども観の変遷

第3章　教育と発達

教育とはなにか

　現在、世界中で義務教育が行われているように、子どもへの教育の必要性は人類共通の価値観となっており、より質の高い教育のあり方が常に模索され続けています。本章では、子どもの教育のあり方について理解し、考察するための基盤となる、教育の語意や意義、目的・目標などの基本的な事柄を学習していきます。

 考えてみよう！

① 教育の語意や意義はどのようなものでしょうか。
② 幼稚園・保育所・認定こども園における教育は、どのような共通事項のもとに行われているのでしょうか。

🔒 **Keywords** 　　人格の完成　義務教育　幼児期の教育　5領域　環境を通して行う

1 教育の本質

1 教育の語意

　「教育」は「教」と「育」の2つの漢字から構成される語です。「教」の偏(へん)には、まねる・ならうなどの意味があり、旁(つくり)には、たたく・打つ・強いるなどの意味があります。ようするに、「教」とは、なにかを強制的に習わせようとしている様子を表した文字なのです。「育」は、子どもが逆さまになって生まれるさまを意味する上部と、肉体を意味する下部から成り立っており、もとは出産を意味する文字でしたが、転じて「そだつ」という意味をもつようになりました。したがって、教育とは、大人が子どもにさまざまなことを厳しくしつけながら、子どもが大きくなるように導いていくことを意味する熟語であるといえます。

　また、教育とは、日本語では"教え育てる"と書き表しますが、言葉の意味を国語辞典で調べてみると、「望ましい知識・技能・規範などの学習を促進する意図的な働きかけの諸活動」[1] であると説明されています。漢字がもつもとの語意と合わせて考えるならば、教育とは、大人が子どもに対して、望ましい知識・技能・規範などを身につけさせることによって、子どもを一人前の大人へと導いていくための営みであるということになります。

英語の場合、「教育」という言葉に対応するのは"education"であり、現代においては「教授を通じて、とくに学校や大学における公的な指導を通じて、人間の精神と人格が発達する過程」[2]などの意味で使用されています。"education"の語源はラテン語の"educatio"なのですが、この言葉には、「教育」以外にも「訓練」「真直ぐに立てること」などの意味があります。また、"educatio"は"educo"という動詞から派生した言葉ですが、"educo"には「引き上げる」「つくり出す」「援助する」「目覚めさせる」などの意味もあります。ようするに"education"が示すところの教育とは、子どもの資質や能力を向上・覚醒させたり、子どもを自立させたりするための支援なのです。

以上のことから、教育とは、大人による子どもへの社会的な知識や技能などの教授を中心とした外面的な働きかけと、子どもの生来の能力を引き出し高めるための内面的な働きかけという両面性を有する営みであり、かつ、このような意味をもつ言葉であることがわかります。

② 教育の意義

古今東西のほとんどを通じて、教育は人間にとって必要不可欠なものとして認識され、絶えたためしはありません。しかし、もしも教育が存在しなかったら、つまり、教育をまったく受けなかったら、人間はどうなってしまうのでしょうか。

古代ギリシアの哲学者プラトン（Platon）[*1]は、「人間は、正しい教育と恵まれた本性を得られれば、最も神聖で温和な動物となるが、教育が不適切ないし粗悪なものであれば、地上に生まれるものの中で最も獰猛な動物となる」と説いています。適当な教育が行われなければ、人間はほかの凶暴な動物と変わらなくなるため、子どもに対してきちんとした教育を行い、人間として正しく導く必要があるというのです。

また、17世紀に活躍したチェコの教育学者コメニウス（J. A. Comenius）は、プラトンを引き合いに「人間は教育を受けてこそ人間になることができる」と説き、野生児の事例を2つあげています。1つめは、1540年頃に森のなかで行方不明になった3歳の少年が、数年後にオオカミと一緒に生活しているのを発見・捕獲されたというものです。捕獲されたときの少年は、4つ足で歩いたり、言葉を話さずに恐ろしい声で咆えたりするなど、まるで動物のようだったそうです。2つめは、1563年に狩りをしていた貴族が、オオカミの巣のなかで少年を発見・捕獲したというものです。少年の年齢は7歳ほどで、爪はかぎ爪のように曲がっており、言葉を話さずに動物のような叫び声を上げたり、暴れ回ったりしていたとされています。捕獲された2人の少年は、再び人間との生活を送るなかで、動

プラトン

🌸 人物紹介

＊1　プラトン
（前427-前347年）
　前5世紀〜前4世紀に古代ギリシアで活躍した哲学者。主著に『ソクラテスの弁明』『国家』『饗宴』などがありますが、ほとんどが師ソクラテスを語り手とする対話篇になっています。イデア論などをはじめ、西洋哲学の源流となる思想体系を構築する一方、アカデメイアと呼ばれる学園を創設し、教育活動にも熱心に取り組んでいました。第6章（p.54）を参照。

物的な特徴が次第に薄れていき、二足で歩いたり、言葉を覚えて会話ができるようになったりしたそうです。コメニウスはこれらの事例から、すべての人間には教育が不可欠であり、教育なくして人間は人間たりえないと考えました。

　プラトンとコメニウスの思想に共通しているのは、人間は、きちんとした教育を受けなかった場合、人間らしく振る舞うことはできないということです。もしもヒト[*2]という動物が、身体が成長するにつれて無条件に人間らしく振る舞えるようになるのであれば、コメニウスが紹介したような野生児たちは存在しえなかったはずです。または、発見・捕獲されたときに、彼らは動物のようにではなく、人間のように振る舞い、事情を説明できたはずです。しかし、実際の彼らの挙動は動物のようであり、人間らしい言動も見られませんでした。つまり、人間が本当に人間として存在するためには、人間から適切な教育を受け、人間とのかかわりのなかで、人間として望ましい知識、技能、規範などを学習しなければならないのです。生まれたばかりの子どもがそうであるように、ヒトに生まれたからといって、最初から人間らしさを備えているわけではありません。人間によって育てられ、人間によって教えられることによって、ヒトは少しずつ人間らしさを獲得し、人間として振る舞うことができるようになるのです。言い換えれば、教育とは、人間が人間をつくり出すための働きかけにほかならず、教育の意義とは、人間が人間として生きるうえでの必需であるという点に見出されるでしょう。

＊2　私たちは自分や他人のことを「人」「人間」と呼びますが、「ヒト」と表現した場合は、とくに動物分類学上の「人」「人間」を意味します。

＊3　コメニウスについて、詳しくは、第6章（p.55）を参照。

= Column ① =

ヨハン・アモス・コメニウス（1592-1670年）

　コメニウスは近代教育学の祖と呼ばれる教育学者であり[*3]、現代の日本の学校教育にも大きな影響を与えた人物の一人です。

　たとえば、現在の小・中学校等で使われる教科書には、当然のようにイラストや図表が載っていますが、世界で初めて絵入りの教科書『世界図絵』（1658年）をつくったのが、コメニウスです。『世界図絵』はラテン語の教科書ですが、子どもが楽しみながら主体的に学ぶことを重視していたコメニウスは、遊びと同じ喜びを勉強においても味わえるような教材として、これを開発しました。現在の学校用教科書はコメニウスの発想の産物なのです。

　また、コメニウスは、子どもの成長や発達をふまえた学校教育のあり方も構想しています。たとえば、生まれや性別によらず、同じ年齢の子どもが同じ時期に入学し、同じ学年ごとにクラスに分かれ、同じ教材を使って同じ内容を学習し、同じ時期に進級・卒業するという仕組みを考案したのも、コメニウスです。子どもの発達段階に沿ってさまざまな知識や技能を教授し、子どもの資質や能力を総合的に育成するという現代では一般的な学校教育の考え方も、起源をたどればコメニウスに行き着くのです。

２　教育の法的位置づけ

＊4　日本の教育制度の歴史については、第5章（p.43）を参照。

　日本では、1872（明治5）年の「学制」の公布以降、学校教育を中心とした近代的な教育制度の整備と充実がはかられてきました[*4]。第二次世界大戦後の「教

育の民主化」を経て、教育は法律によって制度化され、現代に至っています。そのため、現代の日本の教育について学びを深めるためには、実際の教育のあり方を規定する教育法規についても確認しなければなりません。

　本節では、日本の教育制度の根幹をなす「日本国憲法」「教育基本法」「学校教育法」の3種類の法令について見ていきたいと思います。

1　日本国憲法

　日本国憲法とは、1947（昭和22）年に施行された「国の最高法規」であり、基本的人権の尊重と統治機構を定めたものです[3]。国民の権利だけでなく義務に関しても述べられていますが、権利とは、国が国民に対して確約し保障すべき事柄であり、義務とは、国民が国に対して果たすべき事柄であるといえます。そのなかで、教育に関しては以下のように記されています。

> **憲法第26条**　すべて国民は、法律の定めるところにより、その能力に応じて、ひとしく教育を受ける権利を有する。
> 　2　すべて国民は、法律の定めるところにより、その保護する子女に普通教育を受けさせる義務を負ふ。義務教育は、これを無償とする。

　第26条第1項は、「**教育を受ける権利**」を規定したものです。「その能力に応じて、ひとしく」という文言は、同法第14条第1項の「人種、信条、性別、社会的身分又は門地により、政治的、経済的又は社会的関係において、差別されない」という規定に準ずるものであることから、「教育の機会均等」に言及されていることがわかります。このように、日本国憲法においては、国民の誰もが「その能力に応じて」（＝自分の力量に即して）、「ひとしく」（＝平等な待遇において）教育を享受しえることが保障されており、他方、国はその実現のために必要な施策を講ずる義務を課されているのです。

　第26条第2項は、「**義務教育**」に関する規定です。文部科学省によれば、義務教育とは「国民が共通に身に付けるべき公教育の基礎的部分を、だれもが等しく享受し得るように制度的に保障するもの」であり、「国家・社会の形成者として共通に求められる最低限の基盤的な資質の育成」と「国民の教育を受ける権利の最小限の社会的保障」を目的とする営みであるとされています[4]。義務教育の"義務"とは、子どもに対する国の「最小限の社会的保障」としての義務であり、かつ、国と子どもに対する保護者の「国民」としての義務であって、子どもが負う義務ではありません。子どもが有するのは、あくまでも教育を受ける権利であり、子どもが普通に教育を受けられるよう制度や環境を整備することが、国や保護者に課された教育上の義務なのです。また、「義務教育は、これを無償とする」と

あるように、国公立学校で行われる義務教育には、授業料がかかりません。これは、保護者の教育費の負担を軽減することによって、経済的な理由で子どもの教育を受ける権利が損なわれないようにするためであり、ほかにもさまざまな法令によってその権利の保障がはかられています。

— Column ②

就学援助制度

　現在、日本の義務教育は授業料が無償となっていますが、制服費や通学費などの授業料以外の教育費は有償となっています。授業料が無償であるにもかかわらず、経済的困窮のために子どもを就学させることが困難な家庭に対して適用されるのが、就学援助制度です。

　学校教育法第19条には「経済的理由によって、就学困難と認められる学齢児童生徒の保護者に対しては、市町村は、必要な援助を与えなければならない」と定められています。学齢期の子どもをもつ保護者が経済的困難を抱えている場合、地方公共団体は学用品費や学校給食費などを援助し、子どもの就学を奨励する義務が課されているのです。また、「就学困難な児童及び生徒に係る就学奨励についての国の援助に関する法律」第2条には、就学援助の円滑な実施のために、国が地方公共団体へ経費を補助することが規定されています。このように、日本では、すべての子どもが等しく義務教育を受けられるように、さまざまな法令を通じて多くの支援制度が設けられているのです。

---

② 教育基本法

　日本国憲法第26条に定められているのは、教育に関する国民の権利や義務にすぎず、教育のあり方についてではありません。第1項に「法律の定めるところにより」と述べられているように、日本の教育にかかる基本的な考え方や、実際の教育の運営に関する基礎的な事項などは、**教育基本法**という法律によって定められています。教育基本法は、日本の教育に関する他の法令の運用や解釈の基準として扱われているため、しばしば「教育憲法」と呼ばれることもあります。

　教育基本法は、日本の教育が何を成し遂げようと目指しているのかを、以下のように定めています。

> **教育基本法第1条**　教育は、人格の完成を目指し、平和で民主的な国家及び社会の形成者として必要な資質を備えた心身ともに健康な国民の育成を期して行われなければならない。

　日本における教育の目的は、「**人格の完成**」であることがわかります。人格の完成とは、「個人の価値と尊厳との認識に基き、人間の具えるあらゆる能力を、できる限り、しかも調和的に発展せしめること」[5]を意味します。さらに、人格の完成がどのようにして達成されうるのかというと、「平和で民主的な国家及び社会の形成者として必要な資質を備えた心身ともに健康な国民の育成」によって

であると示されています。

　しかし、これらを一朝一夕で実現することは不可能であるといえます。人間の心身の成熟には相応の時間がかかり、知識や技能の獲得には学習や訓練の積み重ねが求められるからです。むしろ、人格の完成という深重な目的を達成するためには、生涯を通じて段階的に取り組んでいく必要があるといえるでしょう。それゆえ、教育基本法には、以下のように教育の目標が設定されています。

教育基本法第 2 条

一　幅広い知識と教養を身に付け、真理を求める態度を養い、豊かな情操と道徳心を培うとともに、健やかな身体を養うこと。

二　個人の価値を尊重して、その能力を伸ばし、創造性を培い、自主及び自律の精神を養うとともに、職業及び生活との関連を重視し、勤労を重んずる態度を養うこと。

三　正義と責任、男女の平等、自他の敬愛と協力を重んずるとともに、公共の精神に基づき、主体的に社会の形成に参画し、その発展に寄与する態度を養うこと。

四　生命を尊び、自然を大切にし、環境の保全に寄与する態度を養うこと。

五　伝統と文化を尊重し、それらをはぐくんできた我が国と郷土を愛するとともに、他国を尊重し、国際社会の平和と発展に寄与する態度を養うこと。

　教育の目的を達成するために、どのようなことを修得すればよいのかを具体的に示したものが、教育の目標になります[*5]。日本での教育とは、5 つの目標において掲げられた「能力」の伸長と「態度」の涵養を通して、「人格の完成」を実現しようとする営みなのです。ただ、教育の目標は、教育の内容や方針を列挙することで、教育の目的を多少は具体化したといえますが、なお抽象的であることは否めません。また、教育の目的も目標も、日本の教育全般の理念を定めたものであるため、実際には、子どもだけでなく、大人もその対象になっています。

　子どもを対象とする教育に限定して、教育の目的と目標の実現に向けた取り組みを考える場合、第一に注目されるべきは、義務教育であるといえます。なぜなら、現代の日本において、義務教育は、子どもの教育を受ける権利を保障する最たる制度であり、すべての子どもが実際に経験することであるため、子どもを対象とした教育活動の中心としてとらえられるからです。

　義務教育について、教育基本法は以下のように規定しています。

教育基本法第 5 条　国民は、その保護する子に、別に法律で定めるところにより、普通教育を受けさせる義務を負う。

　2　義務教育として行われる普通教育は、各個人の有する能力を伸ばしつつ社会において自立的に生きる基礎を培い、また、国家及び社会の形成者として必要とされる基本的な資質を養うことを目的として行われるものとする。

　義務教育は**普通教育**を行うことを目的としています。普通教育とは、社会生活

用語解説

＊5　目的と目標

　目的と目標は混同されがちですが、厳密には異なる意味をもっています。目的は目指している事柄の内容を示すのに対し、目標は目的を達成するために必要な事柄を示しています。登山でたとえると、山頂に到達することが目的となり、山頂に至るまでの 2 合目、5 合目、8 合目などの中継点を通過することが目標となります。

を営むうえで必要となる基本的な知識や技能、能力や資質を養うために行われる教育を意味します。また、学校での多種多様な学びを通して、子どもが自己を培い一人の人間として自立するのを援助していくことでもあります。現代の社会のなかで、人間らしい充実した生活を送るためには、読み・書き・計算をはじめ、さまざまな知識や能力の修得が不可欠となりますが、義務教育とは、子どもがそれらの基礎を獲得するための機会を保障する制度にほかならないのです。

3　学校教育法

　日本の義務教育が小学校と中学校を中心に行われているように、教育の現場として最たるものは、学校であるといえます。日本国憲法や教育基本法が定める教育の基本理念を、学校制度として具体的に規定した法律として、**学校教育法**があります。日本の学校教育を体系づけるこの法律は、保護者が「子に9年の普通教育を受けさせる義務を負う」（第16条）ことを確認したうえで、義務教育の目的を達成するべく、10個の目標＊6を定めています（第21条）。これは、義務教育活動の底流を貫くものであり、社会のなかで生きるために必要となる基礎学力を身につけながら、さまざまな態度や能力などを涵養することをうたったものです。

　学校教育と聞くと、国語や数学などの授業が真っ先に思い浮かび、教科書の内容をどれだけ暗記できるか、試験でどれだけ高得点を取れるかを重視していると誤解されがちですが、本来的には、学校でのあらゆる活動を通じて子どもの人格を陶冶＊7しようとする取り組みなのです。義務教育も同様に、教科教育を中心とした教育活動を通じて、義務教育の目的と目標を実現することによって、教育の目標を達成し、人格の完成を目指しています。義務教育の観点からすると、学校とは、教育の目的を実現するための環境の一つであり、子どもの人間的・社会的な成長を扶助するための重要な施設の一つなのです。

3　保育現場における教育の目的

　義務教育は、小学校などへの就学をもって開始される学校教育ですが、現代の日本では、幼稚園、保育所、幼保連携型認定こども園（以下、「認定こども園」という）などでの就学前教育を経てからの就学が一般的となっています。

　就学前教育は、幼児教育と同じ意味であり、幼児教育について、教育基本法は以下のように定めています。

> **教育基本法第 11 条**　幼児期の教育は、生涯にわたる人格形成の基礎を培う重要なものであ
> ることにかんがみ、国及び地方公共団体は、幼児の健やかな成長に資する良好な環境の
> 整備その他適当な方法によって、その振興に努めなければならない。

「生涯にわたる人格形成の基礎を培う」という文言からも明白なように、幼児教育もまた、教育の目的である人格の完成を見すえた営みにほかなりません。幼稚園、保育所、認定こども園は、成立の経緯や管轄する機関の違いから、施設ごとに異なる目的や目標をもっています。しかし一方で、ともに幼児教育を行う施設であり、義務教育への円滑な接続を担うという共通点において、各自の機能と役割にもとづきながら、同じ到達地点を目指してもいるのです。

① 幼稚園

幼稚園とは、「義務教育及びその後の教育の基礎を培うものとして、幼児を保育し、幼児の健やかな成長のために適当な環境を与えて、その心身の発達を助長することを目的とする」学校です（学校教育法第 22 条）。「幼児を保育し」とあるように、幼稚園教育は小学校以後の「義務教育及びその後の教育」とは教育の方針が異なることがわかります。また、「適当な環境を与えて」とあるように、幼稚園教育は「人格の完成」という教育の目的を見すえつつも、幼児期の子どもの特質を重視し、義務教育のような教科・科目ごとの授業によってではなく、**環境を通して行う**ものであることが、幼稚園教育要領に定められています。

> **幼稚園教育要領**
> 第 1 章 総則　第 1　幼稚園教育の基本
> 　幼児期の教育は、生涯にわたる人格形成の基礎を培う重要なものであり、幼稚園教育は、
> 学校教育法に規定する目的及び目標を達成するため、幼児期の特性を踏まえ、環境を通し
> て行うものであることを基本とする。

保育者は、幼稚園教育の目的を実現するために、子どもの発達の過程を見通しながら計画的に環境を構成し、子ども一人ひとりが自発的な活動としての遊びを通して主体的に学びを深めていけるようにしなければなりません。そして、子どものかかわる環境を構成する際の視点となるものが、学校教育法において、以下のように規定された幼稚園教育の目標なのです。

学校教育法第23条
　一　健康、安全で幸福な生活のために必要な基本的な習慣を養い、身体諸機能の調和的
　　　発達を図ること。
　二　集団生活を通じて、喜んでこれに参加する態度を養うとともに家族や身近な人への
　　　信頼感を深め、自主、自律及び協同の精神並びに規範意識の芽生えを養うこと。
　三　身近な社会生活、生命及び自然に対する興味を養い、それらに対する正しい理解と
　　　態度及び思考力の芽生えを養うこと。
　四　日常の会話や、絵本、童話等に親しむことを通じて、言葉の使い方を正しく導くと
　　　ともに、相手の話を理解しようとする態度を養うこと。
　五　音楽、身体による表現、造形等に親しむことを通じて、豊かな感性と表現力の芽生
　　　えを養うこと。

　上記の5項目は、幼稚園教育の目標であると同時に内容でもあります。保育者が子どもの生活を通して総合的な指導を行う際の視点である**5領域**、つまり領域「健康」「人間関係」「環境」「言葉」「表現」に対応しています。そのため、幼稚園教育は、まずもって5領域によるということができ、幼児期の教育の本質もまた、5領域に示される事項にもとづく環境構成および活動全体を通して、子どものさまざまな資質・能力を涵養していくことにあるといえるでしょう。

② 保育所

　保育所は、「保育を必要とする乳児・幼児を日々保護者の下から通わせて保育を行うこと」を目的する児童福祉施設です（児童福祉法第39条）。保育所保育指針によると、保育所は「子どもが生涯にわたる人間形成にとって極めて重要な時期に、その生活時間の大半を過ごす場」として、幼稚園と同様に、子どもの健やかな心身の発達をはかるための環境であることが求められています。また、「生涯にわたる人間形成」とあるように、保育所保育も「人格の完成」を指向する営みであることがわかります。保育所は「環境を通して、養護及び教育を一体的に行うこと」を特性とする施設として、以下のような目標が設定されています。

保育所保育指針
第1章 総則　1 保育所保育に関する基本原則　⑵ 保育の目標
　㋐ 十分に養護の行き届いた環境の下に、くつろいだ雰囲気の中で子どもの様々な欲求を
　　満たし、生命の保持及び情緒の安定を図ること。
　㋑ 健康、安全など生活に必要な基本的な習慣や態度を養い、心身の健康の基礎を培うこ
　　と。
　㋒ 人との関わりの中で、人に対する愛情と信頼感、そして人権を大切にする心を育てる
　　とともに、自主、自立及び協調の態度を養い、道徳性の芽生えを培うこと。
　㋓ 生命、自然及び社会の事象についての興味や関心を育て、それらに対する豊かな心情
　　や思考力の芽生えを培うこと。

　(ｵ) 生活の中で、言葉への興味や関心を育て、話したり、聞いたり、相手の話を理解しようとするなど、言葉の豊かさを養うこと。
　(ｶ) 様々な体験を通して、豊かな感性や表現力を育み、創造性の芽生えを培うこと。

　(ｱ)は「生命の保持」と「情緒の安定」からなる**養護**の目標にかかる説明であり、(ｲ)〜(ｶ)は5領域としての教育の目標にかかる説明になっています。保育所保育は、養護と教育の一体性のもとに環境を通して行われるものですが、教育の目標に当たる(ｲ)〜(ｶ)に関しては、幼児期の子どもの教育に携わる施設である点において、幼稚園・認定こども園と共通の内容になっています。

③ 認定こども園

　幼保連携型認定こども園教育・保育要領解説によると、認定こども園は「小学校就学の始期に達するまでの子どもを入園させて教育及び保育を行う学校及び児童福祉施設」とされています。端的には、認定こども園とは、幼稚園（学校）と保育所（児童福祉施設）の両方の特性をあわせもった施設であり、幼稚園や保育所と同様に「園児が生涯にわたる人格形成の基礎を培う重要な時期に、その生活時間の大半を過ごす場」としてとらえられています。

　認定こども園の目的は、「就学前の子どもに関する教育、保育等の総合的な提供の推進に関する法律」（以下、「認定こども園法」という）によって、「義務教育及びその後の教育の基礎を培うものとしての満3歳以上の子どもに対する教育並びに保育を必要とする子どもに対する保育を一体的に行い、これらの子どもの健やかな成長が図られるよう適当な環境を与えて、その心身の発達を助長するとともに、保護者に対する子育ての支援を行うこと」（第2条第7項）と定められています。「適切な環境を与えて」、つまり環境を通して行うという点では、幼稚園や保育所における教育・保育と変わりありません。また、認定こども園の教育・保育の目標は、同法第9条において、以下のように定められています。

認定こども園法第9条
　一　健康、安全で幸福な生活のために必要な基本的な習慣を養い、身体諸機能の調和的発達を図ること。
　二　集団生活を通じて、喜んでこれに参加する態度を養うとともに家族や身近な人への信頼感を深め、自主、自律及び協同の精神並びに規範意識の芽生えを養うこと。
　三　身近な社会生活、生命及び自然に対する興味を養い、それらに対する正しい理解と態度及び思考力の芽生えを養うこと。
　四　日常の会話や、絵本、童話等に親しむことを通じて、言葉の使い方を正しく導くとともに、相手の話を理解しようとする態度を養うこと。
　五　音楽、身体による表現、造形等に親しむことを通じて、豊かな感性と表現力の芽生えを養うこと。

> 六　快適な生活環境の実現及び子どもと保育教諭その他の職員との信頼関係の構築を通
> 　じて、心身の健康の確保及び増進を図ること。

　第1号～第5号は、教育つまり5領域にかかる説明であり、幼稚園の教育の目標と同じ文言になっています。第6号は、養護についての説明であり、保育所保育指針の「養護に関する基本的事項」に相当する内容となっています。

　幼稚園・保育所・認定こども園における幼児教育の目標は、5領域という点でほぼ同一のものです。それは、3施設のどこに通って教育を受けたとしても、卒園後は全員が小学校などへ就学する以上、どの施設にも小学校などとの円滑な接続が求められているからです。そのため、5領域と**「幼児期の終わりまでに育ってほしい姿」**[*8]が、3施設における教育の共通の手がかりとなっているのです。

　以上のように、法令に定められた教育は、子どもの人格の完成を目指す営みであり、幼稚園・保育所・認定こども園では、幼児期の教育が、生涯にわたる**人格形成の基礎**を培う重要なものとして、共通に位置づけられています。これは、人間をつくり出すという教育の意義を制度的に規定したものであり、教育とは、このような意図のもとに行われる、子どもに対する大人の働きかけなのです。

覚えておこう

＊8　「幼児期の終わりまでに育ってほしい姿」とは、5領域に示されるねらいと内容にもとづく活動全体を通して資質・能力がはぐくまれている子どもの小学校等就学時の具体的な姿であり、3施設の保育者が指導を行う際に考慮するものです。全部で10項目あることから、「10の姿」などと呼ばれます。また、小学校との連携においては、小学校教師とも共有するべき事項とされています。第9章の図9-3（p.90）も参照。

POINT

・教育とは、本質的には人間をつくる営みであり、人間として生きるために必要な事柄を教授することで、人間的な成長や発達を促していくことをいいます。
・現代の日本の教育制度において、教育とは、人格の完成を目指す営みであり、義務教育を通じて最小限の権利が保障されています。
・幼稚園、保育所、認定こども園は、生涯にわたる人格形成の基礎を培う教育を行う施設として、共通のねらいや内容などにもとづいて活動が行われています。

演習問題

① どうして人間にとって教育は必要不可欠な営みであるといえるのでしょうか。
② どうして幼稚園・保育所・認定こども園において、教育の目的や目標、内容などが共有されているのでしょうか。

子ども観の変遷

第2章

子ども観とは、子どもをどのように考えているのかというようなことです。「これが子どもらしい」「子どもをこうしたい」「子どもはこうあるべき」などという考え次第で、教育内容は変わります。そして、これは多くの場合、大人が考えてきたことでした。

本章では、いくつかの例を通して、子ども観について考えてみましょう。

① 教育するということには、そもそもどのような意味があるのでしょうか。
② 教育には多くの批判がありましたが、どんなものがあったのでしょうか。
③ 教育にかかわる者にとって、どのような視点を忘れないことが大切なのでしょうか。

keywords 　「子どもの発見」　社会の変化と教育　権利の主体

1 　教育への懐疑

1 　オオカミに育てられた少女

オオカミに育てられた少女の話を知っているでしょうか。この話は『狼に育てられた子』という本に記されています[1]。実は、この話が本当にあったことなのかどうか、信憑性に多くの疑いがもたれています[2]。しかし、ここには教育にかかわって、私たちにとっても重要な論点が隠されています[3]。このオオカミ少女の話とはおよそ次のような内容です。

オオカミとともにいた2人の少女が、1920年インドのゴダムリ村で「発見・救出」されました。2人は二足歩行ができず、胸まで髪の毛に覆われていました。また、生肉を好んで食べ、動物の死骸に食らいつき、木に登ったり、遠吠えをしたりしていました。「人間に似た化け物」と思われたそうです。言葉も話せなかったため、周囲の人間がカマラとアマラと名づけました。

ヨセフ・シング牧師は、アマラとカマラを引き取り、オオカミの習性を捨てて「人間らしさ」を身につけさせることを絶対の正義として、固い信念をもって2人にかかわっていきます。アマラは早い段階で病死しますが、カマラは服を着て、言葉を覚え始め、二足歩行をするようになりました。

J.A.L シング著、中野善達ほか訳『狼に育てられた子』福村出版、1977 年

この話が本当にあったと仮定して少し考えてみましょう。子どもに対して、大人の考える「正しさ」を一方的に押しつけることは、子どもの自由や個性を損なうおそれがあります。シング牧師の「教育」によって、カマラは「**人間らしさ**」を獲得する代わりに、これまでの生活や培ってきた「**カマラらしさ**」、すなわち彼女の個性を失ったとはいえないでしょうか。シング牧師の行動は「善意」だったといわれますが、カマラ本人がそれを望むかどうかは考慮されませんでした。カマラにとって、それまでともに暮らしていたオオカミと引き離されることは、はたして幸せだったのでしょうか。

以上の話から、「教育はカマラを幸せにしたか」を考えるのは、答えの出ない問題かもしれません。しかし、このように考えたとき、教育には抑圧性・暴力性という側面がつきまとっていることに気がつきます。「**人間らしさ**」や「**正しさ**」の意味内容を固定的に考え、反省的に問い改めようとせず、他者に一方的に押しつけようとするとき、「教育」は差異に不寛容となり、他者の尊厳を否定する危険が高まります。人種・国籍・宗教・思想の異なる人びとが尊重し合う社会を実現させるためには、差異に対して寛容さが求められるのです。

ただし、そうした多様な他者の尊厳に対する想像力をはぐくむためには、どのような生活をすることが有効なのでしょうか。やはり、言葉を覚え、さまざまな他者とかかわり、多くの書物を読み、論理的にものごとを考えるような日々を過ごすことも、とても意義のあることと思えます。よって、大きな危険を警戒する思慮深さをもちながらも、教育を放棄せずに子どもとかかわることが求められます。

② 中世には子どもがいなかった？──フィリップ・アリエス

フィリップ・アリエス（P. Ariès）は、「中世には子ども期が存在しなかった」と論じました[4]。これは、現代までさまざまな論争を生んできましたが、もちろん近代になるまでに大人しかいないはずはありません。しかし、なぜこのような話が注目を浴びてきたのでしょうか。

アリエスによれば、中世[*1]では、近代[*2]のように、大人と区別した「子ども期」というものが、さほど明確に、ましてや年齢で一律に区切るような形では存在していませんでした。今日の学校のように、年齢によってカリキュラム・時間割・教科書などが整備されていなかったことからすれば、そうかもしれません。もちろん、教育の場は存在しましたが、異年齢の人びとが混ざり合い、子どもと大人の境界はかなり曖昧だったといいます[5]。つまり、中世においては、「子ども」というカテゴリーは、それほど明確には意

フィリップ・アリエス著、杉山光信ほか訳『〈子供〉の誕生──アンシアン・レジーム期の子供と家族生活』みすず書房、1980年

用語解説

＊1　中世
　「中世」とは、時代区分の一つで、ここでは「近代」の前を指します。国家の一元的支配というよりは、教会をはじめとして、さまざまな社会集団の自律性が強かったといわれます。第4章＊4（p.33）を参照。

用語解説

＊2　近代
　「近代」とは、時代区分の一つで、「中世」の後を指します。中央集権化していく国家が身分にかかわりなく、一律に同じ教育制度を適用する原則が生まれ、義務教育も整備されていきました。

識されていなかったということです。

アリエスは、子どもの遊びや服装、性的なモラルなどがどうあったのかを分析しました。それによると、これらは17世紀頃から次第に変化し、家庭で子どもを「かわいがる」という意識も強まってきたといいます[6]。近代以降は、一定の年齢に達すると学校に通い、学年ごとに学ぶ内容も計画されるようになります。つまり、「子ども」を**管理**する仕組みが整っていくわけですから、「子ども」というカテゴリーが大きく顕在化してくるのです。これは、公権力が、学校を通して「子ども」を取り込んで、**管理**するようになったことのあらわれでした。子どもが管理の対象として明確に認識されたということです。このように、義務教育を通して国民に規律を一律に求めるのが、国民国家[*3]の特徴といわれます。

ここで、前述のオオカミ少女の話とつながっていることがわかるでしょうか。教育には、〈あるべき姿〉を押しつける大人の権力が存在してきたということです。アリエスは、「近代社会が子どもを管理している」という特徴を指摘しました。また、〈子どもらしさ〉は、歴史とともに変化し、そのときの社会によって規定されるという視点も提供しています。

 用語解説

*3 国民国家
　同質な国民を前提とする国家のことです。国民は、参政権など権利も獲得しますが、納税・兵役・教育の義務も担うことになります。

③ 「子どもの発見」──ジャン＝ジャック・ルソー

「人は子どもというものを知らない。子どもについてまちがった観念をもっているので、議論を進めれば進めるほど迷路にはいりこむ」[7]とは、ルソー(J.J. Rousseau)の著書『**エミール**』の有名な一節です[*4]。ルソーのメッセージを簡単に理解することは誤解を招く危険が高いのですが、「子どもを知らない」という言葉の意味には、「子どもをよく観察して、その発達段階をしっかり考えよう」という主張があります。

『エミール』は、架空の子どもであるエミールを主人公として、エミールが人生を歩んでいく過程を描いたものです。そこでは、おおよそ次のような発達段階をふまえています。0歳から1歳までの乳幼児期（第一編）、1歳頃から12歳頃までの児童期・少年前期（第二編）、12歳頃から15歳までの少年後期（第三編）、15歳から20歳までの思春期・青年期（第四編）、20歳以降の青年期最後の時期（第五編）です。ここで、ルソーは、自分自身がエミールの家庭教師という設定でこの作品を描いています。そして、エミールを大人の余計な影響を受けていない存在として描きます。さらに、15歳までは徹底的に「自分のため」に生きる人間に育てようと考えました[8]。それは、エミールが自分を大切にできるようになるためです[*5]。

それまでのキリスト教の考え方によれば、子どもは原罪を背負っているとされていました。純粋な心をもって生まれるというよりは、生まれながらに罪を背負っ

*4 ルソーについて、詳しくは、第6章(p.57)を参照。

さらに詳しく

*5 もっとも、ルソーの論じた具体的な内容については、今日の観点からそのまま取り入れると極端に思える点もあります。たとえば、12歳頃までについていえば、友だちと遊ぶこと、ルールを与えること、競争関係におくことなどが欠けている点が問題とされています[9]。

ているという考え方です。そうすると、「大人は、子どもを厳しく育てることが神の意思に従うこと」という考え方になります。この考え方をルソーは批判しました。「子どもの自然性」が損なわれているというのです。たとえば、「外で走り回って遊びたい」と考える子どもを、部屋にかんづめにして、文字や数字などを無理矢理に教え込もうとすると、自由な感覚を発達させる機会を失うといったようなことが考えられます。

ルソーのこうした主張は、「消極教育」といわれています＊6。発達段階を無視して、ひたすらに世間の高い評価を得ようと仕向けることや、教えすぎることに批判的なのです。フランス革命に影響を与えたルソーですが＊7、デモクラシー

覚えておこう

＊6　これは教育を全否定したり、大人が子どもを放置するということではありません。デモクラシーを論じたルソーは、自由でありながら、社会にかかわることを忘れませんでした。

CHECK！

＊7　ルソーは、『人間不平等論』では平等な社会を主張し、『社会契約論』では人民主権を主張しました。フランス革命が起こったのは、ルソーの死後のことです。

用語解説

＊8　トモエ学園
リトミック教育を広めた小林宗作（1893-1963年）が1937（昭和12）年に創設しましたが、1978（昭和53）年に廃園しています。

＊9　フリースクールについては、第5章（p.52）を参照。

=== **Column** ===

文学作品やアニメにおける「教育」

学校や教育への批判的なメッセージは、時代の変化も受けながらも、多くの文学作品・アニメ・ドラマなどでも表現されてきました。

たとえば、J.M. バリー「ピーターパン」（1904年）、R. キップリング「ジャングルブック」（1894年）、マーク・トウェーン「トム・ソーヤの冒険」（1876年）、J.K. ローリング「ハリー・ポッター」（1997年）などが、「脱教育志向」の作品としてあげられています[10]。おおむね、都市の学校生活というよりは、大自然などで冒険する子どもが主人公という特徴が見られます。

黒柳徹子『窓ぎわのトットちゃん』講談社、1981年

日本の作品も見てみましょう。みなさんは、黒柳徹子といえば何を思い浮かべるでしょうか。彼女が司会を努める『徹子の部屋』というテレビ番組で知っている人が多いでしょう。しかし、実は1981（昭和56）年に『窓際のトットちゃん』という自伝的作品を発表しています。これは、子どもの個性を尊重して自由な教育を行っていたトモエ学園＊8を舞台とした話です。海外でもたくさん翻訳され、「戦後最大のベストセラー」とも評されます。この本が出版された1981（昭和56）年頃は、日本では受験戦争が厳しくなり、学校へのさまざまな反発から校内暴力が激しくなった時期でした。こうした背景も作用して、学校や教育のあり方を考えさせるこの作品が、一定の共感をもって受容されたのだと考えられます。

同じ年齢の子どもを一つの場所に集めて、長時間にわたって同じことを同じように学ぶという仕組みでは多様な個性に対応しにくく、いきいきとした子どもの姿が失われるなどといった理由から、画一的に管理する性格をもつ「教育」には、このように形を変えつつ批判が与えられてきました。こうした問題と関連して、たとえば近年ではフリースクールや通信制など、多様なスタイルの学校が模索されています＊9。

では、教育などは、いっそのことなくしてしまったほうがいいのでしょうか。「アルプスの少女ハイジ」を例に見てみましょう。日本では1974（昭和49）年放映のアニメが有名ですが、原作はそれよりもおよそ100年前の1880年に、スイスの作家ヨハンナ・シュピリ（J. Spyri）が執筆した児童文学作品です。これも大自然にいる子どもを主人公として、都会の厳しいしつけを伴う教育を批判的に描いた作品と読むことができます。

ただし、この作品には学ぶ大切さも描かれています。マナーが身についていないばかりではなく、文字の読み書きができなかったハイジが、文字を学び、可能性が開かれ、その大切さや喜びに気づくといった場面があります。このことから、学び自体を全否定してもかまわないとは簡単にはいえないと考えられます。

が機能するには、それぞれの個人が、誰か（年長者や権力者など）の言いなりになるのではなく、自由に自分で考えられないといけないという思想があったのでしょう。ルソーには、「規律化させ、型にはめようとして、子どもの個性を損なわせる」ような学校や教育への批判的な考えが備わっていたのです[11]。

2　戦時日本の子ども観

大人のつくった社会観にひもづけられて、子ども観（子どものあり方）が規定されてしまうことは歴史上何度も行われてきました。その顕著な例として、戦時中の日本の例をあげておきましょう。

①　「産めよ殖やせよ」

たとえば、戦時中は、「**産めよ殖やせよ**」ということがよくいわれました。これは、当時の人口政策によるものです。1941（昭和16）年に閣議決定された人口政策確立要綱を見てみましょう。個々の政策のなかには、医療費の軽減、扶養費の負担軽減、家族手当制度の確立、産院および乳児院の拡充、国民栄養の改善、健康保険制度の拡充のほか、婚姻年齢を早めて「一夫婦の出産数平均五児」を目標とするなど、子どもを産み育てやすくする政策が含まれていました。

しかし、あくまでこれらの趣旨は、「東亜共栄圏 *10 建設」のための人口政策でした。閣議決定されたこの要綱では、「個人を基礎とする世界観を排して家と民族とを基礎とする世界観の確立、徹底を図ること」が掲げられていたのです。女子に対しては「母性の国家的使命を認識せしめ保育および保健の知識、技術に関する教育を強化徹底」することを求め、「女子の被傭者としての就業に就きては二十才を超ゆる者の就業を可成抑制する方針」をうたっています。女性はさまざまな職業について活躍するのではなく、国家のために子どもを産み育てる存在と固定的に考えられていたことがわかります。一方、男子には「心身鍛錬（たんれん）」などが求められていました。これは、兵力になることを求められていたのです。

結局は、このときの日本では、子どもを尊重するとか、子どもを産み育てたいという自由な意思に応えるといった社会の実現を目指したのではなく、「高度国防国家に於ける兵力及び労力の必要を確保すること」が子どもを増やす目的だったのです[12]。この考えにしたがって男子と女子の社会的役割が明確に分けられ、国家の構想のなかに「あるべき子ども」の姿が位置づけられました。

用語解説

＊10　東亜共栄圏
　大東亜共栄圏といわれます。アジア支配を正当化するために日本が掲げたものです。日本を盟主とした共存共栄を唱えました。

② 学童集団疎開に見る子ども観

　太平洋戦争が進展すると、学童集団疎開が行われました。これは、空襲が激しくなった都市から地方へと子どもを移住させるものです。学童集団疎開のとき、子どもは「防空の足手まとひ」や「**次代の戦力**」と表現され、たとえば東京都は疎開について「帝都学童の戦闘配置*11」をうたっていました[13]。

　つまり、かけがえのない生命を守るというよりは、将来の戦力を保持するために子どもを守るという観点が押し出されていたことが考えられます。さらに、この疎開によって、保護者は子どものことを心配せずに、出征したり生産活動に専心したりできるというねらいもありました。あくまで戦争を遂行するという観点から子どもが位置づけられていたのです。このころの男子は、いずれは戦争で死ぬものと思っていたという人も多いようです。このように国の政策が子どもの自意識に浸透していったのです。

③ 倉橋惣三の変化

　このような時期に**倉橋惣三**もいました*12。倉橋は、しばしば子どもの個性を尊重し、児童中心主義を唱えた人物として、現在も日本における保育者として非常に高く評価されています。そんな倉橋ですが、かつては戦時保育を主張していたことがあります[14]。

　たとえば、子どもの位置づけについては、「陛下の赤子」[15]とか、「今日一人の子供といへども国民の補充として考へねばならない」[16]といった表現を用いていました。国民精神総動員にかかわっては、「今日程、尽忠報国、挙国一致、堅忍持久、の三大教育眼目を、子供に徹底させるに都合のいゝ時期はない」ともいいます[17]。

　また、「戦時保育とは戦時目的に保育目的を合致させる事」で、「保育の中に戦を取り入れる事」であり、「幼稚園教育もその一つとして時世の動き、社会の変動を教育の中にとり入れてくるのは当り前であります」といいます[18]。たとえば、戦争の「悲惨さ」を子どもに語るのは配慮すべきとしながらも[19]、戦死する人は「感激で斃（たお）れて死んで居る」とし、それは「幼児に持つて来るに最も適当な話である」ともいいました[20]。かつて幼児を中心に論じていた倉橋が変化していたのです。このような倉橋は、「保育者の作為を極力排除しようとした『誘導保育』も『目的保育』と化してしまうのであった」と評価されています[21]。ここでは、子どもは、**戦争を遂行するための存在**として位置づけられていたといえます。

　一体、なぜ倉橋がそんな言動をしていたのでしょうか。これには「**社会の変動**」に対応することを重視していたからだといわれています[22]。倉橋は、時局に対

用語解説

*11　帝都学童の戦闘配置

　「帝都」とは東京を指します。これは、東京の学童を戦争遂行に適した場所へ移動させることを指しています。

人物紹介

*12　倉橋惣三
（1882-1955年）

　大正・昭和期の教育家。第一高等学校、東京帝国大学文科大学哲学科を卒業。東京高等師範学校（現在のお茶の水女子大学）教授、同附属幼稚園の主事を長年務めました。『育ての心』『幼稚園真諦』などの著作で広く知られています。なお、倉橋については、第7章（p.70）を参照。

応した保育のあり方を論じました。つまり、強力に求められるようになった戦時体制下の社会観（子ども観）を受け入れていたということになります。なお、倉橋は、戦後に再び、個性を重視する考えをとるようになりました[*13]。

　現在、私たちは「**社会のニーズ**」に敏感に適応することを強く求められています。しかし、本来その内容が多様であるはずの「**社会のニーズ**」が、ひどく単純に規定されているだけかもしれません。いわれた「ニーズ」を受け入れることで、大きな過ちを犯してしまうかもしれません。〈空気を読め〉〈波風を立てるな〉〈大人になれ〉などといわれて周囲に迎合し、忖度していくことで、大きな問題に加担してしまうおそれがあるのです。

　子どもには主体性が必要といわれます。しかし、それに加えて、教師・保育者自身も一人ひとりの責任のある大人として、何も考えず流れに任せるのではなく、自ら考え、学び、行動するような主体性をもつことが大切になるのです。

３ 教育基本法「改正」に見る子ども観

　戦争が終わり、民主主義を掲げる日本国憲法と教育基本法が生まれました。しかし、後者の教育基本法については、第一次安倍晋三内閣によって 2006（平成 18）年に「改正」されており、戦後日本においても、子ども観がまったく変わらなかったとはいえません。戦後日本の子ども観の変遷を説明することはとてもむずかしいのですが、ここでは教育基本法が変えられた時期について見てみましょう。

　この教育基本法が変えられようと議論されていたとき、「道徳」や「公共の精神」といったものが押しつけられるのではないかと危惧する声がたくさん出されました[23]。さらに、それに加えて「**新自由主義**[*14]」といわれるような傾向に懸念が示されました。「主体」「個性」を掲げているといっても、グローバルな**経済競争**に打ち勝つことが念頭におかれているとも指摘されました。教育としては、能力主義が強調され、数値で表されるような目標を達成することが重要視され[24][25][26]、また、国の経済成長などに貢献することを重視する「エリート主義」になるとの危惧も示されました[27]。子どもの人格の全面的発達よりは、経済発展を伸長する労働力育成にシフトしているともいわれたのです[28]。つまり、子どもは人格を全面的に発達させる主体であるとか、デモクラシー[*15]の担い手であるとかというよりも、将来の**経済競争**の参加者であると位置づけられてきたという疑念も生じているのです。

４ 「子どもの最善の利益」と「権利の主体」

　本章の冒頭では、カマラの事例をもとに、教育することの是非について触れま

さらに詳しく

*13　倉橋は、1948（昭和 23）年に発行された「保育要領―幼児教育の手びき」の作成にかかわりました。これが、現在の幼稚園教育要領や保育所保育指針につながっていきます。

用語解説

*14　新自由主義
　国家による管理や介入を抑制し、市場の調整機能を重視する思想です。規制緩和・民営化・自己責任などがうたわれます。従来はふさわしくないとされてきた教育や福祉にまで、市場の論理が適用される傾向があります。福祉の後退・雇用の不安定化・格差拡大などが問題視され、平等や人権の観点からは懸念されています。

用語解説

*15　デモクラシー
　民主主義と訳されます。構成員（人民）が政治参加すべきという思想、もしくはその制度のことです。代議制、人権保障の質、輿論の成熟など論点が多岐にわたります。

した。アリエスやルソーは、子どもが管理されていると指摘しました。日本を例にとってみると、戦時下はもちろん、戦後にも大人の考え（社会観）が子どものあり方（子ども観）を規定する場面が見られます。すると、子どもが非常に簡単にコントロールされやすい受動的な存在に見えてきます。

　しかし、一方で、このような動きもあります。1924年には「児童の権利に関する宣言（ジュネーブ宣言）」において、「**子どもの最善の利益**」という考えが表明されました。1989年には、国際連合で子どもの権利条約[*16]が制定され、子どもは「保護の対象」ではなく「**権利の主体**」とされました。ここで、子どもを守られる受け身の存在としてではなく、権利を行使する能動的な主体として転換させているのです。本章で見てきたような、歴史上のいくつかの事例を見たとき、「学問の自由」「教育の自由」といったこととともに、こうした能動的な主体と見る子ども観が非常に重要であるといえるでしょう。

　「**子どもの最善の利益**」「**権利の主体**」といった考えが定着するためには、教師・保育者には子どもと直接触れあう際の責任に加えて、これらの考えが尊重されるような社会を担う大人としての責任も求められるといえるでしょう。

　近代国家が成立し展開していくと、国家の領域内で生活できるような均質な能力（計算能力や言語能力など）を身につけることが子どもに求められます。こうしたニーズは、好むと好まざるとにかかわらず、非常に強力で除去しがたいものです。さらに、デモクラシーを放棄しない限り、社会の動向に無関心な際限のないニヒリズム・シニシズム[*17]に陥るよりは、なんらかの形で能動的にかかわる主体が求められます。おそらく、教育という営みは、これからも続いていくでしょう。しかし、すでに見たように政治や社会の動きによる個人への介入や子どものとらえ方について、教育・保育者として十分に留意することが大切です。

> **P O I N T**
> ・教育をすることは、子どもにとって好ましくない場合があります。
> ・特定の社会観が子ども観を形づくって、教育の現場に求められることがあります。
> ・教育にかかわる者には、「子どもの最善の利益」や子どもが「権利の主体」であるといった観点をもつことが欠かせません。

Q　演習問題

① 教育を行う意義と問題について考えてみましょう。
② 特定の子ども観を何も疑いもしないで子どもに押しつけるのではなく、子どもを中心とした教育を実現させるためには、どのような態度が必要でしょうか。

第**3**章　教育と発達

　みなさんが取り組む学習では、教育や発達という言葉がたびたび使われますが、教育・保育と発達は、切り離して考えることができない関係にあるといえます。
　そこで、本章では、改めてそれらの意味を確認し、子どもの健やかな発達を目指す教育・保育について学びます。

 考えてみよう！

① 幼稚園や保育所、小学校では、発達をどのような意味でとらえているでしょうか。実習やボランティアで訪れた教育や保育の場面で、発達を具体的に意識したことはあるでしょうか。
② 幼稚園教育要領・保育所保育指針等には、発達の段階をふまえた教育・保育や働きかけの違いがどのように示されているでしょうか。

🔒 **keywords**　発達　発達の過程　発達の特徴　🔑

1 発達についてのとらえ方

　教育・保育とは、教師や保育者、大人たちが子どもの望ましい発達や育ちを促すという目的や思いをもって、子どもの発達に働きかけることです。
　では、子どもが発達し、育つとは、一体どのようなことなのでしょうか。また、子どもが健やかに発達し、育つために、教師・保育者にはどのような役割を果たすことが求められているのでしょうか。そこで、本章では、教育・保育を考えたり、語ったりするうえで不可欠な"発達"の意味や教師・保育者の役割について学習します。

1 教育・保育における発達の意味

　教育や保育について語られるとき、必ずといっていいほど発達という言葉が用いられます。
　実際に私たちも、教師・保育者の目的や役割をイメージし語るときに、「発達に働きかける」「発達を促す」「発達に即して」など、自然に発達という言葉を用いることが多いでしょう。そして、特に子どもの発達を、育つ・よりよくなる・

＊1　子ども中心の発達研究では、子どもの身体的成長や、認知能力の充実に焦点を合わせてきたこともあり、発達という概念は、身体の成長、諸能力の増大というように、右肩上がりの進歩、向上、発展、充実のイメージでとらえられ、未熟な子どもが完成した大人の姿に向かって変化していくことと理解されることが多かったといいます[1]。

向上するなど、前向きでよいイメージとしてとらえることで＊1、教育・保育の役割や成果、そのための計画、実践に対しても、必然的に、よいこと・必要なこととイメージしていると考えられます＊2。

　本章では、発達について、教育・保育（教師・保育者の役割）との関係に焦点をあて、「幼稚園教育要領解説」「保育所保育指針解説」「小学校学習指導要領解説」（以下、すべてを指す場合は「要領・指針解説等」という）を手がかりに理解していきます。

　要領・指針解説等では、教育・保育の対象となる子どもの年齢や学年ごとの発達の特徴を示すとともに、それに応じたふさわしい働きかけや留意すべき事柄などが記されています。つまり、教師・保育者は、自分が担当する子どもたちの発達についての一般的な内容や特徴を理解し、それに実際の子どもの姿を参照することで、子どもの発達や問題を理解するとともに、より効果的な指導や援助、支援のあり方を考えているのです。

＊2　教師・保育者は、内省することによって、子どもをよく育てるために行っている教育・保育だから正しい・よいことだと、無批判に思い込むことがないように留意することが大切です。

② 要領・指針等における発達

1 「幼稚園教育要領解説」における発達

　「幼稚園教育要領解説」には、「①発達の捉え方」として次のように述べられています。

幼稚園教育要領解説
第2節 幼児期の特性と幼稚園教育の役割
1 幼児期の特性　(2) 幼児期の発達　① 発達の捉え方
　人は生まれながらにして、自然に成長していく力と同時に、周囲の環境に対して自分から能動的に働き掛けようとする力をもっている。自然な心身の成長に伴い、人がこのように能動性を発揮して環境と関わり合う中で、生活に必要な能力や態度などを獲得していく過程を発達と考えることができよう。

　ここでは、発達を過程としてとらえていることから、私たちは、発達を、物事（この場合は子どもの成長・育ちといえます）が進行・変化・発展していく一連の道筋や流れとして理解することができます。そして、子どもを自然に成長する存在ととらえたうえで、周囲に対して自ら働きかけながら、生活していくのに必要な力や心に沿った動きを身につけていくようになることと理解することもできます。

　したがって、子どもの自然な成長を大切にし、そこで子どもが働きかける（かかわる）環境が子ども自身の発達にとってふさわしいものであり、身につける力や態度も望ましいものであることに、教師・保育者の理解と配慮が向けられるべきだと考えられます。

2　「保育所保育指針解説」における発達

　「保育所保育指針解説」には、「発達」「発達過程」について、次のように述べられています。

保育所保育指針解説
第1章 総則　1 保育所保育に関する基本原則　(1) 保育所の役割
【発達過程】
　子どもは、それまでの体験を基にして、環境に働きかけ、様々な環境との相互作用により発達していく。保育所保育指針においては、子どもの発達を、環境との相互作用を通して資質・能力が育まれていく過程として捉えている。すなわち、ある時点で何かが「できる、できない」といったことで発達を見ようとする画一的な捉え方ではなく、それぞれの子どもの育ちゆく過程の全体を大切にしようとする考え方である。

　ここでは、発達を、「資質・能力」が環境との相互作用によってはぐくまれていく一連の道筋ととらえ、その全体を大切にしようと考えています。そして、眼前の子どもの姿は、育ちの道筋（育っている途上）における、**その子どものまさに今の姿**であり、その時期の一般的特徴として示される姿とは異なる（必ずしも同じではない）ものであるとしています。

　つまり、保育士には、子どもの個人差に対する充分な配慮や、一人ひとりの心身の状態や家庭生活の状況、生活体験の差（個人差）などに配慮した丁寧な対応が求められているといえます[*3]。

3　「小学校学習指導要領解説 総則編」における発達

　小学校では、6〜12歳という心身の成長の著しい時期の児童（1〜6年生）の教育を行います。教育に際して、「小学校学習指導要領解説」では、「児童の心身の発達の段階や特性及び地域や学校の実態に応じて効果的に行われることが大切」であるとしています。

　やはり、小学校でも、子どもが発達する存在であること、そして発達には段階や特性があることをふまえていることがわかります。実際に小学校では、学年ごとに教科学習の内容や授業時間数が異なっており、子どもが校内で取り組む諸活動の内容や役割も異なります。

 覚えておこう

＊3　教師・保育者や大人は、子どもの発達の早さを競うのではなく、遅くても確実に成長することを大切に考え、働きかけていくことが必要です。

3 幼稚園、保育所、小学校における子どもの発達の特徴

　幼稚園や保育所、小学校の子どもたちは、年齢もそこで過ごす目的も異なります。したがって、発達や成長に対する教師・保育者の理解や願いも異なると考えられます。

　そこで、ここでは幼稚園や保育所、小学校がそれぞれ子どもの発達の特徴をどのようにとらえているのかを整理し、理解します（表3-1）。

表3-1　幼稚園、保育所、小学校における発達の特徴のとらえ方

■参照 ○時期	内　容——発達の特徴
■幼稚園教育要領 　解説 ○幼児期	○身体が著しく発育するとともに、運動機能が急速に発達する。そのために自分の力で取り組むことができることが多くなり、活動性は著しく高まる。ときには、全身で物事に取り組み、我を忘れて活動に没頭することもある。こうした取り組みは運動機能だけでなく、ほかの心身の諸側面の発達も促すことにもなる。 ○次第に自分でやりたいという意識が強くなる一方で、信頼できる保護者や教師などの大人にまだ依存していたいという気持ちも強く残っている。 ○自分の生活経験によって親しんだ具体的なものを手がかりにして、自分自身のイメージを形成し、それにもとづいて物事を受け止めている。 ○信頼やあこがれをもって見ている周囲の対象の言動や態度などを模倣したり、自分の行動にそのまま取り入れたりすることが多い。この対象は、初めは、保護者や教師などの大人であることが多い。 ○環境と能動的にかかわることを通して、周りの物事に対処し、人々と交渉する際の基本的な枠組みとなる事柄についての概念を形成する。 ○他者とのかかわり合いのなかで、さまざまな葛藤やつまずきなどを体験することを通して、将来の善悪の判断につながる、やってよいことや悪いことの基本的な区別ができるようになる。また、幼児同士が互いに自分の思いを主張し合い、折り合いをつける体験を重ねることを通して、きまりの必要性などに気づき、自己抑制ができるようになる。特に、幼児は、大人の諾否により、受け入れられる行動と望ましくない行動を理解し、より適切な振る舞いを学ぶようになる。
■保育所保育指針 　解説 ○乳児期	○視覚、聴覚などの感覚や、座る、はう、歩くなどの運動機能が著しく発達する。特定の大人との応答的なかかわりを通じて、情緒的なきずなが形成される。
○1歳以上 　3歳未満児	○歩き始めから、歩く、走る、跳ぶなどへと、基本的な運動機能が次第に発達し、排泄の自立のための身体的機能も整うようになる。つまむ、めくるなどの指先の機能も発達し、食事、衣類の着脱なども、保育士等の援助のもと、自分で行うようになる。発声も明瞭になり、語彙も増加し、自分の意思や欲求を言葉で表出できるようになる。
○3歳以上児	○運動機能の発達により、基本的な動作がひととおりできるようになるとともに、基本的な生活習慣もほぼ自立できるようになる。理解する語彙数が急激に増加し、知的興味や関心も高まってくる。仲間と遊び、仲間の一人という自覚が生じ、集団的な遊びや協同的な活動も見られるようになる。
■小学校学習指導 　要領解説 　総則編 ○低学年	○幼児期の教育を通してはぐくまれてきたことをもとに、学習の質に大きくかかわる語彙量を増やすことなど基礎的な知識および技能の定着や、感性を豊かに働かせ、身近な出来事から気づきを得て考えることなど、中学年以降の学習の素地を形成していく。
○中学年	○生活科の学習が終わり、社会科や理科の学習が始まるなど、具体的な活動や体験を通して低学年で身につけたことを、より各教科等の特質に応じた学びにつなげていく。指導事項も次第に抽象的な内容に近づいていく。
○高学年	○児童の抽象的な思考力が高まり、教科等の学習内容の理解をより深め、小学校段階において育成を目指す資質・能力をはぐくみ、中学校以降の教育に確実につなげていくことが重要となる。

出典：幼稚園教育要領解説、保育所保育指針解説、小学校学習指導要領解説総則編をもとに筆者作成

「幼稚園教育要領解説」「小学校学習指導要領解説総則編」では「……なる・する時期」と、「保育所保育指針解説」では「発達の特徴」という表現の違いが見られますが、いずれも発達の特徴として読み取ることができます。

このような発達の特徴のとらえ方の基盤には、発達心理学や教育心理学の知見があり、それらは、子どもたちの生活や遊び、学習や諸活動、適切な援助や指導のあり方を考える際の手がかりとなります。したがって、教師・保育者としての専門性を培うためには、常に人間の発達を対象とする学問や研究に関心をもち、学ぶ姿勢が求められるのです[4]。

☆ CHECK！

[4] 1956（昭和31）年「幼稚園教育要領」の「第Ⅰ章 幼稚園教育の目標」には、幼児教育における発達観と発達心理学・教育心理学との関係性が次のように述べられています。「人間のよりよき成長発達を望むならば、心身発達の各段階において、最善の成長が促されるように努力する必要がある」、「幼児期の教育がいかに重大であるかということは、『三つ子の魂百まで』とも言われるように、昔からの常識になっている。発達心理学や教育心理学の研究は、この常識をいっそう科学的に裏づけている。したがって、幼児期の教育を受け持つ幼稚園は、特にこどもの性格形成の上からは非常に重要であるといわなければならない」。

④ 各段階を超えて意識されること

これまで、幼稚園や保育所、小学校の子どもの**各時期における発達の特徴**を見てきましたが、それは入園（入学）から修了（卒業・卒園）までの期間を、**いくつかの時期に分けてとらえた**ものでした。しかし、子どもの発達は"一連"として考えられます（発達過程）。

つまり、乳児が成長して幼児になり、やがて児童になっても、またほかの発達段階へ移行したり、ある危機や節目で大きく変化したりしたとしても、人間（一個の人格）として違う存在になったわけではありません。

事例から学ぶ：一連の育ちのなかでのかかわり——子どもの育ちと周囲の働き

子どもは、1歳前後に歩き始めるといわれていますが、その頃でも、昨日と今日、今日と明日では、子どもの様子にそれほどの成長が感じられるわけではありません。しかし、誕生から1年を振り返ると、個人による違いもありますが、寝返りが打てるようになったり、はいはい（匍匐）するようになったり、お座りするようになったり、つかまり立ちをするようになったりと、明らかに現在の様子に向かって変わってきていたことがわかります。

子どもは立ち上がって歩き出すと、寝ていたときよりも遠くが見えるようになるので、外界への興味も広がり、周囲への働きかけも活発になってきます。すると、家族や大人たちは、歩こうとする姿を励ましたり、ほめたり、また、周りに危険なものを置かないように気を配ったり、歩行を助ける玩具を与えたりします。地域によっては、1歳の誕生日や、立ったり歩き出したりしたタイミングでお餅を背負わせ、健やかな成長を願うお祝いを行ったりもするようです。このように、子どもの発達には、周囲の環境や生活、社会・文化的な要因がおおいに関係しているのです。

そこで、子どもの発達の連続性（切れ目、途切れがないこと）をふまえ、それとともに学び（教育、指導内容など）の連続性を考慮した教育・保育を行うことが求められるのです*5。

⛑ **さらに詳しく**

*5　心理的なプロセスには、量的に継続的に変化していく連続性と、質的にまったく異なる性質などが見られる非連続性という2つの異なった変化があるといわれています。ウェルナー (H. Werner) はこの2つのプロセスをもって発達をとらえることが重要であることを提案しました2)。

事例から学ぶ：一連の育ちのなかでのかかわり――自然な移行を促す

　4月に入学した小学1年生も、3月までは幼稚園児でした。しかし、今は毎日、仲間と教室で教科書を使って学習しています。家に帰ってからも机で宿題に取り組んだり、友だちと遊びに出かけたりと、明らかにこの前、園児であったときとは生活や遊びの様子が違っています。このように、就学という時期をはさんで「幼稚園」と「小学校」という異なる教育機関に置かれることで、改めて子どもの成長が確認されることもあります。しかし、年長児の後半あたりから、「小学生になるのだから、自分で後片づけをしようね」「学校から家までの道を覚えて、一人でも歩いて行けるようにしようね」「ランドセルを用意しよう」など、小学生になる（児童期への移行）ことを見通した大人の働きかけにより、新しい段階への自然な移行が徐々に始まっていたのです。

---

2 発達をふまえた教育・保育――教師・保育者の役割として

　教師・保育者は、子どもの発達の特徴をふまえ、どのような教育・保育を行っているのでしょうか。

　教師・保育者は、発達の特徴をふまえて教育・保育の計画を考えます。そして、子どもの発達にとって有効であるような働きかけ（本章では、子どもに対して行う教育の営みを意味します）を工夫します。この働きかけで大切なのは、それぞれの子どもの発達の独自性や生活の流れなど、対象である子どものさまざまな条件をふまえて行うということです。

① 発達をふまえた適切な働きかけ

　教師・保育者の働きかけには、適切な場面で、ちょうどよいときに行うこと、いわゆるタイミングが求められています（教育の適時性）。このタイミングを子どもの立場でいうと、教育や働きかけを受け入れるに**ふさわしい心身の発達の状態**であることはもちろんですが、その内容や行うことに対する**興味・関心・動機**があることが重要となります。また、前述したように、発達には「個性・独自性」があるため、一様のタイミングや内容の教育・指導では、十分な効果をあげるこ

とができないことにも留意する必要があります*⁶。

　ここでは、要領・指針解説等に記された、教育・保育における発達の特徴をふまえた働きかけのあり方や留意点を整理し（表3-2）、発達をよりよく促すことや適切な時期にふさわしい指導を行うことについて理解します*⁷。

表3-2　発達の特徴をふまえた教育・保育——働きかけ

■参照 ○時期	発達の特徴をふまえた教育・保育——働きかけ
■幼稚園教育要領 　解説 ○幼児期	○一人ひとりの発達の実情をとらえ、それに沿って幼稚園生活を見通した保育を行う。 ○発達に関する年齢ごとの平均や類型を、各人の発達を理解する際の参考にしつつ、幼児のこれまでの興味や関心、それらに向かって自分の力をどのように発揮してきたか、友だちとの関係はどのように変化してきたかなど、一人ひとりの発達の実情を理解する。 ○特に、発達の過程における個人差が大きい3歳児では、その違いを、一人ひとりの発達の特性としてふまえて指導計画に位置づけていく。 ○遊びや生活を通して一人ひとりの幼児の発達する姿を理解し、それに基づいて幼稚園生活を見通した具体的な計画を作成する。 ○幼児が主体的に活動できる場や空間、適切な物や友だちとの出会い、幼児が十分に活動できる時間やその流れなどを考える。その際、教師だけではなく、幼児もそのなかにあって必要な環境や状況を生み出すことをふまえる。 ○幼児の気づきや発想を大切にして教材の工夫を図ったり、また、幼児のつくり出した場や物の見立て、工夫などを取り上げたりして環境を再構成し、それらを生活に組み込んでいく。 ○幼児が環境にかかわって生み出す活動は一人ひとり異なるので、幼児の環境との出会いや活動の展開を予想しながら必要な援助や環境の構成を行う。
■保育所保育指針 　解説 ○乳児期	○養護の側面が特に重要であり、養護と教育の一体性をより強く意識して保育を行う。 ○教育については、発達が未分化な状況であることを考慮し、身体的・社会的・精神的発達の基盤を培うために、ねらい及び内容を「健やかに伸び伸びと育つ」「身近な人と気持ちが通じ合う」「身近なものと関わり感性が育つ」の3つの視点からとらえ、行う。これらの育ちは、その後の5領域からなる保育のねらい及び内容における育ちにつながることを意識して保育を行う。
○1歳以上 　3歳未満児	○短期間のうちに著しい発達が見られることや発達の個人差が大きいことをふまえ、一人ひとりの子どもに応じた発達の援助を適時、適切に行う。 ○5領域にかかわる学びは、子どもの生活や遊びのなかで、相互に重なり合い、関連をもちながらはぐくまれていくものであることに留意して保育を行う。
○3歳以上児	○乳児から2歳にかけての育ちの積み重ねが土台となって展開されることをふまえる。 ○子どもの実態をふまえ、発達を援助することを意図した主体的な遊びを中心とする活動の時間を設定したり、環境の構成について検討したりするなど、5つの領域のねらいと内容をより意識的に保育の計画等において位置づけて実施する。 ○小学校就学に向かう時期には、保育所における育ちがその後の学びや生活へとつながっていくという見通しをもって、子どもの主体的で協同的な活動の充実を図っていく。
■小学校学習指導 　要領解説 　総則編 ○児童	○低学年、中学年、高学年の学年の時期の特長を生かした指導を行う。 ○学級経営において、家庭や地域社会との連携を密にし、特に、保護者と児童理解、児童に対する指導のあり方について共通理解を行う。 ○すべての児童が、学校や学級の生活によりよく適応し、豊かな人間関係のなかで有意義な生活を築くことができるようにし、児童一人ひとりの興味や関心、発達や学習の課題等をふまえ、児童の発達を支え、その資質・能力を高めていく。 ○個々の児童が抱える課題を受け止め、その解決に向けて、主に個別の会話・面談や、言葉がけを通して指導や援助を行うカウンセリングにより、児童の発達を支援する。

出典：幼稚園教育要領解説、保育所保育指針解説、小学校学習指導要領解説総則編をもとに筆者作成

CHECK！

＊6　教育の「適時性」を考えるとき、個人の発達の準備を考慮することが大切になります。子ども同士を比較した場合の個人差の内容ではなく、「その子らしさ」そのものとしての「個性・独自性」に留意する必要があります³⁾。なお、個人差とは、「子どもの発達的な素因の傾向だけでなく、生まれた家庭環境や人的な援助の質などによって、個々の子どもたちは多様な発達の過程を歩んでいくことになる」ことを指します⁴⁾。

さらに詳しく

＊7　学校教育法第22条には、「幼稚園は、（中略）、幼児を保育し、幼児の健やかな成長のために適当な環境を与えて、その心身の発達を助長することを目的とする」と記されています。この環境を与えられる環境として理解する一方で、教師・保育者も与える立場としての重要な環境であると理解することができます。

覚えておこう

＊8　幼稚園・保育所・小学校における教育・保育は、適切な子ども理解と目的に沿った計画、方法によって行われます。そのために、教師・保育者が協同し、学校・園全体で取り組む必要があります（教育・保育活動全体、教師・保育者間の協力体制）。

CHECK！

＊9　時間の幅を取ってみることで育ちの様子が見えます。

＊10　「幼児期の終わりまでに育ってほしい姿」については、第9章の図9-3（p.90）を参照。

以上から、発達をふまえた必要な働きかけについて、表3-3のようにまとめることができます。そのいずれも、教師・保育者、園・学校全体が子どもの発達の特性を理解し、見通しをもって取り組むべき内容であることがわかります＊⁸。

表3-3　発達をふまえた必要な働きかけ

・子どもの一般的な発達の特徴を参考にしつつ、眼前の子どもの発達の特性を理解して働きかけること。
・子どものこれまでの生活や経験、学び、発達の実情をふまえ、それらを土台とする発達を見通した教育・保育を計画し、行うこと。
・子ども一人ひとりの、現在、そしてこれからの生活がよりよいものとなるように、適切な援助や支援、働きかけを行うこと。
・適宜、仲間や家庭、地域と子どもの発達や指導について共通理解をはかり、働きかけに生かすこと。
・子どもの多様な興味や関心、活動、それぞれの発達の様子を教師・保育者たちが協力してとらえ、共有し、園・学校全体として適切な環境を構成し、働きかけること。

② 発達の連続性をふまえた教育・保育の計画

幼稚園・保育所・小学校における子どもの発達の特徴は、各時期において理解されました。しかし、表3-2「発達の特徴をふまえた教育・保育——働きかけ」（下線部分）からもわかるように、それらの特徴は、それ以前・以後の時期の発達との関連で理解されます。

たとえば、小学校に入学する時期を現在とする（基点に考える）と、過去に位置づく幼稚園・保育所における教育・保育が目指した修了段階（幼児教育の達成段階）の発達の特徴は、現在、つまり就学開始段階の発達の特徴と重なります。

したがって、乳幼児期の教育・保育は、小学校教育の土台となる（そのように理解される）のです。しかし、子どもの発達には個人差があり、少しずつ発達していくことを考えれば、就学期の発達の特徴を、幼児教育の修了を迎える少し前の時期から就学して学校生活に慣れる時期までの間でとらえ＊⁹、教育・保育のあり方を工夫することも必要になります。

そこで、幼稚園・保育所と小学校では、それぞれ異なる発達の段階にあることを想定しつつも、子どもの発達の過程と個々の具体的な育ちを大切にした幼児期—児童期（修了—就学の移行期）の姿を「幼児期の終わりまでに育ってほしい姿」として共有しています＊¹⁰。

事例から学ぶ：必要な働きかけ──励まし、育ちを待つ

　なにかができるようになるということは、さまざまな力がうまく発揮できるようになる、いわば、機が熟すようなことにたとえられるでしょう。

　年長児が鉄棒で遊ぶ様子を見ていた年少児Ａは、同じ鉄棒に手を伸ばしてみたのですが、ぶら下がるような体勢にしかなりませんでした。教師が、Ａの体を持ち上げて、支えながら前回りをさせようとしましたが、怖くなって鉄棒から手を離し、「もうしない」といいました。教師や年長児が「小さいほうの鉄棒ならきっとできるよ。やってごらん」と勧めましたが、いやになったのでしょうか、その場から立ち去ってしまいました。

　次の日、Ａは年長児が鉄棒で遊ぶ様子を見て、いったん、中くらいの高さの鉄棒をつかんでみた後に、その隣の小さいほうの鉄棒につかまり、ピョンピョン跳び始めました。教師はＡが何度か繰り返すのを見守り、「手伝ってあげようか」と声をかけました。「ほら、手を離さないでね。……回すよ。……できた」。もちろん、自分の力だけでできたわけではありませんが、Ａは満足そうな表情で「またやって」と教師に援助を求め、挑戦しました。すると、そばにいた年長児たちが、「こうするといいよ」など、身振り手振りを交えて教えてくれました。Ａは、降園時に迎えに来た母親に、「いちばん小さいのだけど、鉄棒できたよ。先生が『クル』ってやってくれたの」と嬉しそうに話していました。

　翌日、年長児の姿をじっと見つめては、ときどき、中くらいの鉄棒に触れ、やはり、小さな鉄棒に立ち戻って何度も挑戦するＡの姿がありました。

　鉄棒ができるようになるまでには、時間も身体の成長も、そして練習もあと少し必要となりますが、子どもの「できるようになりたい」という思いの先に、その実現（発達、育ちの姿）があるのだとすれば、そこに至るまでの道筋（過程）を歩んでいけるように励ますことが教師・保育者の大切な役割と考えられます。

3　教育と福祉──教師・保育者のかかわりとして

　子どもが生活し育つ環境は、幼稚園・保育所・小学校にとどまらず、むしろ、家庭や地域社会を基盤にしているといえます。また、子どもは、「信頼する大人の影響を受ける存在」であるため、周囲の大人や保護者が安定した気持ちで子どもを育てていくことは、子どもの健やかな成長にとって大変重要となります[*11]。一方、現代社会では、家庭や地域の子どもの教育・養育機能の低下が問題となり、それらに対する教師・保育者に望まれる役割も多様化しています。実際に教育・保育場面で出会う子どもたちの問題は、親や家族、それらを取り巻く諸環境の問題[*12]として理解することが必要になっているのです[*13]。

🎓さらに詳しく

＊11　幼稚園教育要領解説には、「幼児は、家庭、地域社会、幼稚園という一連の流れの中で生活している。特に、教育基本法第10条で示されているとおり、家庭は子供の教育について第一義的責任を有している」とあります。

多くの教師・保育者は、子どもによりよい生活、遊び、学びの機会と環境を与え、適切に働きかけたいと願っています。それは、常に「子どもの最善の利益」を考慮するという「児童の権利に関する条約（子どもの権利条約）：Convention on the Right of the Child」の理念に通じるものといえるでしょう[6][7]。しかし、子どもには、自身に起きている問題を理解し、その解決について発言し、訴えることは困難です。

そこで、教師・保育者は、子どもの立場で気持ちを察し、ときには子どもの立場を代弁し、社会に向けて発信していく必要があります[8]。同時に、親や家族を支援しつつ、家庭や教育・保育場面で適切な保育や教育がなされているか、成長・発達のために適切な環境が用意されているか、人権が守られているか、虐待やしつけや体罰と称した暴力がなされてはいないかなど、十分に留意することが必要となるのです。

👆POINT

・教育・保育と「発達」は切り離して考えることができない関係にあります。そこで、発達心理学や教育心理学など「発達」に関する専門的知見を学び、子どもや教育・保育について理解することが必要になります。
・子どもの発達には各時期（段階）において一般的な特徴が見られます。それらをふまえるとともに、子ども一人ひとりの特性を考慮し、そのときどきにあった教育・保育を行うことが大切です。

Ⓠ 演習問題

① 各発達の段階の特徴をふまえた働きかけで、教師・保育者が心がけるべきことはどのようなことでしょうか。
② 教育・保育を行ううえでは、生活や学び、発達の連続性をどのように生かしますか。

第 II 編

教育の歴史と思想

本編では、ヨーロッパを中心とする諸外国および日本における教育の歴史と思想を学びます。さらに、現在の教育制度についても解説します。

第4章　諸外国の教育の歴史

第5章　日本の教育の歴史

第6章　諸外国の教育の思想

第7章　日本の教育の思想

第8章　諸外国の教育制度

第9章　日本の教育制度

第**4**章 諸外国の教育の歴史

本章では、ヨーロッパを中心とする諸外国の教育の歴史について学びます。日本の学校教育は、諸外国の教育思想や教育制度に影響を受けてきました。民衆を対象とした教育の変遷や公教育制度の成立までの流れを学ぶことで、学校という場所が、どのような理由や背景からつくられていったのかを考えていきます。

考えてみよう！

① 諸外国における教育、特に民衆の教育は、近代よりも前の時代においてはどのように行われていたのでしょうか。
② ヨーロッパ（特にイギリスやフランス）では、子どもたちはどのような理由で、いつから学校に通うようになったのでしょうか。

 keywords 学校教育成立の背景　オウエン　コンドルセ　近代の公教育制度

1 ヨーロッパの歴史と教育

1 学校はいつから存在するのか

　教師・保育者を目指すみなさんにとって、学校はどのような場としてイメージされるでしょうか。意外に思われるかもしれませんが、私たちが現代においてイメージする学校、つまり同じ地域の子どもたちが決められた時間に教室に集まり、同じ教材（教科書）を使い、教師からカリキュラムに沿って指導を受ける場としての学校は、かつては当たり前のものではありませんでした。仮に学校というものを、年長の知識人が年少者や学生になにかを教え、学び合う場所と定義するならば、そのような学校は古代から存在していたといえそうです。たとえば、古代ギリシャにおいて活躍したプラトン[*1]のアカデメイア[*2]などもそうでしょう。

　しかし、現代の私たちが知るような**公教育**制度としての学校、つまり義務教育を担うものとして、授業料を無償とし、民衆の子どもたちにも広く開かれた学校がその形を現すのは、イギリスやフランスでも1900年前後のことでした。大人だけでなく子どもたちも日々生活のために働いていた頃、子どもが共通の学びの場である学校に通い、平等な教育を受けるという風景は当たり前のものではなかったのです。

*1　プラトンについては、第1章 (p.3)、第6章 (p.54)を参照。

用語解説

*2　アカデメイア
アカデメイアは、前4世紀頃にプラトンによって開設された学園です。有名なアリストテレスもここで学んだとされています。

学校という場がつくられた経緯やその理由は、国ごとに大きく異なります。ここではまず、「義務制」「無償制」「宗教的中立」などの原則を備えた近代的公教育制度[*3]が登場するよりも前の時代における教育について見ていきます。

CHECK！
*3　まったく同じような制度ではなく、国によって成立過程や強調点はさまざまです。

② ヨーロッパの歴史と学校

比較的有名な話ですが、学校を意味する school の語源が、ラテン語の schola であるという説があります。これはさらにギリシャ語の schole に由来しているとされます。ギリシャ語の schole は「暇」を意味しており、ここから、「学校とは本来、苦しい労働から解放された暇を利用して学習や討論をする場所であった」[1]という解釈も紹介されます。もちろん、言葉の意味だけからそのありさまのすべてを推測することの困難さも指摘されますが、少なくとも近代より前の時代[*4]、学校は、日々のつらい労働に追われる多くの民衆・農民にとって、かかわる機会の少ない場所であったことは確かのようです。

人々と学校の関係について、梅根は次のように述べています。「土地にしばりつけられて、先祖代々おなじ土地に住み、おなじ農具を使って、汗水たらして耕すだけの生活をくりかえしている大衆にとっては、文字を習い、本を読む必要もなければ、またそのゆとりもなかった。学校などに入ることは彼らの思いもおよばないことであった」[2]。当時の民衆と学校の関係について理解するためにも、ここで少しヨーロッパを中心とした歴史の確認をしておきたいと思います。

さらに詳しく
*4　時代区分
　時代区分の解釈には諸説ありますが、本章では、世界史（ヨーロッパ史）における時代区分を参考に下のような区分を採用します。①古代：文明の起こりから、西ローマ帝国の滅亡（476 年）の頃まで、②中世：古代の終わりから、東ローマ帝国の滅亡（1453 年）の頃まで、③近世：中世の終わりから、産業革命が開始される 18 世紀半ば頃まで、④近代：産業革命以降、20 世紀の東欧革命（1989 年）の頃まで、⑤現代：近代の終わりから現在まで。

表 4-1　ヨーロッパを中心とした歴史（古代からフランス革命の頃まで）

区分	時期	ヨーロッパ世界の主な出来事	
古代	前 8 世紀頃	諸ポリスの成立	
	前 334-前 324 年	アレクサンドロスの東方遠征	
	前 27 年	ローマ帝政の開始	
	313 年	ミラノ勅令（ローマ帝国でのキリスト教公認）	
中世	476 年	西ローマ帝国の滅亡	
	481 年	クローヴィスによるフランク王国の建国	
	1096-1099 年	第一回十字軍の遠征	
	11-12 世紀頃～	中世都市の発展	
	14 世紀頃～	ルネサンスの発生	15-17 世紀 大航海時代
近世	15 世紀半ば	グーテンベルクによる活版印刷術の考案	
	16 世紀頃	宗教改革	
	1618-1648 年	三十年戦争	16-18 世紀頃 絶対王政の出現
	1640-1660 年	ピューリタン革命（英）	
	1688-1689 年	名誉革命（英）	
近代	18 世紀後半～	産業革命	
	1789-1799 年	フランス革命	

出典：全国歴史教育研究協議会編『世界史用語集［改訂版］』山川出版社　2022 年、木村靖二ほか監修『詳説世界史図録［第 2 版］』山川出版社　2017 年をもとに筆者作成。

＊5　ローマ＝カトリック教会
　ローマ教皇を最高権威とするキリスト教の組織。ローマ帝国における国教化以降、フランク王国との結びつきや修道院運動を背景として権威を高めました。教育史においても、中世以降のヨーロッパにおける教育に大きな影響を与えました。

CHECK !

＊6　中世都市
　中世においては数多くの都市が繁栄していますが、いくつかの都市では学校が建てられていたことが知られています。ボローニャやパリのほか、たとえば、ドイツ北部のハンブルク（ハンブルグ）などにも市民の学校が存在していました[5]。

＊7　ルネサンス
　14世紀頃のイタリアで始まり、ヨーロッパ各地に広まった文化運動として知られています。人間性や個性の尊重や解放を求めるという点に特徴がありました。それまで支配的だったキリスト教的な価値観からある程度の距離を置く意味でも、教育の歴史において重要な位置を占める運動といえます。

＊8　宗教改革
　16世紀のキリスト教において生じた、信仰や教会制度に関する改革。有名なものに、ドイツの神学者であるルター（M. Luther）によるカトリック教会への批判と改革運動があります。

　ヨーロッパとその周辺の歴史、特に近代的学校が成立する頃までの流れを簡単に整理すると、表4-1のようになります。仮にこれをヨーロッパにかかわる歴史の流れとしてとらえた場合、古代の時点ですでに学校らしいものは存在していたようです。ただ、それは一部の人々に利用される施設にすぎず、民衆に開かれるには長い時間が必要でした。

③ 中世から近世の教育——キリスト教の影響と都市の学校

　ローマの時代から中世ヨーロッパ世界が形成される時期においては、キリスト教が発展し、ローマ＝カトリック教会[＊5]の影響力も拡大していきます。この頃、中世の教育施設としては、たとえば修道院付設の学校がありました。中世という長い期間において、その教育内容や役割は徐々に変化していったと考えられます。ただ、読書や文献研究を進め、修道士が禁欲的な生活を行う施設、聖職者を養成する施設というだけでなく、子どもたちの勉学や人々の文化を支える側面をもった施設でもありました[3]。

　また、中世の都市が栄えていた頃、おおよそ12～13世紀頃以降においては、商業交易の隆盛にともない必要になった学問を求めて、学者たちのもとに学生が集まり、都市部には多くの私塾もつくられていました[4]。このようななか、ボローニャやパリにおいては、学生や教師たちが組合をつくり、これが大学の起源になったといわれています。また、13～15世紀にかけては、教会権力からの圧力に抵抗しつつ、各都市に学校もつくられており、これらの都市[＊6]における学校とその教育は、「あくまでも市民の利便に奉仕するための制度であった」[6]と評価されています。

　ここで触れた中世の都市における学問の需要の後（または並行して）、ルネサンス[＊7]、宗教改革[＊8]を経て、絶対王政[＊9]の時代に入るなかで、宗教改革者やときの権力者たちは、それまでとは異なる意味で、つまり宗教的理解を深め、あるいは統治を進める意味において、教育を重視し利用してきました。しかし、たとえば、農村で生活する民衆に目を向けてみれば、学校教育の普及はあまり進まず、中産階級の子どもが都市部で初歩的な読み書き教育を受ける程度にとどまったようです[8]。民衆の多くに学校教育、特に公教育としての学校が普及するには、**産業革命や市民革命**という大きなきっかけを必要としました。次節からは、産業革命期以降、すなわち近代と呼ばれる時代における公教育制度の成立までの動きを見ていきます。

2　公教育制度成立の背景──イギリス・フランスを中心に

1　イギリスの場合①──産業革命の影響と生活の変化

　ヨーロッパのなかでも、産業革命がまずイギリスにおいて起こったことはよく知られています。18世紀後半以降、産業革命が起こり、民衆の生活が大きく変容しました。加藤らによれば、19世紀の工業化の進展によって人々の生活水準が向上した面があることは否定できないものの、工業化の過程において、特に都市の労働者は、貧困や失業、道徳的な退廃等、悲惨な状況に陥っていたといわれています[9]。この生活の変化は子どもたちにとっても無関係ではなく、当時は少なくない子どもたちが安い賃金で長時間、工場で働き、それによって多くの工場が利益を得ていました。

　工場で働く子どもたちの労働環境は過酷であり、「通常、7歳くらいで工場で働いたが、なかには3、4歳で就労したものさえあった」[10]といわれています。このような状況下において、子どもたちや民衆が知的・道徳的に堕落していくことが社会問題となりました。働く子どもたち、また不就労であっても生活環境の乱れから道徳的に堕落しつつあった当時の子どもたちの教育の状況を改善するために、さまざまな学校がつくられました。子どもたちの苦しい労働環境や教育の状況を改善していこうというこのような動きが、後のイギリスにおける公教育制度の確立を進める一つの背景になりました。

2　イギリスの場合②──産業革命期の学校

　産業革命のころ、イギリスにおいては、民衆向けのさまざまな学校が存在していたことが知られています。近代的教育制度の成立以前のイギリスにおいては、「ボランタリズム」[10]の伝統から、学校は複数の民間団体によってそれぞれ設置されていました。この時期においては、国、政府は民衆の教育に介入することには消極的だったようです。以下、この時期におけるイギリスの民衆向けの学校をいくつかを紹介します。

1　慈善学校

　産業革命以前から存在していた民衆向けの学校に「慈善学校」をあげることができます。これは「人びとのしだいに薄れゆく信仰心と道徳意識のキリスト教による回復」[12]を目指したという、「キリスト教知識普及協会」（1698年結成）という国教会系[11]の団体が設置を進めていた教育機関でした。その理念が示すとおり、この「慈善学校」における教育内容は非常に宗教的であり、立場が上の者に

用語解説

＊9　絶対王政
　16〜18世紀頃において、国王の強力な権威を絶対とする政治体制が生まれました。これを絶対王政といいます[7]。国によって状況はさまざまですが、一般に、後の市民革命（フランス革命など）によって倒されることになる政治体制です。

用語解説

＊10　ボランタリズム
　当時のイギリスにおいては、民衆の教育（特に宗教教育）について国家は直接関与せず、民間の団体等によって進められるべきだという考え方がありました。このような考え方をボランタリズムと呼びます[11]。

用語解説

＊11　イギリス国教会
　1534年の国王至上法によって成立したイギリスの国定教会をいいます。国王が国内の教会の首長であるとされました[13][14]。

35

対する従順さや勤勉さをキリスト教的な考え方から伝えること目的としていたと評価されています[15]。当時の特権階級にとっても、宗教を背景にした、自分たちが望む秩序を守るために、都合のよい学校だったと考えられます。

2　日曜学校

慈善学校と本質的には類似しつつも、特に産業革命以降に広く普及した学校に、レイクス（R. Raikes）[*12] にはじまる「日曜学校」をあげることができます。レイクスは、日々を工場で働き続け、日曜日を怠惰に過ごす子どもの状況を嘆き、1780 年に日曜学校をつくりました。日曜学校は、「知識や技能をさずけることを目的としたものではなく、少年労働者の不良化をふせぎ、彼らにまじめな生活をさせるためのものであった」[16] といわれています。1785 年には日曜学校協会が組織され、各地に日曜学校が開かれることになります。

3　助教法学校

この時期に「助教法学校」と呼ばれる学校が普及したことも見逃せません。当時開発された教育方法に「**モニトリアル・システム**（monitorial system）」、または助教法やベル・ランカスター法[*13] などと呼ばれる方法がありますが、助教法学校はこれを採用した学校でした。モニトリアル・システムは、スコットランド出身で国教会の牧師であったベル（A. Bell）と、ロンドン出身のクェーカー[*14] であったランカスター（J. Lancaster）により、それぞれ同時期に開発された教育方法であり、「助教を配置することによって集団を同一のレベルへと編成するように努め、個人と集団における相互の競争原理を導入することによって学習の効率化を図るとともに、集団を効率的に管理する方法」[17] でした。具体的には、一人の教師が「助教生」（Monitor）と呼ばれる複数の学生に教育を施して知識等を伝え、次に助教生たちが、それぞれに割り当てられた多くの子どもに知識を伝達するという教育方法でした。効率よく多くの子どもを教育する点で有効な方法と考えられました。ただし、学び手である子どもの意思や関心のあり方を軽視する点などにおいて、知識を機械的に注入していくこの方法には課題もあったと考えられます。

③　イギリスの場合③——工場法とオウエンの教育思想

1　オウエンと「性格形成学院」の取り組み

産業革命当時、都市部に生活する子どもたちは、過酷な生活環境のなかで苦しい労働をしつつ暮らしていました。このような状況を改善するための法整備も徐々に進められていきます。たとえば、子どもの労働条件に制限を加えた工場法と呼ばれる法律がありました。1802 年に「徒弟の健康および道徳に関する法律」が制定されたのをはじめ、幾度かの改正が行われ、工場監督官制度を設けた本格

人物紹介

＊ 12　レイクス
（1735-1811 年）
　新聞編集者でしたが、産業革命期の人々や子どもたちの生活の状況を心配し、地域の女性たちと協力しながら、日曜日に宗教教育を行いました。これが日曜学校の始まりだったとされています。

用語解説

＊ 13　ベル・ランカスター法（Bell-Lancaster method）
　モニトリアル・システムの別称。本文中で述べたように、ベルとランカスターが同時期に開発した教育法であるため、このように呼ばれています。

用語解説

＊ 14　クェーカー
　フレンド派とも称される、キリスト教のプロテスタントの一派をいいます。

的なものとなったのは、1833 年の工場法であるとされます[18]。

　この工場法の改正（1819 年改正時）に働きかけ、当時の工場における労働者やその子どもたちの生活・教育環境改善に尽力した人物に、**オウエン**（R. Owen）*15 がいます。彼はニュー・ラナークの紡績工場の工場経営者でしたが、教育や保育の領域においては、彼が工場に付設する「**性格形成学院**」と呼ばれる教育施設をつくったことで知られています。

オウエン

🌸 人物紹介

＊15　オウエン
（1771-1858 年）
　イギリスの産業革命期に活躍した工場経営者であり、教育家。教育の領域では、1816 年に「性格形成学院」を設立したことで知られ、その後の幼児教育のあり方にも影響を与えました。人々の性格、つまり思想や行動の習慣というものが、生活する環境によって大きく変化すると考えました。

　1816 年に開設された「性格形成学院」は、単純に労働者の子どもたちを保護する場ではなく、教育施設としても当時としては画期的な施設でした。好奇心や学習意欲を引き出すために、動物の絵や地図、森などにある自然物や日用品も利用したといいます[19]。これは、当時としてはめずらしい教育のあり方でした。また、この「性格形成学院」には幼児学校も開設されていました。幼児学校は満 1 歳頃から 6 歳未満の子どもが対象とされ、やはり事物等を中心とした直観教授*16 が行われ、愛情にもとづいた教育、画一的な教育を避けた個性を尊重する教育が試みられました[20]。これらは現代に生きる私たちから見れば、なじみのある考え方や教育観かもしれません。しかし、民衆に向けた公教育制度、義務教育の形すら未完成の時代、多くの子どもたちが労働力として見なされていた時代において、これほど子どもに寄り添った教育を、しかも幼児期の子どもの教育までも考えていたことは驚くべきことといえるでしょう。オウエンが「性格形成学院」でこのような教育実践を進めた背景にはどのような思想があったのでしょうか。

🌷 用語解説

＊16　直観教授
　物事の性質や全体像について、視覚や聴覚等のさまざまな感覚を用いて直接認識するという「直観」を重視した教授のあり方をいいます。

2　オウエンの教育思想

　ここでは、彼の教育思想の特徴の一つを整理してみます。オウエンは、子どもや人々の性格というものが、受ける教育や生きる環境に大きく影響されると考えていました。適切な環境のなかで生きてこそ、人々は望ましい性格を育み、他者を思いやり、社会全体としても幸福が実現できると考えました。

　オウエンは主著の一つである『新社会観』（1813-1816 年）のなかで、犯罪者と裁判官を例にあげながら、もしその犯罪者が、裁判官と同じような生い立ちで、同じような教育を受け、同じような環境のなかにいたならば、いま犯罪者とされている人こそが、かわりに裁判官の立場にたっていただろうと述べています[21]。このように、オウエンは生きるうえでの教育を受ける環境というものを重視していました。オウエンの「性格形成学院」とその教育思想は多くの人々の注目を集め、その後のイギリスの幼児教育や公教育、世界における教育思想に影響を与えたといえます。

用語解説

＊17　国民議会

1789 年に第三身分（平民）の議員が主導し結成された議会。1789 年 7 月からは憲法制定国民議会へと改称されています。

用語解説

＊18　立法議会

1791 年に、最初のフランス憲法にもとづいて成立した議会。主に穏健共和派であったジロンド派が優勢だったとされます。

用語解説

＊19　国民公会

1792 年に、立法議会の後に成立した議会。王政を廃止し、第一共和政を確立しましたが、急進共和派のジャコバン派主導の恐怖政治が行われたことでも知られています。

用語解説

＊20　ジロンド派

フランス革命期における政治党派の一つを指します。1791 年に開かれた立法議会において、共和制を主張する立場として政権を握りました。

人物紹介

＊21　コンドルセ
(1743-1794 年)

フランス革命期の哲学者、数学者、政治家。公教育委員会の委員に任命され、1792 年に「公教育の一般的組織に関する法案」を不十分ながら報告しています。ジャコバン派による恐怖政治に逮捕状が出され、1794 年に獄中死しています[22]。逃亡期間中に執筆された『人間精神進歩の歴史的素描』も代表作です。

④　フランスの場合──フランス革命と公教育の思想

　次に、フランス革命期に登場した公教育論に注目し、イギリスの産業革命とは別の観点から、公教育成立の背景を考えていきます。

　フランス革命は有名な市民革命の一つですが、その展開は複雑です。よく知られている部分だけを取り上げてみると、国民議会[17]の結成やバスティーユ牢獄（ろうごく）襲撃にはじまり、人権宣言の採択、最初のフランス憲法の制定、立法議会[18]、国民公会[19]を経て、有名なナポレオン（B. Napoléon）の台頭へと続きます（表4-2）。近代的な公教育制度が確立されていくのは、実はフランス革命終了後しばらくたって、1870 年代以降の第三共和政の時代になるのですが、フランス革命期においても、すでに公教育に関する案がいくつも出されていました。

　フランス革命期に論じられた公教育論のなかでも最も有名なものの一つが、政治的立場としてはジロンド派[20]に数えられる**コンドルセ**（M.J.A.N de C, Condorcet）[21]によるものでしょう。フランス革命期において、後につながる公教育の理念を示したとされるコンドルセは、公教育を社会の義務としてとらえていました。また、コンドルセは、市民革命を通して法律が人々の権利を保障すべく定められたとしても、広く人々に教育の機会が保障されていなければ、知的能力や知識量のあまりに大きな差により、保障されたはずの権利を人々は使いこなせないと考えました。コンドルセの公教育論は、教育を受けることができないことに由来する不平等や他者への従属を排除するよう主張するものであったといえます。

　たとえば、コンドルセは次のように述べます。「所有権のことをきめてある基

表4-2　フランス革命の主な流れ

時期	フランス革命中の主な動き
1789 年 6 月	国民議会の結成（球戯場の誓い）
1789 年 7 月	パリ民衆がバスティーユ牢獄を襲撃
1789 年 8 月	人権宣言の採択
1791 年 9 月	最初のフランス憲法の制定　憲法制定国民議会の解散
1791 年10月	立法議会が開かれる
1792 年春頃	穏健共和派の党派であるジロンド派が政権をにぎる
1792 年 9 月	国民公会が成立する
	王政廃止　共和政が樹立（第一共和政）
1793 年 1 月	ルイ 16 世が処刑される
1793 年 6 月	急進共和派のジャコバン派がジロンド派を議会から追放
	ロベスピエールを中心とするジャコバン派による恐怖政治
1794 年 7 月	テルミドール 9 日のクーデタ　ロベスピエールが処刑される
1799 年11月	ブリュメール 18 日のクーデタ　ナポレオンによる独裁へ

出典：木村靖二・佐藤次高ほか『アナウンサーが読む　聞く教科書　山川詳説世界史』山川出版社　2017 年　pp.248-253、全国歴史教育研究協議会編『世界史用語集［改訂版］』山川出版社　2022 年　pp.198-204 をもとに筆者作成

本的な法律を教えられていない人は、これを知っている人と同じ仕方ではこの権利を享受しえない。両者の間に争いが生じた場合に、かれらは対等の武器では戦えないのである」[23]。この主張は、いじめや不登校、貧困等さまざま要因によって望む教育を受けられない子どもがいる現代においても通用するものです。理由や背景はさまざまでも、結果的に教育の機会を損なうこと（教育の不平等）は、もっているはずの権利を理解し、自由に行使する機会を損なうことにつながります。それだけではなく、「知らない」ことによって、いつの間にか他者の意見に従ってしてしまうことも考えられます。コンドルセの思想をもとにした「公教育の一般組織に関する法案」は、教育の機会均等や無償制を主張するもの（ただし就学の義務は定めないもの）でしたが、オーストリアへの宣戦布告などフランス革命期の混乱の最中で実現されませんでした。しかし、その思想は後の公教育成立期に大きな影響を与えました[* 22]。

⑤ 公教育制度の成立へ

　最後に、イギリス、フランスにおける近代的公教育制度の成立までの流れを確認していきます。イギリスでは、先に述べたように、産業革命の影響により子どもの生活や教育の状況が悪化していたことが背景にあり、これを一つのきっかけとして国家による教育への介入が始まりました。国家が教育に介入することにはあまり積極的でなかったイギリスにおいても、1833年には国庫補助金制度がつくられました。その後、1870年の初等教育法、通称**フォスター法**[* 23]が成立し、国民向けの教育制度の基礎となりました。フォスター法では、学校施設が不足している地域に学務委員会を設置し、学校を設け、運営にあたることとされました。イギリスにおいては前述の「ボランタリズム」の影響から、民間団体における学校も認めており、これらの学校と公立学校が併存する状況でした。また、このフォスター法の時点では、学務委員会が設置した学校の授業料は無償ではありませんでした[25)26)]。その後、法の整備が進み、1918年のいわゆるフィッシャー法[* 24]の頃には、公立初等学校の無償制や就学義務が確立しています[27)28)]。

　フランスにおいては、公教育の思想はフランス革命期にすでに見られていたものの、その後のたび重なる政治的変動のなか、実現には長い時間がかかりました。民衆教育を推し進めたのは、一般的には1833年の**ギゾー法**[* 25]と呼ばれる初等教育法であるとされます。各自治体に小学校を設け、6,000人以上の人口がある自治体においてはより上級の初等教育を行う学校も設けられました[29)]。この時点では無償制や就学義務は確立されてはいないものの、ギゾー法によって民衆教育の普及は確かに進んだといえます。その後政権が移り変わり、各時期に教育法も出されていきますが、後の第三共和政の時代において、コンドルセの思想に影

👒**さらに詳しく**

＊22　フランス革命期には、ほかにも多くの公教育の案が生み出されています。たとえば、1793年にロベスピエールが報告したというルペルチエ案では、「国民学寮」を設置し、男子5〜12歳、女子5〜11歳までの義務教育を受けさせることが目指されました[24)]。原案の作成者名からこう呼ばれています。コンドルセ案と対照的に、訓育も重視されました。

🌷**用語解説**

＊23　フォスター法
　イギリスにおける、1870年の教育法。この法律の成立に尽力したフォスター（W. E. Forster）の名に由来します。

🌷**用語解説**

＊24　フィッシャー法
　イギリスにおいて1918年に出された教育法。法案の提出者で、文相として活躍したフィッシャー（H.A.L. Fisher）の名に由来します。

🌷**用語解説**

＊25　ギゾー法
　フランスにおいて1833年に制定された初等教育法。フランスの民衆に学校教育が根づくきっかけになった法律として有名です。当時の文相ギゾー（F.P.G. Guizot）の名に由来します。

用語解説

＊26　フェリー
(1832-1893年)
　フランスの政治家。第三共和政の時期において教育改革の主導者の一人となった人物です。文相や首相として活躍しました。

響を受けたフェリー（J.F.C. Ferry）＊26とその協力者たちによって、現代に続く教育法の形がつくられたとされます。フェリーらによる教育法（いわゆるフェリー法）のうち、1881年6月の法律において公立小学校等における無償制が確立し、次いで1882年3月には満6歳から満13歳までのすべての男女児童の教育が義務づけられました。ただし、教育を与える場については、公私立学校のほかに、家庭も含まれていました。また、1882年3月の法律では、公立小学校における教育課程の世俗化（宗教教育の排除）＊27も定められました30)31)＊28。

3　現代の学校教育を見つめなおすために

さらに詳しく

＊27　近代の公教育の原則として、宗教的中立（宗教教育の排除）があげられますが、ここにはいくつかの背景があります。たとえば、近代より前の時代、ヨーロッパの教育には宗教関係者によって担われていた部分が多くありましたが、産業革命による生活の変化や市民革命を越えて平等や自由が求められるなか、信仰や身分にかかわらず、すべての子どもたちが受けられる教育が求められました。他方で、ここには世俗政府と宗教関係者の争いという側面もあったと考えられます。

CHECK！

＊28　ドイツにおいても、1872年に「学校監督法」が成立し、教会と分離した学校教育について定められました。アメリカにおいても、マン（H. Mann）らの活動をきっかけにコモン・スクールが普及しました。

　本章では、諸外国の教育の歴史、特に近代の公教育制度の成立までの流れを、ヨーロッパの国々、特にイギリスやフランスを中心に整理してきました。近代より前の時代、民衆にとって学校という場所はなじみのない場所であったものの、中世の都市において、一部の民衆に向けた学校は営まれていました。産業革命・市民革命以降、近代と呼ばれる時代に入ると、労働や貧困に苦しむ子どもの生活改善のため、真の平等や自由を実現するための教育が構想されていきました。オウエンやコンドルセは、それぞれの国の課題や事情をふまえて、その時代に求められる学校や教育の姿を探究したといえます。

　本章で伝えたかったことは、歴史的事実だけではありません。重要なことは、私たちが学んできた場である学校の「背景」に、実は非常に複雑な事情、思想や願いがあったことに気づくことです。それらの思想や願いに応えるものとして、学校や教育は各時代においてさまざまな形を成してきました。さて、それでは現代の学校教育はどうでしょうか。本章で触れた歴史の先に立っている私たちが見ている今の学校とそこでの教育は、どのような思想や願いを受けて存在しているのでしょうか。教育の歴史とそこにあった思想や願いを振り返ることで、現代の学校教育について、改めて気づくことがあるのではないでしょうか。

Column

コンドルセによる公教育の思想──公教育で教えるべきものとは

　みなさんは、「学校」で子どもたちに何が教えられるべきだと考えるでしょうか。将来、生きていくために必要な知識でしょうか。多様な価値観を柔軟に受け入れる姿勢でしょうか。この問いについてはさまざまな答えや考えがあって当然だと思います。本章で触れたコンドルセもまた、社会が行う公教育において、どのような内容が教えられるべきかを考えた人物でした。

コンドルセ

　コンドルセは、「公教育は知育のみを対象とすべきである」[32)]という考えを示しています。この主張を文字どおり解釈すれば、コンドルセは知識を特別重視したように見えます。しかし、コンドルセやフランス公教育について研究した石堂は、「コンドルセが公教育を知育に限定したことは、彼が知育を重視したためではなく、訓育を重視したがためである」[33)]と述べています。言い換えれば、公教育の内容は訓育（感情や意志の教育）を含むべきではないとコンドルセは主張していたのです。その理由の一つとして、公教育によって特定の思想が個人の精神を支配してしまうことへの危惧がありました。コンドルセは次のように述べます。「一人前の社会人となっても、まだ自分がうけた教育によって授けられた思想を、そのままそこで持ちつづけているような人は、もはや自由人ではない」[34)]。個人の権利や思想の独立性を重視したコンドルセは、公権力であっても公教育に過剰に介入することには否定的だったのです。

　それでは現代に生きる私たち自身や、今の学校教育について考えてみるとどうでしょうか。私たちは学校教育を通して、独立した一人の人間として、自分だけの考えをはぐくむことができるようになったでしょうか。コンドルセの主張は、現代の学校教育を省察するきっかけを与えてくれます。

POINT

・学校教育はかつて多くの民衆にはなじみのないものでした。しかし、産業革命などによる社会や生活の変化により、徐々に必要とされるものになりました。

・オウエンやコンドルセの思想に見られるように、その時代の教育上の課題を解決するためにさまざまな人物が教育思想を展開し、後の教育に影響を与えました。

・諸外国の公教育は各国で長い時間をかけて形づくられ、イギリスやフランス等では1900年前後以降に、義務制、無償制、宗教的中立などの原則をもつ制度として現れてきました。

Q 演習問題

① 産業革命期のイギリスにおいては、どのような民衆向けの学校が存在していたのでしょうか。

② フランス革命期に活躍したコンドルセの教育思想の特徴は何でしょうか。

第**5**章　日本の教育の歴史

現在、日本の多くの子どもたちは、幼稚園や保育所、認定こども園などの就学前施設、小学校などで過ごし、それぞれで定められた教育を受けます。こうした教育の仕組みや小学校・幼稚園や保育所等で当たり前に学ぶ子どもの姿は、いつ、どのように生み出されたのでしょうか。

本章では、小学校や幼稚園、保育所等の歴史を軸に、日本の教育の歴史について学びます。

① 初めて小学校をつくってから、すべての子どもを就学させるためにはどのようにすればよいと思いますか。一国の政治家になったつもりで考えてみてください。

② 幼稚園や保育所はいつごろにつくられて、現在までどのように変化してきたと思いますか。

🔒 **keywords**　小学校の歴史　幼稚園の歴史　保育所の歴史　公教育　🔑

1　近世から近代へ

1　江戸・幕末期の教育

用語解説

＊1　学制
　日本で最初に近代的学校制度を定めた法制で、6歳以上の男女を小学校に通わせるものとしました。109章から構成され、「大中小学区ノ事」「学校ノ事」「教員ノ事」「生徒及試業ノ事」「海外留学生規則ノ事」「学費ノ事」の6項目を定めています。

　「すべての子どもが学校へ行く」現在の教育が登場する直接のきっかけとなったのは、1872（明治5）年に制定された**学制**＊1でした。2022（令和4）年はその150周年にあたり、学制によって誕生した各地の小学校＊2では相次いで記念式典が行われました。では、学制以前の教育はどのような状況だったのでしょうか。

　江戸時代の教育は「士・農・工・商」という厳格な身分制に拘束されるものでした。「すべての子ども」が「学校」に行けたわけではありませんし、その「学校」も今日のものとは大きく異なります。幕末の教育施設は大きく3つに分かれます。

　1つめは、全国250以上もの藩が存在した幕藩体制下にあって、各藩が武士層の男子を教育する目的で設けた藩校です。そこでは、儒教思想＊3にもとづいた学識や教養を身につけることが目指されました。2つめは、庶民の子どもがその生活に必要な範囲での読み・書き・算などの基礎を学ぶ施設として普及した**寺子屋**です（図5-1）。幕末には寺子屋で学ぶ女児もしだいに増えていきますが、男児に比べるとまだ圧倒的に少ない数でした。3つめは、吉田松陰の松下村塾のように学者などが私的に開いた私塾で、身分に関係なく向学心をもった青年たちを

図 5-1　幕末に日本を訪れたスイス人アンベールが描いた寺子屋の風景
出典：アンベール、茂森唯士訳『絵で見る幕末日本』講談社学術文庫　2004 年　p.120

集め、優れた人材を輩出しました。国学や洋学、西洋医学などの私塾はこれら諸学の発展に大きく貢献したのです。

　明治期以降に近代学校制度が本格的につくられていく背景には、こうした幕末における教育の活況があったのです。

② 学制の制定と明治の学校

　発足間もない明治政府は教育を通じた近代化をはかるため、早くも 1871（明治4）年に**文部省**（現在は文部科学省）を設置します。そして、欧米にならって文部省が全国の学校教育行政を一手に担う**中央集権的な近代学校制度**を構想します。翌 1872（明治5）年に制定された学制はその序文において「邑に不学の戸なく家に不学の人なからしめん事を期す」と、すべての国民を対象とした初等教育の普及を掲げました。また、学校における勉学は立身出世の手段になるという、個人主義的な教育観を示しています。さらに本文では、全国を8大学区に分け、各大学区に大学校1校を、1大学区を32中学区に分け、各中学区に中学校1校を、1中学区を210小学校区に分け、各小学校区に小学校1校を設置する壮大な計画が示されました。なお、この方針では、小学校が 53,760 校（人口約 600 人あたり1校）できる計算になりますが、施行から2年後の段階で実際に設置された小学校数はその半数にも満たないものでした。小学校の大半は「下等小学」4年、「上等小学」4年、計8年の「尋常小学」であり、半年ごとに進級試験が課される「等級制」＊4 が採用されるなど、現在の小学校の姿とはさまざまな点で異なるものでした。

　このように、欧米の教育制度をモデルとした学制は画期的な教育の仕組みでしたが、その分浸透しづらく、小学校の就学率も伸び悩みました。欧米の学校教科書の翻訳・翻案にもとづく教育内容は人々の生活現実と大きく隔たっていたうえに、受益者（教育を受ける者）が学校の運営経費を負担する原則であったため、

CHECK！

＊5　ドイツの教育思想家であるフレーベルは、幼児期の教育が重要であると主張し、幼稚園 kindergarten を創設しました。彼は遊びによって子どもたちの可能性が開かれると考え、自ら恩物（Gabe）という教育玩具を発明しました。日本の幼児教育にもはかり知れない影響を与えた人物です。フレーベルについては、第6章（p.60）を参照。

人物紹介

＊6　赤沢鍾美と妻ナカ

鍾美は生徒が学校にいる間、幼い妹や弟が放っておかれる状況を見かねて無償で別室での保育を始め、主に妻のナカ（仲子）がこれに従事しました。夫妻はまるで自分の子どものように幼児らに接したといいます。次第に学校外からも「子どもを預かってほしい」という声が寄せられ、幼児の数が増え続けた結果、1907（明治40）年頃に「守孤扶独幼稚児保護会」と命名され、本格的な保育施設となりました。

庶民の経済的負担は相当のものでした。その結果、徴兵や地租改正などの政策への反発もあいまって、農民などによって学校が焼き討ちに合う事件が頻発しました。こうして、公教育成立に向けた試行錯誤の道のりが続くのでした。

③ 幼稚園・保育所のはじまり

　日本で初めての本格的な幼稚園は、文部省が1876（明治9）年に**東京女子師範学校**（現在のお茶の水女子大学）に付設した官立（国立）の幼稚園（後の東京女子高等師範学校附属幼稚園）でした（図5-2）。松野クララを主席保母として、満3歳から6歳までの幼児を対象にフレーベルの恩物を中心とした保育が行われました＊5。同園の幼稚園規則に初めて「保育」という語が登場し、幼児を対象とした教育的営みを表現する言葉として広まっていきます。以後、世紀転換期、つまり1900年頃には公立・私立の幼稚園が各地に次々と開設されていきます。

　一方、制度的な裏づけはまだないものの、現代の保育所の源流にあたるような保育施設も増えていきます。子守学校付設託児所や工場で働く職工の子どもを保育する工場託児所、農繁期や漁期に臨時で開設される農繁期託児所などさまざまでしたが、共通しているのは、労働や貧困が原因で両親などが十分に育児できない、経済的に困窮した家庭の子どもを対象とする傾向にあった点です。このうち子守学校付設託児所は、小学校への就学年齢にありながら、弟妹や奉公先の子守のために通常の学校には就学できない子どもが幼児を背におぶって通う子守学校に付設された託児所です。赤沢鍾美と妻ナカ＊6によって営まれた**新潟静修学校付設託児所**もその一つで、後に保育所（現在の新潟市・赤沢保育園）へと発展しました。

図5-2　1935（昭和10）年頃の東京女子高等師範学校附属幼稚園の園庭
出典：お茶の水女子大学デジタルアーカイブズ
（https://www.lib.ocha.ac.jp/archives/exhibition/pc0014/m_pc0014-0002.html）

2　日本における近代学校制度の完成とその特徴

1　公教育（義務・無償）の成立

　学制の実質的な「失敗」を受けて 1879（明治 12）年に登場したのは、学区制を廃止し、地域の実情に応じた政策を打ち出した**教育令**でした。しかし、大幅な規制緩和が就学率の低下を招く結果となり、翌 1880（明治 13）年には国による統制をより強めた改正教育令が出されます。ここでは、**修身***7 を首位科目とした教科目が定められ、小学校教則綱領*8 によって各教科の内容が初めて法規上に明確化されました。

　1885（明治 18）年の内閣制度の発足により森有礼が初代文部大臣に就任すると、「帝国大学令」「師範学校令」「中学校令」「**小学校令**」など学校種ごとの法令が出されます。「小学校令」では、小学校を尋常（4 年）・高等（4 年）の 2 段階として、尋常小学校への就学を初めて「義務」と規定しました。その後、小学校令は三度の改正を経て、初等教育制度を確立させます。第二次小学校令では法的整備がさらに進み、小学校の目的として「道徳教育及国民教育ノ基礎並其生活ニ必須ナル普通ノ知識技能ヲ授クル」と、道徳教育、国民教育、知識技能の教育の 3 つが定められました。第三次小学校令では、公立の尋常小学校における授業料の徴収が廃止されました。また、この間に国定教科書*9 が実現します。第四次小学校令（1907

表 5-1　公教育（義務・無償）が成立するまでの流れ

制定年	法令	内容
1872（明治 5）年	学制	尋常小学（上等・下等）、各 4 年計 8 年 学区ごとの小学校の設置、受益者負担の原則
1879（明治 12）年	教育令	年限は 4 〜 8 年、就学期限は最低 16 か月、年間授業は 4 か月以上 学区制を廃止し小学校設置を町村にゆだねる
1880（明治 13）年	教育令（改正）	年限は 3 〜 8 年、就学期限は最低 3 年間、年間授業は 32 週日以上 小学校の設置における地方官庁の権限を強化
1886（明治 19）年	小学校令	小学校（尋常・高等）、各 4 年計 8 年 就学義務は尋常小学校 4 年、条文に初めて「義務」の記載が登場 尋常小学校に代用できる小学簡易科（授業料を徴収しない）の設置を認める
1890（明治 23）年	小学校令（第 2 次）	就学義務は尋常小学校 3 年または 4 年 小学簡易科を廃止
1900（明治 33）年	小学校令（第 3 次）	就学義務は尋常小学校 4 年で統一 公立小学校では原則授業料を廃止
1907（明治 40）年	小学校令（第 4 次）	就学義務は尋常小学校 4 年改め 6 年に延長 義務教育 6 年の成立

用語解説

*7　修身
　戦前の道徳教科であり、天皇への忠誠心を中心に後の教育勅語（*11 参照）に列挙される徳目が教えられました。1945（昭和 20）年 12 月、日本を占領した GHQ（連合国軍最高司令官総司令部）によって停止命令が下されました。その後の道徳教育については、1958（昭和 33）年に「道徳の時間」が特設され、2015（平成 27）年の学習指導要領の一部改訂により「特別の教科道徳」が新設されました。

さらに詳しく

*8　国家による統制が再び強化された改正教育令では、全国の小学校の教則は小学校教則綱領にもとづくものとされました。このなかで修身が首位科目に位置づけられた背景として、改正教育令の前年（1879 年）に教学聖旨（元田永孚が起草）が出され、知識よりも儒教道徳に教育の重点が置かれるようになったことがあります。

CHECK！

*9　明治初期に自由発行・自由採択制であった教科書は、検定制（1886 年 -）、国定教科書制（1903 年 -）、学校教育法にもとづく検定制（1947 年 - 現在）と変遷します。国立教育政策研究所教育図書館の「近代教科書デジタルアーカイブ」（https://www.nier.go.jp/library/textbooks/）では、戦前の各制度下の教科書を一部閲覧することができます。

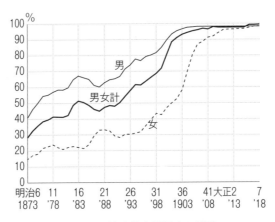

図5-3　義務教育就学率の推移
出典：文部科学省『学制百年史』のデータをもとに筆者作成

年）までの公教育の**義務**と**無償**が成立する流れは、表5-1のとおりです。こうして学制から30年あまり、20世紀に突入する頃には就学率は100％に近づき、「すべて」の子どもが学校へ行くための制度が整ったのです（図5-3）。

　幼児教育に目を転じると、幼稚園をめぐっても大きな前進が見られます。1889（明治32）年に「幼稚園保育及設備規程」が、1926（大正15）年に幼稚園教育の普及や発展を目指す運動の高まりを背景に、初の単独令である**幼稚園令**が公布されています。この幼稚園令をもって、幼稚園は初めて制度的な地位を確立することになります。同令は、幼稚園の目的は家庭教育を補完することであるとし、3歳から尋常小学校就学の始期に達するまでの子どもが入園できると定めました。また、原則として保母は「女子ニシテ保母免許状ヲ有スル者」とするなど、園長や保母の資格を定めています。さらに、同令施行規則により、「遊戯、唱歌、観察、談話、手技等」が保育項目とされました＊10。

② 複線型の学校体系と男女別学

　公教育が成立していくのと並行して、次第に国民道徳が重視されるようになります。1890（明治23）年には**教育勅語**（教育ニ関スル勅語）＊11が出されます。19世紀末から20世紀初頭にかけて、日清戦争や日露戦争への勝利を経て、教育が国力増強の手段としてとらえられる傾向が高まっていきます。守るべき徳目について、天皇が国民に直接語りかける形式をとった教育勅語は、第二次世界大戦以前の初等教育を中心に強い影響力をもつことになります。

　では、戦前の中等教育段階以上はどうなっていたのでしょうか。尋常小学校が6年制となった後の1919（大正8）年の学校体系を表した学校系統図からは、義務教育後の学校系統が複数に枝分かれした**複線型**（フォーク型）である点と**男女**

別学である点が今日の学校体系と大きく異なることがわかります^{＊12}。尋常小学校の卒業後の進路として、（旧制）中学校から（旧制）高等学校、帝国大学（3 年制）などに進学していく男子と、高等女学校に進学していく女子という、代表的な「エリート」層の学校系統が存在しました。このように、尋常小学校後の進学や就労、結婚などのライフコースが、子ども個人の能力よりも生まれ育った環境に、現代よりもはるかに大きく左右される時代でした。

　明治期以降に学校が拡大していくなか徐々に学歴志向が高まっていきますが、大きな転機となったのは、試験と学歴による官僚の任用試験制度の導入でした。明治 30 年代以降にサラリーマンという新しい職業層が現れると、学歴が企業就職にも結びつくようになります。学校の入学試験を受けるという意味での「受験」という言葉が使われ始めるのもこの頃で、実際に（旧制）高等学校や難関の専門学校への受験競争が激化していきました。ただ、そもそも昭和に入ってからも（旧制）中学校への進学者は 10％前後であったため、こうした学歴志向をもった人たちは社会全体の一部にとどまります。一方、高等女学校では「良妻賢母」となるための教育が行われました。教育は男女間でも大きく異なったのです。

③ 戦時下の子どもと教育

　1937（昭和 12）年の日中戦争の勃発から 1945（昭和 20）年の第二次世界大戦の終戦までの総力戦体制下、教育も次第に軍事色を強めることとなり、その過程で教育制度改革が進んでいきます。1941（昭和 16）年、教育審議会の答申にもとづき国民学校令が施行されると、それまで人々が慣れ親しんできた「小学校」は「**国民学校**」へと名称を変え、「皇国民の錬成」^{＊13}を目的とした教育内容と方法の再編成がはかられます。一方、同令は、就学義務の期間を 8 年間（初等科 6 年間、高等科 2 年間）に延長しました。また、就学義務の免除・猶予が認められる理由から「貧困」を削除したり、養護学級や養護学校^{＊14}の設置を認めたりなど、就学機会の拡大を促しました。この点で、戦後の教育制度への連続性をもつものでもあったのです。

　一方、就学前の状況がどうであったかというと、1938（昭和 13）年に**厚生省**（現在は厚生労働省）が設置され、児童保護行政の中心となったことなどから、保育所や季節保育所（農繁期託児所）の数が急増します。これは、女性労働力を活用するための保育対策の結果でもありました。こうしたなか、教育審議会では**幼保一元化**^{＊15}の機運が高まります。また、戦争の影響は国民学校以上の子どもたちはもちろん、幼児たちの生活や遊びにも直接表れるようになります。保育のなかでも幼児を整列させて敬礼させる訓練的な教育が行われたり、男児が戦争ごっこで遊ぶようになったりしました（図 5 - 4）。戦況が激しくなると、空襲の被災地

＊12　1919（大正 8）年の学校体系については、第 9 章の図 9 - 1（p.87）を参照。

用語解説
＊13　皇国民の錬成
「小国民」を「皇国民」に練磨育成するために、この時期「教育」に代わる言葉として頻繁に用いられました。「錬」は「鍛錬」という熟語からもわかるように、「きたえる」という意味をもちます。第 7 章（p.71）も参照。

さらに詳しく
＊14　1938（昭和 13）年の教育審議会の答申では、かねてよりあった障害児教育の振興に対する要望を受け、心身障害児に特別の教育施設を設けることと、盲・聾唖教育を速やかに義務教育とすることを提案しました。盲・聾唖教育の義務化は実現しませんでしたが、国民学校令施行規則で「身体虚弱、精神薄弱其ノ他心身ニ異常アル児童」を対象に特別の学級・学校を編成することが認められ、これが養護学級、養護学校と称されました。

用語解説
＊15　幼保一元化
異なる歴史的経緯から別のものとして二元的に発展してきた幼稚園と保育所を、就学前の保育施設として同一の制度に統一することを指します。

図5-4　戦争ごっこで遊ぶ幼児たち
出典：日本保育学会『写真集　幼児保育百年の歩み』ぎょうせい　1981年　p.144

域では幼稚園や保育所などが次々に閉鎖され、1945（昭和20）年時、東京都区内には幼稚園はありませんでした。

3　戦後から現代にかけての教育

① 戦後新体制の教育

　1945（昭和20）年以後、連合国の占領下におかれた日本では大規模な教育改革が進行し、戦後教育の基盤がつくられます。その改革の司令塔となったのが、団長ジョージ・D・ストッダート（G.D. Stoddard）を含む全27名の専門家で構成される米国教育使節団でした。また、使節団に協力するために、日本側でも教育家委員会が組織されます。そして、教育勅語を大きなよりどころとする軍国主義的な教育に対する反省から、教育の民主化・自由化が目指されることになります。

　具体的には、1946（昭和21）年に公布された日本国憲法では、**第26条**で「教育を受ける権利」と「保護する子女に普通教育を受けさせる義務」、義務教育の無償が定められました。これを受けて翌1947（昭和22）年に公布された**教育基本法**では、「人格の完成」と「平和で民主的な国家及び社会の形成者として必要な資質を備えた心身ともに健康な国民の育成」を教育の目的とすること（第1条）などの教育の理念が打ち出されました。また、同法第5条では男女共学が認められました。1947（昭和22）年公布の教育基本法は2006（平成18）年の大幅改正まで60年近くにわたる教育の原則となりました。

　教育基本法とともに**学校教育法**が制定されたことで、幼稚園から大学までの6・3・3・4制の明確な単線型の学校体系が単一の法律で規定されることになります。こうして発足した新学制のもと国民学校は小学校に改称され、義務教育にあたる6・3制の最初の6年の教育課程をもつ学校となりました。また、幼稚園は学校教育法によって、満3歳から小学校就学の始期に達するまでの幼児を対象と

する学校教育施設に位置づけられ、保育者の名称は「保姆」から「幼稚園教諭」に変わります。一方、保育所は、1947（昭和 22）年に公布された**児童福祉法**によって児童福祉施設に位置づけられ、「保育に欠ける」満 1 歳に満たない乳児から小学校就学の始期に達するまでの幼児の保育を行うと定められました。幼稚園とは対照的に保育者の名称は「保母」となり、この状況は男女共通の専門職を表す「保育士」が採用された 1998（平成 10）年の児童福祉法施行令改正まで続きます。こうして、現代にもつながる幼稚園と保育所の**二元性**が制度的に確立したのです。

Column ①

絵本からみる教育史

　名作と呼ばれる絵本のなかには世代を超えて長く愛読されるものも少なくありません。たとえば、2 匹の野ねずみが登場する『ぐりとぐら』（中川李枝子／作、大村百合子／絵、福音館書店）の初版が出版されたのは、日本に「絵本ブーム」が到来しつつあった 1967（昭和 42）年、今から 60 年近く前です。しかし、意外に思うかもしれませんが、『ぐりとぐら』のように 1 冊の書籍に 1 話の物語が収められる絵本の形式が定着したのは、それほど昔のことではありません。

　第二次世界大戦に突入する前の大正から昭和期にかけては、定期刊行物に挿絵つきの童話や童謡など複数のコンテンツが掲載される「絵雑誌」が主流でした。その後、私たちがよく知る「絵本」が飛躍的に発展したのは、なんと戦況が激しさを増していく満州事変から終戦までの 15 年戦争下（1931-1945 年）においてだったのです。児童文学研究者の鳥越信は「この時期ほど日本の絵本にとって、ダイナミックな内容に富んだ月日はなかった」と述べています[1]。

　背景として、印刷技術が進歩したこと、大正期以後に若手の童画家たちが育ってきたことなどがあります。「絵本」という用語が定着するとともに、初の単行の絵本の研究書（牛島義友・矢部信一『絵本の研究』1943 年）が出版されるなど、「おもちゃの一つ」くらいに思われていた絵本が、独立したジャンルとして認識されることになります。帝国教育会出版部（現在のチャイルド本社）の 24 冊シリーズ「新日本幼年文庫」など優れた作品も生み出されました。

　一方、絵本の内容に目を向けると、戦争中ということもあり軍事色の濃さは明白です。1938（昭和 13）年には、絵本や絵雑誌に母親向けの手引きのページを設けることを定めた要綱が出されるなど、国家が絵本をはじめとする児童図書に対し思想統制を本格的に開始していくのです。見方を変えると、絵本の発展は幼児に戦争賛美や天皇崇拝の思想を教え込むことと表裏一体をなしていたのです。このように、絵本の歴史は教育や子どもの歴史と密接に結びついているのです。

中川季枝子作・大村百合子絵『ぐりとぐら』福音館書店、1967 年

② 教育の拡大とカリキュラムの変遷

　日本経済が大きな成長をとげる高度経済成長期[*16] 以後、教育は量的に拡大し大衆化が進みます。ベビーブーム[*17] の到来から学校で学ぶ子どもの数はますます増え、高等学校等への進学者も 1950（昭和 25）年時の 42.5％ から 1965（昭和

　用語解説

＊16　高度経済成長期
　日本経済が飛躍的成長をとげた 1950 年代半ばから 1970 年代初等にかけての時期を高度経済成長期といいます。

　用語解説

＊17　ベビーブーム
　1947-1949（昭和 22-24）年頃に出生率が急上昇した現象を指します。この時期に生まれた「団塊の世代」と呼ばれる人々が親になる 1971-1974（昭和 46-49）年頃に第二次ベビーブームが訪れ、「団塊ジュニア世代」が生まれました。なお、「団塊の世代」という名称は、堺屋太一の小説『団塊の世代』が定着したものです。この世代は、男性の多くが高度成長期に学校を卒業して働き始め、「企業戦士」として日本経済を支えました。一方、女性は専業主婦として家事・育児に専念する人が増え、性別役割分業が定着した世代でもあります。

40）年時の 70.7％へ急増しました。また、幼児教育に対する関心が高まったことで幼稚園の普及も進み、幼児教育義務化論や「幼稚園ブーム」が沸き起こります。文部省が 1963（昭和 38）年から 7 年にわたり進めた幼稚園教育振興計画により、就園率は 36.4％から 53.7％へ増加しました。また、この時期に一部地域で保育所不足の問題も起き始めています。高度経済成長期は女性の主婦化が進む一方で、都市部を中心に女性の働き手が多く必要とされ「働く母親」が増えた時代でもありました。「ポストの数ほど保育所を」と保育所の増設を求める運動が全国各地で展開されたことが、戦後の保育の拡大や質の向上に大きく貢献したといえます。

　教育の拡大と過熱化傾向は、偏差値偏重教育や受験戦争の激化、管理主義的な学校やその内部で起こるいじめや暴力などの諸問題を引き起こしていくことになります。こうした状況から、1984（昭和 59）年に設置された首相直属の臨時教育審議会では「個性重視の原則」や「生涯学習体系への移行」、「変化への対応」が新たな教育改革の理念として示され、完全学校週 5 日制や学習内容の 3 割削減などに象徴される「ゆとり教育」へと移行していく契機となりました。このように、時代の変化に応じて教育内容も移り変わっていきます。たとえば、小学校のカリキュラムは**学習指導要領**[*18]を基準として編成されます。表 5 - 2 は国の基準として法的拘束力をもつようになった 1958（昭和 33）年以後の小学校学習指導要領の変遷をまとめたものです。改訂ごとに時間数や教科編成が変化するだけでなく、**経験主義**と**系統主義**[*19]との間を振り子のように揺れ動くなど、その方向性も大きく変動していきました。

　また、幼稚園については保育要領（1948 年）を経て 1956（昭和 31）年以降は**幼稚園教育要領**に、保育所については保育所運営要領（1950 年）を経て 1965（昭和 40）年以後は**保育所保育指針**に、それぞれの保育のねらいや内容、これらに関する運営などが示されています。この 2 つについても、幼稚園教育要領は 1964（昭和 39）年、1989（平成元）年、1998（平成 10）年、2008（平成 20）年、2017（平成 29）年の 5 度にわたって、保育所保育指針は 1990（平成 2）年、1999（平成 11）年、2008（平成 20）年、2017（平成 29）年の 4 度にわたって改定を重ねてきました。学習指導要領もそうですが、これらはおよそ 10 年ごとに改訂されてきたのです。

用語解説

\＊18　学習指導要領
　教育基本法や学校教育法をもとにした国の基準で、小学校や中学校、高校等の学校種ごとに各教科の目標や大まかな教育内容が定められています。その第一の役割は、全国の学校に対して一定の教育水準を確保することです。個々の学校は学習指導要領にもとづき、地域や学校の実態に応じてカリキュラムを策定しています。

用語解説

\＊19　経験主義と系統主義
　経験主義は学習者の興味や関心にもとづいた教育を重視する立場であり、生活科や総合的な学習の時間において子どもに課題解決をさせていくような実践がこれにあたります。日本では、デューイ（第 6 章 [p.61] を参照）の理論を支柱として、第二次世界大戦後の初期に広まりました。一方、系統主義はすでに積み上げられてきた知識や技能を体系的に教えることを重視する立場です。

═ Column ② ═

保育所づくり運動の高まり

　「保育所づくり運動」は、女性が出産を経ても切れ目なく働き続けるため、共同で保育する場をつくろうと母親たちが中心になって始めたのが最初です。やがて、その目的は地方自治体に公立の保育所設置を求めることへ移り、すでにある保育所の保育内容や保母の待遇改善要求をも含む組織的な運動に発展していきます。このなかで 1954（昭和 29）年に設立された「働く母の会」は重要な役割を果たし、都市近郊に建設されていった公団住宅内の保育所づくりにも影響を及ぼしました。

表 5 - 2　戦後の小学校学習指導要領の変遷

Ⅰ　高度経済成長期の教育課程	
1958（昭和33）年	・教科は国語、社会、算数、理科、音楽、図画工作、家庭、体育 ・法的拘束力をもつ国家的基準に ・系統性の重視（系統主義） ・「道徳の時間」の特設
1968（昭和43）年	・教科は国語、社会、算数、理科、音楽、図画工作、家庭、体育 ・教育内容の現代化 ・「すべての子どもに高く易しい自然科学の教育を」（科学教育研究協議会）
1977（昭和52）年	・教科は国語、社会、算数、理科、音楽、図画工作、家庭、体育 ・ゆとりある学校生活を重視 ・教育の個性化、人間化
Ⅱ　教育基本法改正（2006［平成18］年）前の教育課程	
1989（平成元）年	・教科は国語、社会、算数、理科、生活、音楽、図画工作、家庭、体育 ・ゆとり教育→新しい学力観 ・自ら学ぶ意欲と社会の変化に主体的に対応できる能力の育成 ・小学 1、2 年の社会・理科を廃止→生活科を新設
1998（平成10）年	・教科は国語、社会、算数、理科、生活、音楽、図画工作、家庭、体育 ・「生きる力」の育成 ・学校完全週 5 日制、教育内容の厳選（3 割削減） ・「総合的な学習の時間」の新設
Ⅲ　教育基本法改正（2006［平成18］年）後の教育課程	
2008（平成20）年	・教科は国語、社会、算数、理科、生活、音楽、図画工作、家庭、体育 ・「生きる力」の育成 ・基礎的・基本的な知識・技能の習得、思考力・判断力・表現力の育成 ・「外国語活動」の新設
2015（平成27）年	・教科は国語、社会、算数、理科、生活、音楽、図画工作、家庭、体育 ・「特別の教科道徳」の新設
2017（平成29）年	・教科は国語、社会、算数、理科、生活、音楽、図画工作、家庭、体育、外国語 ・対話的で深い学び ・育成する能力を基盤として編成するカリキュラム

出典：尾崎博美・井藤元『ワークで学ぶ教育課程論』ナカニシヤ出版　2018 年、東京学芸大学教育実践研究支援センター「教育課程の構造の歴史」2016 年をもとに筆者作成

③　学校・園はいま

　学校・園が広く拡大し、そこに通う子どもの姿が「当たり前」のものとなるまで、江戸・幕末期から現代にいたる 150 年以上ものときをたどってきました。

　今や幼稚園や保育所等の利用率は年々上昇し、3 歳以上児のほとんどは就園しています。また、高等学校への進学率は 97％を、高等教育機関への進学率は 80％を超える時代です。多くの子どもにとって学校で学ぶ期間が長期化する一方で、外国籍の子どもが公教育からこぼれ落ちる問題などへの目配りを忘れてはならないでしょう。また、近年、小・中学校の不登校児数が急増していることも見逃せません。2016（平成 28）年に通称「教育機会確保法」＊ 20 が公布され、多様

 用語解説

＊ 20　教育機会確保法
　正式名称は、「義務教育の段階における普通教育に相当する教育の機会の確保等に関する法律」です。不登校の子どもたちの教育の権利保障策として制定されました。

用語解説

＊21　1条校
　学校教育法第1条で定められる「学校」のことで、「幼稚園、小学校、中学校、義務教育学校、高等学校、中等教育学校、特別支援学校、大学及び高等専門学校」を指します。

用語解説

＊22　フリースクール
　主に小・中学校に通っていない子どもが学習をしたり、教育相談を受けたりする民間の施設です。2015（平成27）年度の文部科学省の調査では、全国で474もの団体・施設が確認されています。

な学びの場の確保が目指されるなかで、子どもの学びの場を「1条校」＊21に限定する学校絶対主義が見直され、子どもの学ぶ権利の視点から、フリースクール＊22などの多様な学びの場を保障していこうという動きも起きています。さらに、1990年代以降、少子化対策としての保育政策が進み、幼稚園や保育所、幼保連携型認定こども園をはじめ、地域の実情に見合った多様な保育施設が整備・拡充されることで、待機児童問題も解消に向かいつつあります。しかしながら、保育施設の量的拡大に肝心の保育の質が置きざりにされたり、家庭や地域による教育・保育の格差が広がったりなど、課題はまだたくさんあります。

　2023（令和5）年4月1日、**こども家庭庁**が創設され、同時に**こども基本法**が施行されました。私たちは、現代のさまざまな教育課題に目を配り、歴史に学びながら、今こそ子どもの権利や子どもの最善の利益などの基本原理に立ち返り、学校・園でのよりよい教育の姿を模索していく必要があるでしょう。

― Column ③ ―

昔は土曜日も学校があった！？
　筆者が小学生だったころ、公立の小学校は毎週土曜日に授業がありました。授業は午前中のみで、給食を食べずにお腹をすかして家路を急いだ記憶が今でも鮮明に残っています。学校週5日制は月1回（1992年）、月2回（1995年）と段階的に進められ、2002（平成14）年にすべての土曜日を休みとする完全学校週5日制に移行しました。一方、近年は授業時数の確保のために土曜授業を実施する公立小学校も増えてきているようです。

POINT

・明治期以降、教育を通じた近代化がはかられていくなかで小学校や幼稚園、保育所が誕生しました。
・第二次世界大戦前には、公教育の根幹をなす義務や無償が成立するとともに、幼稚園や保育所が少しずつ普及していきました。
・終戦後に現在の教育の基盤がつくられ、その後、教育は時代に応じて変化しつつ拡大していきました。

Q　演習問題

① 江戸幕末期から現在までの教育の歴史を概観したとき、大きな節目はどこにあるでしょうか。複数あげて、なぜそうなったのかも説明してみましょう。
② 学校・園が普及するなかで、子どもたちの生活はどのように変化したでしょうか。学習内容をふまえ、自分で調べてみましょう。

第**6**章　諸外国の教育の思想

　本章では、教育という営みがどのように考えられ、発展してきたかという問題や、教育について考えた人物の思想を紹介していきます。そのなかでも、幼児教育・保育と初等教育のあり方を考えるうえで、今日においてもなお重要な視点を提供してくれる人物を精選して取り上げます。

 考えてみよう！

　これまでみなさんはさまざまな教育を受けてきたはずです。教育は、学校だけではなく家庭でも、あるいは習いごとやアルバイト先など学校でも家庭でもない場でも行われています。そのため、多くの人が教育を受けた経験をもっています。
① 教育は、何のために行われているのでしょうか。
② 「教える」視点、「引き出す」視点、「学ぶ」視点のなかで、あなたの教育観に最も近い視点はどれでしょうか。

🔒 keywords　「教える」視点　「引き出す」視点　「学ぶ」視点　人格形成(陶冶(とうや))　善く生きる　🔑

1　教育学の起源

　教育思想を論じるうえで、その最初に位置づけられる人物こそ、ソクラテス*[1]でしょう。もちろん、ソクラテス以前にも、金銭を対価として生活に役立つ知識を教える職業教師（ソフィスト：智者の意*[2]）は存在していました。言い換えると、職業教師は、彼がもっている知識を生徒に伝達するという役割を担っていたといえます。したがって、最も古くからあり、しかも現在まで続いている教育の形態の一つとして「教える」という視点があるといえます。

1　ソクラテス（Socrates, 前470-前399年）

1　教育学における功績

　ソクラテスは、職業教師たちのあり方を批判しました。ソクラテスは、人間にとって必要な教育は、生活に役立つ知識の習得ではなく、善く生きる術を身につけることだと考えます。そのうえでソクラテスは、徳（道徳的な優秀性・卓越性）を徳として認識し、それを実行するためには、徳とはなにかという知識が必要で

 覚えておこう

＊1　「無知の知」は、「ソクラテス以上の賢者は一人もない」という神託の意味を、「最大の賢者とは、自分の知恵が実際には無価値であることを自覚する者である」ことを指摘することにあったと解釈したことに由来します。

 さらに詳しく

＊2　ソフィストの代表的な人物としてイソクラテス（Isocrates, 前436-前338年）があげられます。彼は修辞学校を自ら設立し、裁判などで優位になるための言語使用教育や国家に奉仕するための公民教育などを有償で行いました。

CHECK！

＊3　ソクラテスは
『メノン』において、
正義や節制、知恵、度
量の大きさ、勇気など
は徳の一種であり、「す
べての徳目をつらぬい
ているただ一つの徳
を、どうしてもわれわれ
は見つけ出すことが
できない」と述べてい
ます[3]。

CHECK！

＊4　ソクラテスは、
『プロタゴラス』にお
いても同様に「最も賢
明で最も優秀な人たち
でさえ、自分が持って
いる徳義を他の人に伝
えることができない」
と述べています[5]。

用語解説

＊5　産婆術（問答法）
　対話を通して矛盾や
誤謬に気づかせ、そこ
から真の知識を語り合
うという形態が赤ちゃ
んを取り出す産婆（現
在でいう助産師）のよ
うだとされたため、こ
のような名称がつきま
した。

＊6　プラトンについ
ては、第1章（p.3）を
参照。

人物紹介

＊7　アリストテレス
（前384-前322年）
　アリストテレスは、
プラトンの弟子の筆頭
としてあげられる人物
です。万物はたとえ今
は不完全であっても完
全体に向かって変化す
る努力をしていると彼
は考え、イデア論を批
判しました。だからこ
そ、彼の教育思想にお
いては、善くなろうと
する教育実践が重要な
位置を占めています。

あると考えました[3]。その後対話を進めていくなかで、ソク
ラテスは、「もし徳というものが、魂に備わる資質の一つ
に数えられるようなものであり、また、かならず有益なもの
でなければならないとするならば、徳とは知でなければなら
ないことになる」と述べています[1]。しかし、同書において
「徳は教えられうるというものではない」らしいと述べてい
ます[2]＊4。したがって、『メノン』においては、徳は知識で

ソクラテス

あるにもかかわらず、教えることができないというパラドクス（論理的な矛盾）
が指摘されます。結局、『メノン』の結末においてソクラテスは、「徳が何である
か」という「問いを手がけてこそ、はじめてわれわれは知ることができるだろう」
と述べ[4]、議論を終えました。したがって、ソクラテスは「そもそも徳とはなに
か」「徳とは教えることが可能なのか」という、教育学のみならず哲学において
も根源的な問いを立てたといえます。

2　ソクラテスの教育方法

　それらを考えるために、ソクラテスはロゴス（ギリシア語：λόγος・英語：logos）
を武器としました。ギリシャ語のロゴスには、訳語として採用される「命題」や
「理性」、「言葉」のほかに、「話をする」「考える（考える働きとしての考えと、考
えられた結果としての考えの両者が含まれます）」という意味があります。ここから
彼の教育方法として知られる**産婆術（問答法）**＊5が誕生します。こうして彼は、
ソフィストたちのように報酬を受け取るでもなく、家庭のことも省みず、貧乏生
活もいとわずに広場を歩きまわっては、出会った市井の人々や賢者たちと対話し、
徳そのものの探求をライフワークとするようになっていきます。

　ただし、ソクラテス自身は対話に忙しかったためか書籍を一切残しませんでし
た。そのため、上述した書籍はすべて弟子のプラトン＊6が記したものです。「善
く生きるとはなにか」「徳とはなにか」という問いについて、ソクラテスは明確
な答えを残していません。後世の研究者は、ソクラテスの生き方そのものが徳で
あるとすることもあります。ソクラテスの問いは弟子のプラトンやプラトンの弟
子であるアリストテレス（Aristoteles）＊7らに受け継がれ、弟子たちによって彼
らなりの解答がなされました。これらは哲学の問題として、そして、教育は何の
ために行われるのかという教育目的を検討する問題として、現在まで脈々と受け
継がれています。

② まとめ──何のための教育か

　教育思想という点について特化するならば、究極的に教育はソフィストのよう
に学習者の生活に役立つために行われるものなのか、それともソクラテスのよう

に学習者の資質や能力といった人格の向上のために行われるのかという問題となります。前者は実質陶冶*8として、後者は形式陶冶*9としてとらえられるでしょう。今日においては、実質陶冶と形式陶冶のどちらか一方のみが大切だとするのではなく、両者をどのように織り交ぜて教育を行うかという問題が考えられています。

　次節では、今日の学校教育や幼児教育などに直接・間接を問わず、多大な影響を与えた近世の教育思想家に焦点をあててみましょう。彼らは、学校教育の理論や近世的な子ども観などを確立しました。これらを土台として教育学は発展し、その成果として学校教育や幼児教育が普及・展開していきます。

2 近世の教育思想家

① コメニウス（J. A. Comenius, 1592-1670年）

1　教育学における功績

　コメニウスは「近代教育学の父」と呼ばれることがあります*10。彼は、「全ての人に」「全てのことを」「全面的に」教えるという教育観に立っています。「全ての人に」とは、男女問わず、また貧富や障害の有無にかかわらずという意味です。「全てのことを」とは、宗教的な事柄も含む、生活に必要な知識すべてという意味です。この点から、彼は**実学主義教育**の提唱者としても知られています。「全面的に」とは、

コメニウス

その教育方法を指し、わずかな労力で、わかりやすく、楽しく学習するという意味です。そのため、最初は全般的なことから扱い始めて、教育が進むにつれて徐々に高度化・専門化していくカリキュラムを構想しました。

　コメニウスは、人間を神の似姿（Imago Dei）と位置づけ、学識（知育）と徳行（道徳）と敬神（宗教性）の3つの要素をとりわけ重視し、どれか1つでも欠けてはならないと考えました。このような方法によって発達過程をも含めた人間の本性（nature）に即した教育を行う合自然の教育を提唱しました。

2　コメニウスの教育方法

　コメニウスは『大教授学』において、人間の感覚に訴える教育である感覚主義教育の重要性を訴え、ある種の**直観教授法**を提唱します。つまり、当時の学校教育が言葉による教育方法を採用していたのに対して、目に見えない言葉ではなく、目に見える事物から教えていくという**事物主義教育**の必要性を訴えました。この理論にもとづいて、見ればすぐに理解できる『世界図絵』という図入りの教科書が作成されました。したがって、今日の視聴覚教育の理論の原型をつくりあげた

用語解説
*8　実質陶冶
　知識・技能などを、実際の生活や生産に即して授け、その教育を通じて精神の実質的側面を豊かにはぐくもうとする教育を指します。代表的な人物として、コメニウスやペスタロッチなどがあげられます。

用語解説
*9　形式陶冶
　個々の知識・技能という内容的なものの習得より、記憶、推理、意志の力など心の形式的な能力の陶冶を強調する教育観を指します。代表的な人物として、ロックやルソーなどがあげられます。

さらに詳しく
*10　コメニウスはそれらの教育を実現するために、さまざまな書籍を出版しました。そのなかの一つに『開かれた言語の扉』があります。これは同じ文章をラテン語とほかの言語で併記している特徴をもっています。また、史上最初の絵入り語学教科書として知られる『世界図絵』などを出版しました。第1章（p.4）を参照。

人物としても知られています。

　また、0歳から6年ごとに区切って設定された「母親学校（就学前教育）」「母国語学校（初等教育）」「ラテン語学校（中等教育）」「大学（高等学校）」について、それぞれの教育を『大教授学』内で論じたことにより、学校階梯^{かいてい}の基礎をつくりあげたともいわれています。

　『大教授学』は、彼の母国語であるチェコ語で執筆された『教授学』を基盤としています。『教授学』は、これを読めば何を教える必要があるか誰にでも理解できる、いわば教師のマニュアルとしての側面をもっていました。

　彼の教育思想の特徴として、戦乱状態にあった当時の社会を学校教育の改革によって平和な社会へと変革しようと意図していたことがあげられます。『大教授学』には、「人類の破滅を救うには青少年を正しく教育するより有効な道は他にはない」というコメニウスの言葉が残されています[6]。

　コメニウスが提唱した合自然の教育、感覚主義教育、事物主義教育、直観教授などの教育理論は、その後ロックなど多くの教育思想家によって発展していきました。

2　ロック（J. Locke, 1632-1704年）

1　教育学における功績

ロック

　ロック[*11]は、人間の認識における感覚と知覚を重視しました。彼は、著作の一つである『人間知性論』において、「およそ心の未だかつて知らなかった命題（中略）が心にあると言うことはできない」と述べ[7]、道徳的観念も含めて人間の観念のもとがすべて人間の経験に由来することを論じています。人間の観念は経験によって書き込まれる白紙であるとする**白紙説（タブラ・ラサ）**[*12]は、人間の信仰や道徳の根拠を神の創造によるものだとする当時の考え方に対して、自由で自律的な人間の知性と知性による理性的な検討と選択が可能であるとする新たな考えをひらきました。

2　ロックの教育方法

　このような考え方をもとに、『教育に関する考察』が執筆されます。この書籍は当時の支配層であるジェントリー（紳士）階級の子どもの教育について論じたもので、必ずしも教育一般を論じているとは断言できません。しかし、ロックは、階級を越えて人間と教育の一般論を展開し、人間の本性（nature）に合った簡素な生活様式、身体の教育、鍛錬を高く評価しています。

　また、ロックは、教育的価値の序列化を重要度が高いものから、宗教性、誠実

＊11　学校でアリストテレスの思想などの古典教育を学んだロックは、つまらない教育に反感を募らせ、不満や不信を強め、味気ない生活を送っていたようです。しかし、それを土台として自身の哲学を構築していきました。彼の書庫には、数冊ですがコメニウスの書籍が存在していた記録が残されています。

＊12　この白紙説によって、ロックは、子どもを外部から何でも書き込める可能性をもった素材と見なすという子ども観を論じることとなります。それとともに、自律した理性的人間の形成に向けて、権威や伝統の束縛からの解放と、人間形成へのさまざまな配慮の必要性を訴えました。

さ、親切などの「有徳」を筆頭に、世俗的営みを巧みにまた慎重に実行していく能力である「智慧」、洗練された礼儀作法などの「教養」、最後に「知識」という順に位置づけました。そのため、ロックは人間の一生の土台となる幼児期における教育、特に習慣の形成を重要視していました。たとえば、彼は我慢する力を「あらゆる美徳と優越性の原理」の基礎であるととらえ[8]、「この力は習慣によって得られかつ助長されるべきものであり、また幼いうちから実行することによって容易にし、かつ日常的なものにすべきものである」と述べています[9]。

ロックは、「私は彼らが子どもとしてやさしく扱われ、よく遊び、また遊び道具を持つべきだと考えているのである」と述べています[10]。つまり、ロックは、上述した「有徳」「智慧」「教養」などの学習が自然（nature）にしたがって、すなわち子どもの発達に即して行われなければならないと指摘します。したがって、彼は、学習は強制されるようなことがあってはならず、学習が子どもの喜びとなることの重要性を論じたといえるでしょう。そのため、ロックは、カテキズム[*13]（教理問答）に対しては否定的な立場を取り、子どもが楽しめる寓話などを取り入れるように求めました[11]。

③ ルソー（J. J. Rousseau, 1712-1778 年）

1　教育学における功績

ロックの教育論に影響を受け、これを批判的に検討した人物として、ルソー[*14]があげられます。これまで紹介したコメニウスとロックは、立場の違いこそあれ、子どもをいかにして教えるかという意味で「教える」視点に立っています。それに対してルソーは、子どもに内在している素質や能力、可能性などをどのように「引き出すか」という視点に立って論じました。

ルソー

ルソーはさまざまな書籍を遺しましたが、教育思想史において彼の執筆した教育小説である『エミール』は、きわめて重要な書籍として知られています。なお、『エミール』は、ルソーの主著として知られる『社会契約論』と同じ 1762 年に出版されました。

2　ルソーの教育方法

『エミール』の冒頭には「万物をつくる者の手をはなれるときすべてはよいものであるが、人間の手にうつるとすべてが悪くなる」と書かれています[12]。したがって、子どもが生まれながらにもっている人間の本性の善性を社会の制度や習慣によって堕落させることなく、守り育てていくことこそが教育の課題であるとルソーは考えました。言い換えると、外から教育するのではなく、人間の内に

用語解説

*13　カテキズム（教理問答）
　キリスト教の信仰を洗礼志願者や子どもたちに教えるための書籍です。キリスト教の教義は元来口頭で教えられていたため、文書になっても教師の質問に対して答える問答法で書かれています。中世において、カテキズムはキリスト教教育の有効な教材となっていました。

こぼれ話

*14　ルソーは、学校に通うことはなく、12 歳で彫金細工師の徒弟となりました。しかし、16 歳で徒弟生活を捨てて自由な放浪の旅に出ます。旅のなかでヴァランス夫人と出会い、彼女の庇護を受けた 5 年間で音楽家・思想家としての素養を高めました。その後、ルソーは 30 歳のときに古典語を学び、やがて知識人と渡り合う生活を始めます。

存在するものを引き出すことが重要だと彼は考えていたといえます。

　ルソーは子どもの成長（能力と器官の内部的発展の教育）を指す「自然による教育」、経験による学習を指す「事物による教育」、教師や大人による教育を指す「人間による教育」という3種類の教育があることを示しました。そして、完全な教育とは、この3つの教育の調和のうえに成立するものであるため、人間の力の及ばない「自然による教育」に合わせて営まれるべきであると指摘しています。だからこそ、人間による教育は、特に12歳までの幼少期には最小限に抑える必要があるとして、**消極教育**を提唱しました。つまり、大人があれこれ教えるよりも、子どもたちが自発的に行動し、大人はあくまでもそれを援助する存在であるべきだと訴えました。

　ルソーは、「われわれに知識を与える以前に、こうした知識の道具である諸器官を完成させ、諸感覚の練習によって理性を準備するような教育を、消極的な教育と呼びます」と消極教育について説明しています[13]。つまり、知識をつめ込むよりも、運動やさまざまな経験を通して、子どもたちの心身を鍛えることを最優先に考えているのです[*15]。このような考え方は、現代の保育や教育法に通じるところがあるといえます。

さらに詳しく

＊15　ルソーは『エミール』において、子どもが誤って窓を割ってしまった場合には、しばらく割れたままにしておくことを勧めています。このようにすれば、窓が割れたことによる不利益（場合によっては子どもが風邪をひくかもしれません）を自らこうむるという経験を通じて、室内で暴れることはなくなるであろうということを述べています。

覚えておこう

＊16　しかし、彼らの思想である「人間とはなにか」「人間の幸福とはなにか」という視点は、富国強兵をスローガンに掲げ、西洋化を目指した当時のわが国においてはあまり顧みられず、方法論のみが採用されていったという点には注意が必要です。

④　まとめ──わかるように教えることと気づくまで待つこと

　コメニウスやロックの「教える」視点は、古代ギリシャ以来の伝統的な教育観であるといえるでしょう。それに対してルソーは、できる時期が来るまで待つ、あるいはできるように環境を整えることを重視し、人間に内在する力を「引き出す」視点を新たに打ち出しました。これらの視点は、次節以降に紹介する人物によって発展していきます。

　次節では、近代の教育思想家を取り上げます。これらの人物は、わが国が明治期以降に取り入れた西洋教育の手法に則った学校教育体制に直接影響を与えた人物として知られています[*16]。

3　近代の教育思想家

①　ペスタロッチ（J. H. Pestalozzi, 1746-1827年）

1　教育学における功績

　ペスタロッチは、ルソーの『エミール』を読んで感銘を受け、彼の精神に則った教育実践、特に初等教育（小学校段階の教育）を展開した人物として知られています。その意味で、

ペスタロッチ

ペスタロッチは「教える」視点と「引き出す」視点を融合させた教育を実践した
人物ととらえることもできるでしょう。彼は、人間とはなにかという問いから教
育思想を展開していきました[17]。

　ペスタロッチは、彼が経営した孤児院において寝る間を惜しんで学ぼうとし、
互いに教え合おうとする子どもたちの姿を見て、子どもの生活に根ざした教育の
重要性を見出します。早田は「真の教育は児童自身の内から誘導されるべきであ
り、子どもに本来備わっている内面力を伸ばし、自然的発展に手を貸すことに他
ならないというペスタロッチの確信を強めることになった」と指摘します[14]。
1800年以降、この信念にもとづいてブルクドルフやイヴェルドンにおいて自ら
の学校を運営しました。

2　ペスタロッチの教育方法

　ペスタロッチは「**生活が陶冶する**」（Das Leben bildet）と訴え、生活に即した
教育の必要性を述べました。彼の思想の根本原理として、①基礎陶冶の原理、②
合自然の原理、③直観の原理、④生活圏の原理の4つがあげられます。

　基礎陶冶の原理は、『ゲルトルートはいかにしてその子どもたちを教える
か』[18]において展開されます。彼は人間の教育を、頭の教育（知的教育）、心の
教育（道徳教育）、手の教育（身体のほか、手先の器用さも含まれます）に区分し、
心の教育を中心として、これらを調和した形で発達させようとしました。

　合自然の原理は、人間本性に内在する自己発展の衝動や欲求を基礎にとらえる
原理であり、これはコメニウス以来の教育思想の伝統であるといえるでしょう。
そして、これらの衝動や欲求を尊重し、子どもたちの興味や関心を重視しながら
高尚な人間的能力に形成していく原理でもあります。

　直観の原理[19]は、合自然の原理を支える原理であり、自然そのものの直観、
すなわち興味や関心の対象について、思考せずに認識する作用こそが人間教育の
本質的な基礎であるという原理です[20]。つまり、正義や義務などの概念を教え
るために、たんに言葉によってのみ概念を教えるのではなく、子どもがその概念
の本質に至る日常生活の経験を通じて段階的に認識させていく原理ともいえるで
しょう。

　生活圏の原理は、家庭の生活圏内、特に家庭生活の中心である居間での生活を
子どもの本性の発展と陶冶の起点と考える原理です。彼は、母親から授かる愛や
信頼と、父親から授かる生活の知恵や技術こそが、教育の原点であると考えます。

　以上の原理を整理すると、子どもの生活から出発し、生活のなかで学んでいく
という原理こそ、「生活が陶冶する」という言葉が示すペスタロッチの思想とい
えるでしょう。彼に影響を受けた人物として、後述するフレーベルやヘルバル
ト（J. F. Herbart）[21]が知られています。

さらに詳しく

[17]　ペスタロッチ
の主著である『隠者の
夕暮れ』には「玉座の
上にあっても木の葉の
屋根の蔭に住まっても
同じ人間、その本質か
ら見た人間、一体彼は
何であるか」と記され
ています。

さらに詳しく

[18]　『ゲルトルート
はいかにしてその子ど
もたちを教えるか』
　本書でペスタロッチ
は国民教育の重要性と
「メトーデ（教育法）」
について論じています。
ゲルトルートは、ペス
タロッチが執筆した
『リーンハルトとゲル
トルート』という物語
に登場する女性の名前
です。賢明な女性とし
て描かれた彼女は、物
語のなかで子どもたち
に国語や算数教育を施
しました。

CHECK !

[19]　コメニウスが
事物と感覚による直観
教授法を提唱したのに
対して、ペスタロッチ
はそれをさらに発展さ
せ、経験による直観教
授を提唱したと位置づ
けられます。この意味
で教育における経験を
重視した最初期の人物
ということもできるで
しょう。

用語解説

[20]　直観の原理
　子どもたちに抽象的
な概念を生じさせるた
めには、彼らの日常の
直観と経験にもとづい
て子どもたちの学習を
より高い視点に、彼ら
のよりよい感覚を全面
的に刺激する必要があ
るとする原理といえま
す。

＊21　ヘルバルト
（1776-1841年）

　ヘルバルトは、科学的教育学の父として称されることがあります。彼は教育の目的を倫理学に、方法を心理学に求めた人物として、また、教育課程を体系化し、明瞭ー連合ー系統ー方法による四段階教授法を導き出した人物として知られています。彼の教育方法は明治中期以降のわが国の教育方法に影響を与えました。

 用語解説

＊22　恩物（Gabe）

　6色の毛糸をそれぞれ丸めた球体の第一恩物を筆頭に、木片でつくられた球や円柱や立方体や、木の実を模した欠片などの20種類が存在します。フレーベルは、恩物が子どもの精神的・身体的な発達に即応して簡単なものから複雑なものへと順序立てて提供されれば、子どもは恩物を使った遊びによって精神的・身体的な発達が促進されると考えていました。

 人物紹介

＊23　キルパトリック
（1871-1965年）

　キルパトリックは、『教育哲学』や『プロジェクト・メソッド』などの著者として知られています。プロジェクト・メソッドとは、児童生徒が自ら計画を立て、現実生活のなかで問題を解決する実践的活動を重視する教育方法です。この方法は、師であるデューイの思想を発展させたものとしても知られています。

② フレーベル（F. W. A. Fröbel, 1782-1852年）

1　教育学における功績

　フレーベルは、幼稚園を確立し、保育思想の普及とその保育を実践する女性保育者の育成に尽力した人物として知られています。また、短期間ではありましたが、ペスタロッチの経営した学園で勤務をしており、ペスタロッチの影響を受けた人物としても知られています。今日わが国において使用されている幼稚園という名称も、彼が1840年に「普遍的ドイツ幼稚園（Allgemeine Deutsche Kindergarten）」と名づけた

フレーベル

学園名に由来しています。注意しなければならない点は、フレーベルの幼稚園はあくまでも教師の訓練や若い女性を保母（現在の保育士）として教育することが第一目的の施設であったということです。

　フレーベルは、自身の宗教観である神の遍在性にもとづいた保育活動の普及と保育思想の体系化に努めました。人間に内在する神性を引き出そうとした点は、人間を神の似姿ととらえたコメニウスとの類似点が認められます。その意味でペスタロッチに影響を受けながらもペスタロッチとは異なる形で「教える」視点と「引き出す」視点を融合させようとした人物ととらえられるでしょう。

2　フレーベルの教育方法

　フレーベルの幼稚園の理念として、次の3点があげられます。第一に、子どもの発達の最高の段階であり、最も純粋な精神の所産であるとフレーベルがとらえた、遊びによる保育の実践です。フレーベルは、音楽に合わせてダンスをしたり、森のなかで仲間と遊んだり、さまざまな美しいものを見て感動したりするなどの経験を重視しました。

　第二に、子どもの身体的、知的、道徳的な全面的発達を、社会と自然と宗教との関連において配慮する保育の実践です。「**さあ、我々の子どもたちに生きようではないか！**」というフレーベルの言葉が示すとおり、フレーベルにとって幼稚園は、保育者が子どもと一緒に、子どものために生活する重要な場所でした。

　第三に、子どもの作業衝動に教育的意義を付与するための遊具である**恩物**（Gabe）＊22の使用方法の普及と徹底をはかることです。神さまからの贈り物という意味をもつ恩物の使用は、フレーベルの行った保育の大きな特徴でした。

　恩物の使用法などについて後年デューイやデューイの弟子であるキルパトリック（W. H. Kilpatrick）＊23によって批判されます＊24。しかし、フレーベルは、子どもの発達段階に即した教育的要素を全面的に取り入れた、幼稚園という新たな保育施設の概念を生み出した思想家・実践家として、今日においても世界的に高い評価を得ています。

③ まとめ——子どもにふさわしい教育を目指して

　ペスタロッチもフレーベルも、「人間とはなにか」という問いを立脚点として、教育の目的や方法を考えました。そこでは、前節で見た「教える」視点と「引き出す」視点の融合がはかられていました。この思想を基礎として、次節で述べる現代の思想家はさらに飛躍し、新たに「学ぶ」視点を生み出します。

4　現代の教育思想家

① デューイ（J. Dewey, 1859-1952 年）

1　教育学における功績

　実験学校（後のシカゴ大学付属実験学校）を設立したデューイ[25] は、『子どもとカリキュラム』において、「教育の過程における根本的な要素は、未成熟、未発達な存在であり、そして成人の成熟した経験のなかに具現された一定の社会的目的、意味、価値である。教育の過程はこれら諸力のしかるべき相互作用である」と述べ[15]、大人と子どもの教育的影響関係を同等のものと見なしています。教師と学習者が対等であると論じたデューイによって、教育に新たに「学ぶ」視点が加わりました。つまり、これまで上下関係のように扱われていた教師と生徒の関係性は、実は対等であり、むしろ生徒がいなければ教育は成立しないと考えたのです。

　デューイは、子どもが環境（これは教師も含みます）に働きかけ、その反作用として結果をこうむることによってそれまでの経験になんらかの意味を付加し、経験を絶えず更新する過程を教育と定義しました。そのため、彼は経験ということをきわめて重視します。「**なすことによって学ぶ**（Learning by doing）」という彼の言葉は、経験を重視する姿勢のあらわれだといえるでしょう。そのため彼の教育思想は**経験主義教育**といわれています。

2　デューイの教育方法

　デューイは、ヘルバルトの理論をさらに突きつめ[26]、**興味**（interest）を重視しました。ここでいう興味とは、interest のもう一つの意味である「利益」から「本人にとって行うと利益があること」を指します。学ぶと楽しい、（生活の）役に立つ、これらは学習者の利益といえます。そのため、デューイは学習者自らが「学ぶ」という自主性を重要視しました。

　デューイは『学校と社会』において、「いまやわれわれの教育に到来しつつある変革は、重力の中心の移動である。それはコペルニクスによって天体の中心が地球から太陽に移されたときと同様の変革であり革命である」と述べます[16]。

つまり、デューイは、教育の中心を教師・教科・そして教授に置いていたこれまでの教育を旧教育として批判し、学習者である児童を中心に位置づけました。このことから、デューイの考え方を**児童中心主義教育**、旧教育と対立するという意味で**新教育**、もしくは**進歩主義教育**と呼ぶこともあります。これらは、新教育運動として世界的な教育の潮流を生み出していきました。この運動のなかには『児童の世紀』を執筆したエレン・ケイ（E.K.S. Key）＊27や「子どもの家」を創立したモンテッソーリ（M. Montessori）＊28の活動などが含まれます。

　デューイの実験学校では、**作業**（オキュペーション：occupation・専心）を中心にすえた教育を追求しました。これは、さまざまな知識について実際に試してみたり、ものづくりをしてみたり、活動を通して生活に必要な知識や技能を身につけさせるという手法です。実験学校では、子どもの興味と必要性にあわせて授業が実施されていました＊29。そして、教師がこのような子どもの興味が発展していく様子を体系化することにより、問題解決学習の基礎が構築されていきました。

② マクミラン姉妹
（R. McMillan, 1859-1917年 & M. McMillan, 1860-1931年）

1　教育学における功績

　イギリスの保育施設は、オウエン＊30の学院を参考として、貧しい子どもたちを対象とした無料の保育施設として広まっていきます。しかし、オウエンの意図とは異なり、イギリスの保育施設は、読み書きと計算などの知識をつめ込む学校のままでした。1870年代以降には、フレーベル主義の幼稚園がイギリスに普及していきますが、恩物を中心とした保育であり、やはり知識をつめ込む保育となっていきます。

　この弊害が、子どもたちの衛生の悪化・体力低下の問題として表れました。その結果イギリスにおいては、社会から求められる保育が、知識をつめ込むような保育から、健康を第一とし、家庭ではできないような遊びを中心とした保育へと徐々に変化していきます。このような保育へと変化させるため、先頭に立って保育改革に取り組んだ人物として、マクミラン姉妹が知られています。

　姉のレイチェルは保健婦、妹マーガレットは教育委員としての経歴を生かし、協力して野外保育学校の設立とその普及運動に尽力しました。マクミラン姉妹は、1911年に宿泊が可能な小規模の保育施設を設立し、1914年には野外保育学校（Open-Air Nursery School）を設立しました。大自然の澄んだ空気のなかで、日光を浴びながら保育活動を行うという、子どもの身体を壮健にする目的で経営される保育施設は、彼女たちが創設したとされています。

人物紹介

＊27　エレン・ケイ（1849-1926年）
　エレン・ケイは、『児童の世紀』の著者として知られています。そのなかで彼女は、「20世紀が子どものための世紀にならなければならない」と宣言して、世界の新教育運動に影響を与えました。また、環境や遊びを重視する姿勢から、今日求められている幼児教育の方法にも影響を与えていると考えられます。

人物紹介

＊28　モンテッソーリ（1870-1952年）
　モンテッソーリは、モンテッソーリ教育の考案者として知られています。教具を使用した教育として知られていますが、その起源は、知的障害児のための治療教育です。モンテッソーリ教育について、詳しくは、第13章（p.133）を参照。

さらに詳しく

＊29　鉄器時代に関する議論から検証するために、子ども自身の手で溶鉱炉をつくりたいという要求がされました。しかし、つくってみると、通風孔がうまく機能しませんでした。そのため、もともと予定になかった燃焼の原理、通風および燃料の性質について教授しました。ここでは理科と社会科が横断的に学ばれており、子どもの必要性に従っていることがわかります。

＊30　オウエンについて、詳しくは、第4章（p.37）を参照。

2　マクミラン姉妹の教育方法

　マクミラン姉妹の保育学校は、前述したペスタロッチやフレーベル、オウエンなどの影響を受けて、設立されたと考えられています。この施設は、栄養ある食事、新鮮な空気、規則正しい睡眠、健康的な習慣の形成、友だちとの遊び、自由な活動に恵まれた望ましい施設として注目されました。

　また、この学校は、読み書きと計算ではなく、子どもの発達に即した保育活動が重視され、子どもが暮らす家庭のような異年齢・少人数・小規模の集団での生活となるよう配慮されたことも評価されています。マクミラン姉妹が推進した子どもたちの健康増進とそのための保育実践という理念は*31、今日のイギリスにおいて今なお引き継がれ、実践され続けています。

③　まとめ──教育の主役は子ども！

　「教える」視点、「引き出す」視点は、主語が教師となります。それに対して、「学ぶ」視点は、子ども（学習者自身）が主語となります。言い換えると、教育の主体は、教師であるか、子ども（学習者自身）であるかという問題になります。また、教師と子どもの関係が対等であるという視点は、先述したソクラテスの産婆術（問答法）に通じるものもあるといえるでしょう。このように、自分が受けてきた教育やこれからの教育を考えていくうえで、教育思想の歴史はさまざまな材料を提供してくれるといえます。

☆ CHECK！

＊31　マクミラン姉妹の野外保育学校は、庭を保育室と位置づけるとともに、きれいな空気と水、適切な食事の提供と衛生管理を重視しました。ストーブで暖められたシェルターも設置され、そこには風呂つきの浴室さえ設けられていました。また、食事にも気をつかい、野菜や果物をたくさんとれる献立が組み立てられていました。その結果、彼女らの野外保育学校では子どもたちのくる病（弱い骨がつくられてしまう病気）を根絶できたといわれています[17]。

👉POINT

・本章では、古代から現代にかけての教育思想家の思想およびその教育方法について紹介してきました。そのなかで、「教える」視点、「引き出す」視点、「学ぶ」視点をキーワードとして取り上げました。彼らに共通している思想は、「教育とはなにか」を考え、その実現方法を模索した点にあります。また、彼らの多くは、教育によってよりよい社会を形成する信念を抱いていました。

・「教育とはなにか」を考えるということは、彼らと同じ立場になるということです。先人の考えをふまえて、あなた自身の教育観を確立していきましょう。なお、教育者は、この3つの視点を必要に応じて使い分ける必要があり、瞬時にどれを採用するかを判断する力が求められることを付記しておきます。

Q 演習問題

① 自分が教師となったとき、「教える」視点、「引き出す」視点、「学ぶ」視点のなかで、特にどれを重視しようと考えますか。理由も含めて書きましょう。

② あなたは教育を通じて子どもにどのように成長してほしいと考えますか。そのために、どのような教育方法を用いようと思いますか。

第7章

日本の教育の思想

日本の教育の思想は、どのような考え方をもとにして成り立ったのでしょうか。海外の教育の思想を受容した側面のほかに、日本に特有の教育思想というものが考えられるかもしれません。

本章では、江戸時代から太平洋戦争後までの教育の思想を学ぶことで、主に、教育と国家、教育と政治のかかわりということを考えてみましょう。

① 「教育の思想」と「教育の実践」は、どのようにかかわっているでしょうか。
② 学校で行われる教育は、国家や政治とどのようにかかわっているでしょうか。

keywords　江戸時代の学び　啓蒙　近代教育　国家　教育と政治

1　江戸時代の学びと思想

1　朱子学と陽明学

「日本の教育の思想」を知るうえでは、まず、江戸時代に広がったさまざまな学問や、その考え方を知ることが出発点になるでしょう。1603年から始まった江戸幕府は、徳川家康によって開かれました。その際、家康が広げようとした学問こそ、中国の儒教をもとにした**儒学**です。

日本での儒学の広がりは、朱子学と陽明学という2つの潮流に分かれます。そのうち、**朱子学**は、宋学とも呼ばれ、朱熹^{*1}によって完成された学問です。江戸時代には、藤原惺窩^{*2}の弟子である**林羅山**^{*3}によって広げられました。朱子学の教えの中核にあるのは「仁義」で、それは「上下定分の理」、つまり身分の上下を当然のものとする思想です[1]。日本における朱子学は、身分の上下を固定化し、民衆の反乱を抑えるという、統治のための学問でもあったのです。

この朱子学を学んだ人物の一人に、**山崎闇斎**^{*4}がいます。闇斎は、朱子学を通して、「敬」についての観念を学びました。闇斎がいう敬とは、「敬内義外」といわれるように、自己の内面における厳しさと同時に、他者にも厳しく働きかけて内面を正すという特徴があります。これは社会思想としては、「臣の道」と呼

＊1　朱熹
（1130-1200年）
中国南宋の儒学者。

＊2　藤原惺窩
（1561-1619年）
　江戸時代初期の儒学者。徳川家康に招かれたものの、弟子の林羅山を推薦しました。朱子学派でありながら陽明学にも寛容でした。

＊3　林羅山
（1583-1657年）
　藤原惺窩の弟子。徳川家康から家綱まで4代にわたって朱子学を指導しました。師の惺窩とは異なり、陽明学を厳しく排撃しました。

ばれ、君主ないし天皇に対する臣のあり方を説くものとなりました[2]。

　また、朱子学を学んだもう一人の人物に、貝原益軒[*5]がいます。益軒は、朱子学のような学問と民衆の間の知とを結びつけようとした点で独特な人物でした。彼の著作のなかでも、『和俗童子訓』は、江戸時代に著された教育書として最も著名です。益軒は学問的な著作をほとんど残していませんが、子どもの学習の助けとなり、庶民の生活の役に立つ、つまり「民生日用」の書を、わかりやすい文章で著すことを心がけていました[3]。

　さて、朱子学に対する儒学のもう一つの潮流が**陽明学**です。陽明学は、中国の明時代（1368-1644年）に、王陽明[*6]によって始められました。その特徴は、身近な倫理の問題を考える点にありますが、なかでも「知行合一」という考え方がよく知られています。陽明学における知とは、私たちが実際に行動する際に必要となる知のことで、道徳や政治の場面における実践に結びついた知のことです。実践のための「知」と、実際の「行動」とを「合一」させよということが、陽明学における重要な教えでした[*7]。

　この陽明学を日本で受容した人物に、中江藤樹[*8]がいます。藤樹の思想の中核にあるのは「孝」の考え方です。彼がいう「孝」とは、生みの親への孝行のみではなく、天地や天地の主宰者（皇上帝）に対する孝行をも意味しています。また、藤樹の死後、その学問は弟子の淵岡山や熊沢蕃山[*9]に受け継がれていきました。

② さまざまな学びの思想——古学・石門心学・国学

1　古学

　江戸時代の儒学の広がりは、朱子学や陽明学に限られません。たとえば、**古学**と呼ばれる学問も重要です。古学派と呼ばれる人物には、山鹿素行、伊藤仁斎、東涯、荻生徂徠などがいますが、ここでは仁斎と徂徠の二人を取り上げます。

　古学思想の共通点は、朱子学や陽明学といった儒学（新儒教）に不満を抱き、孔子や孟子、あるいはそれ以前の古代中国の先王の教えこそが真の儒教であるとして、そこに立ち返ろうとする「復古の学」であることです。そのうえで、**伊藤仁斎**[*10]は、『論語』『孟子』の精読（「古義学」）を通して、「仁義礼智」のうちでも「仁」こそが中核だとしました。仁とは、簡単にいえば愛のことです。そのため、仁斎は、「『我能く人を愛し、人亦我を愛する』愛の共同体の形成を考えていたのではなかろうか」[4]といわれるほどでした。ただし、愛を考える仁斎の思想は、政治思想というよりもヒューマニズム思想であり、政治の時代であった江戸時代にはそれほど広がらなかったともいわれています。

　これに対して**荻生徂徠**[*11]の古学の方法論は、仁斎の古義学に対して「古文辞学」と呼ばれます。古文辞学の場合、復古の対象が孔子ではなく古代の先王の教

人物紹介

＊4　山崎闇斎
（1619-1682年）
　朱子学派の儒学者。朱子学のほかに、神道についても論じ、「垂加神道」をつくって、後の尊王攘夷運動に影響を与えました。

人物紹介

＊5　貝原益軒
（1630-1714年）
　本草学者、儒学者。多くの著作を残し、本草学書としては『大和本草』、教育書としては『養生訓』や『和俗童子訓』があります。

人物紹介

＊6　王陽明
（1472-1529年）
　中国明代の儒学者で高級官僚。朱子学を批判し、陽明学をつくりました。

用語解説

＊7　知行合一
　たとえば、「電車では高齢者に席をゆずる」という道徳的な「知」と、実際に電車のなかで高齢者に席をゆずるという「行動」を一致させることを意味します。陽明学においては、道徳的な行動をたんに知っているだけでなく、実際の行動に移せることが、身近な倫理を意味します。

人物紹介

＊8　中江藤樹
（1608-1648年）
　日本陽明学の祖。代表的な著作としては『翁問答』があります。

人物紹介

＊9　熊沢蕃山
（1619-1691年）
　中江藤樹の弟子の陽明学者。岡山藩主の池田光政に仕えて、無計画の山林伐採をやめることが農業を守ることになるとする「治山治水」という山林政策を説きました。

65

えにあることが特徴で、しかもその学問も、ヒューマニズムではなく「治国安民」の政治思想であったことが、仁斎と徂徠の古学思想の違いといえます。

2　石門心学

　江戸時代には、学問といっても、政治や武士のための学問だけではなく、町人や商人のための学問も広がりました。**石田梅岩**＊12 による**石門心学**がその代表例です。梅岩は、商人にとって、正当な仕方で利益をあげることを「正直」と呼び、それを商業社会の成立の基本的な条件としました。さらに、そのような社会においては、物や人の効用を最大限に発揮させ、それらを浪費しないように「倹約」することで、物を生かし、人を生かすことが重要といいました。「正直」と「倹約」こそ、梅岩の石門心学にとっての根本的な思想です。

3　国学

　さらに、江戸時代には、古学のような中国古来の思想を追究する学問だけではなく、日本古来の思想を追究する学問もありました。それが、契沖＊13 によって始められた**国学**の運動です。国学者として著名な人物には、荷田春満、賀茂真淵、本居宣長、平田篤胤がいます。

　国学とは、『古事記』や『万葉集』のような古典作品の研究を通じて、日本に特有の思想を明らかにしようとする学問です。たとえば、**本居宣長**＊14 は、「もののあはれ」という、私たちが物事に触れて事態の本質を知り、適した仕方で感動する日本人の感性を、『古事記』や『源氏物語』などの研究を通して発見しました。

　これに対して**平田篤胤**＊15 は、宣長の学問の方法を受け継ぎつつも、古典作品を独断的、非合理的に解釈することで、復古神道と呼ばれる思想を完成させました。その主張は幕府にとっても奇妙であったため、篤胤は故郷の秋田へ退去させられます。しかし、宣長の学問が都市生活者に支持されたのに対して、篤胤の学問は農村の庄屋クラスの人びとに支持されたため、当時の社会的には、宣長よりも篤胤の思想が力をもっていたといわれています[5]）。

③　私塾での学び

　江戸時代の子どもたちは、大まかに分ければ、武士層の子どもは各藩の藩校で、町人の子どもは寺子屋で、それぞれの身分に応じた教育を受けていました。しかし、近世後期以降、身分にとらわれない学問を求める人々の登場によって、**私塾**が爆発的に増えていきます。

　すでに江戸時代前期には中江藤樹の藤樹書院、伊藤仁斎の堀川塾、荻生徂徠の蘐園塾などが開かれ、中期には広瀬淡窓＊16 の咸宜園などが開かれていました。また、後期に成立した私塾として有名なものには、シーボルト＊17 の**鳴滝塾**、緒

方洪庵[18]の**適塾**、福沢諭吉の**慶應義塾**のような洋学塾、本居宣長の**鈴屋**のような国学塾、吉田松陰の**松下村塾**のような下級武士を対象に社会の改革を直接的に指導し実現しようとする人材を育成する塾が登場しました[6]。

　ここにあげた人物たちからもわかるように、江戸時代に自らの学問を成立させた人物は、その学問を広げるために私塾などを通した教育を行い、後進を育てようとしていました。私塾での学びとは、その思想家の思想をもとにした教育の実践と、それを通した学習であったと考えられるでしょう。

2　国家をつくる明治時代の教育思想

1　学校と啓蒙

　1867年の大政奉還[19]により始まった明治時代の教育とその思想については、まず、近代的な意味の「学校」が成立したことに触れなければなりません。近代ヨーロッパにおいて成立した公教育や学校の制度は、当然ながらヨーロッパで生まれた教育の思想にもとづいています。しかし、日本では、江戸時代に定着した儒学の考え方が根づいていて、それをもとにヨーロッパの知識や制度を受容した経緯があります。このことを考えるにあたり、明治時代の教育制度を確立した**森有礼**（もりありのり）を取り上げてみましょう。

森有礼

　森有礼は、第一次伊藤博文内閣の初代文部大臣として、1886（明治19）年に一連の学校令を公布し、日本の近代的な学校教育の基礎を築きました。また、彼は1873年すなわち明治6年、福沢諭吉、西周（にしあまね）[20]、西村茂樹[21]、中村正直（なかむらまさなお）[22]、加藤弘之（ひろゆき）[23]らとともに、学術団体である**明六社**を結成しています。明六社では、日本の近代化や文明開化の方策が論じ合われ、その啓蒙活動は歴史的に見ても重要です[24]。

　明六社のメンバーには、儒学に通じた学者や教育家もいました。しかし、彼らは、近代ヨーロッパの価値や思想を受容するために、自らの儒学的な教養から距離を置く必要がありました。また、もともと福沢諭吉らは儒学を排撃すべきという考えでしたが、それも儒学と旧体制が密接に結びついていたことの反映でした。そのため、森有礼をはじめとする明六社の啓蒙活動においては、江戸時代の日本に広げられていた儒学的な考え方を経由して、近代ヨーロッパ的な考え方を理解し受容するための努力があったのです。

人物紹介
*16　広瀬淡窓
（1782-1856年）
　1805年に咸宜園を開き、この塾はその後、10代にわたって運営され、日本最大級の私塾になりました。

人物紹介
*17　シーボルト
（1796-1866年）
　本名フィリップ・フランツ・バルタザール・フォン・シーボルト。ドイツの医師、博物学者。1824年に鳴滝塾を開き、西洋医学（蘭学）の教育を行いました。

人物紹介
*18　緒方洪庵
（1810-1863年）
　天然痘の治療に貢献したことで知られています。大阪に適塾を開き、福沢諭吉などの人材を育成しました。

用語解説
*19　大政奉還
　将軍・徳川慶喜が政権返上を明治天皇へ奏上し、天皇がこれを許可したことで江戸幕府に幕が下りた出来事。

人物紹介
*20　西周
（1829-1897年）
　西洋語の翻訳で知られ、philosophyを「哲学」と呼んで重視しました。

人物紹介
*21　西村茂樹
（1828-1902年）
　道徳教育（修身）を推進し、主著『日本道徳論』では、儒教と西洋の学問を結合させるべきだと主張しました。

② 福沢諭吉の教育思想

　「我国に於て『啓蒙』を語ることは即ち福沢〔諭吉〕を語ることであるといっても過言でない」[7]とまでいわれるように、日本の啓蒙運動における**福沢諭吉**＊25 の存在は非常に重要でした。

　福沢の思想では、**掃除破壊**と**建置経営**の2つが軸になっています。掃除破壊とは、日本が文明開化し近代化するために、それを妨げる古い考え方や慣習をしりぞけることです。また、建置経営とは、掃除破壊によって古い考え方を改めて、新たに、西洋文明における科学一般の実験・実証の精神、そして一人ひとりの独立心を根づかせようとすることです。これらは、彼にとっては、江戸時代までの儒学にもとづく旧弊を壊し、日本が国家として近代化し、国民一人ひとりが独立することの重要性を訴えるものでした。

　掃除破壊と建置経営は、福沢の有名な言葉である「天は人の上に人を造らず、人の下に人を造らずと云へり」[8]にも反映されています。封建的な身分制を前提とする社会から、人間の平等を前提とする社会を目指す福沢にとって、「教育の目的は人生を発達して極度に導くに在り」ましたが、その意味するところは、「天下泰平、家内安全」という「平安の主義」でした[9]。ただし、それは人々が不当な扱いを受けていることを知らないことで成立した江戸時代のようなものではなく、自らが不当な扱いを受けていることを知ったうえで、それを満足させる方法を求めようとすることで成り立つ平安でした。

③ 教育勅語の思想

　「平安」を重視する福沢の教育思想は、同時代の教育をめぐる動向のなかで、次第にうもれてしまいます。1890（明治23）年の**教育勅語**（教育ニ関スル勅語）の公布によって、国民を天皇のもとで一つにまとめようとする教育のあり方が確立したのです。

　教育勅語の思想的な背景には、儒学を源流とする**後期水戸学**があります。後期水戸学とは、会沢正志斎＊26 によって、江戸時代後期に構築された思想です。そのなかでも会沢の**「国体」論**が、教育勅語に影響を与えたとされています。「忠孝は建国の原理」＊27 ということが水戸学国体論の前提で、国民（臣民）と天皇の間に忠孝の関係があることが「人倫」＊28 とされました。そのため、国と民との関係は、「国にとって民心の収攬こそが根本、民心を失えば、国が国として『体』をなさない」[10]というものとして考えられていたのです。

　このような「国体」という語が、教育勅語においては、「我ガ国体ノ精華ニシテ」という文言に見られます。もちろん、この箇所だけを取り上げて、教育勅語が後

期水戸学から全面的に影響を受けたと見なすことはできません。しかし、少なくとも部分的には国体論からの影響が見受けられ、それが、後述する太平洋戦争時の教育のあり方に大きな影響を与えるものになったことも否定できません。ただし、この問題を考える前に、大正時代の教育の思想を確認しましょう。

用語解説

＊28　人倫
　ここでは、君主と臣下の間の秩序を意味します。

3 子どもを中心にする大正時代の教育思想

1 大正時代の思想と教育

　大正時代には、教育に限らず、文学や哲学の著作などでも「生命」という言葉が流行していました。この流れのなかで、大正時代には、「生命」を中心に置く新しい教育実践、いわゆる「**大正新教育**」の思想と実践が次々と生まれました。

　大正新教育はさまざまな実践を生みましたが、それらに共通しているのは、子どもの個性や自発性を尊重するという点です。この運動の先がけとなったのは、**及川平治**＊29 が主事となった明石女子師範学校附属小学校や、**木下竹次**＊30 が主事となった奈良女子高等師範学校附属小学校などの実践です。この時期、日本全国の教師たちが新教育に熱中しており、1921（大正10）年には、著名な教育家8名によって「八大教育主張」＊31 と題する講演会が開催され、その会場には全国からおよそ4,000名が集まりました[11]。

　私立学校としては、たとえば、**沢柳政太郎**＊32 の成城小学校（1917年）、**羽仁もと子**＊33 の自由学園（1921年）、**小原國芳**＊34 の玉川学園（1929年）などが、新教育を掲げていた学校として有名です。また、幼児教育に関しては、**橋詰良一**＊35（橋詰せみ郎）が1922（大正11）年に大阪で始めた「**家なき幼稚園**」の運動があります。これは、特定の園舎をもたず、戸外で保育を行うものとして、大正時代の特色ある幼児教育実践の一つでした[12]。

2 フレーベルの「恩物」と日本の幼児教育

　大正時代の幼児教育や保育を知るうえで欠かせないのが、フレーベルが開発した教具である**恩物**をめぐる日本での受容のあり方です。明治期に日本の幼稚園のひな形として広まったのは、東京女子師範学校附属幼稚園の教育です。ここは、就学準備の教育機関としての学校的特色があり、恩物も知育教材として用いられました。この実践をもとにして地方につくられた幼稚園では、「フレーベル式ノ保育」を方針として、形式的な恩物保育（恩物中心主義）が行われていたといわれています[13]。

　しかし、こうした創設当初の幼稚園の形式主義は、「明治期後半になると心理

人物紹介

＊29　及川平治
（1875-1939年）
　宮城県出身の教育者。「分団式動的教育法」と呼ばれる教育法を考案しました。

人物紹介

＊30　木下竹次
（1872-1946年）
　福井県出身の教育者。『学習原論』や『学習諸問題の解決』といった著作のなかで、現在の「総合的な学習の時間」を先取りしたかのような「合科学習」と呼ばれる学習法を提唱しました。

CHECK！

＊31　八大教育主張
　1921（大正11）年8月に東京高等師範学校で行われた講演会。登壇者は樋口長市、河野清丸、手塚岸衛、千葉命吉、稲毛金七、及川平治、小原國芳、片上伸の8名でした。

人物紹介

＊32　沢柳政太郎
（1865-1927年）
　成城小学校の創設と、そこでの実験的研究の教育法によって知られています。東北帝国大学や京都帝国大学で総長を務めましたが、「沢柳事件」と呼ばれる学内スキャンダルを起こしてもいました。

人物紹介

＊33　羽仁もと子
(1873-1957年)
　自由学園や婦人之友社の創立者。長女に羽仁説子、その婿に歴史学者の羽仁五郎がいます。

人物紹介

＊34　小原國芳
(1887-1977年)
　玉川学園の創設者として知られています。八大教育主張では「全人教育」というタイトルで講演を行いました。

人物紹介

＊35　橋詰良一／橋詰せみ郎(1871-1934年)
　兵庫県出身の教育者。「婦人社会見学団」を組織し、婦人の地位向上を目指す活動もしていました。

学の受容やアメリカの進歩主義教育の影響により、恩物中心の硬直した保育からの柔軟な脱却が試みられるようになり、子どもの自発的な遊びの意味が注目されるように」[14]なりました。つまり、それまでの「恩物中心」の保育から、**「子ども中心」の保育への転換**が起こったといってよいでしょう。

③　倉橋惣三の幼児教育の思想

倉橋惣三

　倉橋惣三（くらはしそうぞう）は、恩物中心主義を批判して、子どもを中心にする保育実践を提唱した代表的な人物です。彼の有名なフレーズに、**「生活を生活で生活へ」**[15]というものがあります。彼によれば、「自分の興味にある系統がついているときに初めて、生活興味（事物個々の興味でなく）が起ってくるという大きな問題になるのであります。その意味からして、幼児の生活を、生活としてだんだん発展させていくことになります。すなわち、ここに誘導の問題が起って来るのであります」[16]。これは、倉橋の「**誘導保育**」と呼ばれる、子どもの生活の発展における保育者の「誘導」の重要性が説かれている箇所です。

　彼の考えでは、幼稚園での教育は、**「幼児のさながらの生活—｛自由　設備｝—自己充実—充実指導—誘導—教導」**[17]というように、初めは幼児の「さながらの生活」を自己充実させるようにしてから、徐々に保育者の導きが加えられるようになります。ただし、それは幼児の生活を第一に考える教育です。「つまり、幼稚園はどこまでいっても、幼児の生活の生活たる本質をこわさないで、教育していくところに、その方法の真諦が——先生の苦心も——存するのです」[18]という言葉が、倉橋の幼児教育観を表しています。

　以上のように、大正時代の教育の思想は、子どもの生命や生活を中心にする教育の思想といってよいでしょう。それでは、この子ども中心主義の思想は、昭和に入ると、どのように変化したのでしょうか。

4　〈戦争〉の前と後の教育思想

①　戦争と教育——「錬成」と「師弟同行」

　昭和に入ると、日本の学校教育は戦争（主に太平洋戦争）に巻き込まれ、その結果、教育を受ける子どもも、教育をする教師も、総力戦体制下に飲み込まれることになりました。その際たる例が、1941（昭和16）年4月に施行された**国民学校令**により成立した**国民学校**と、それを支えた教育の思想です。この時期の教育

思想として注目すべきは、国民学校令にも明記された「**錬成**」**の思想**と、教育現場で広がっていた「**師弟同行**」という考え方があげられます。

　国民学校令の第1条には、「国民学校ハ皇国ノ道ニ則リテ初等普通教育ヲ施シ国民ノ基礎的錬成ヲ為スヲ以テ目的トス」と記されています。ここに見られる「錬成」という語は、「錬磨育成」の略称です。当時の流行語になっていたといわれる錬成とは、「皇国の道」に従って、国民を練磨育成することを意味しています。つまり、皇国という天皇を頂点とする国家主義的な教育の思想が、国民学校という形で実践されていたのです。

　ここには、本章第2節で触れた教育勅語の思想がかかわっています＊36。教育勅語では、「国体」という語に見られるように、天皇を頂点とする国家のあり方にもとづいた教育が説かれていました＊37。戦時体制下では、教育勅語のなかにある「一旦緩急アレバ義勇公ニ奉シ以テ天壌無窮ノ皇運ヲ扶翼スベシ」という記述にもとづいて、総力戦体制を支える教育が正当化されたのです。しかも、それは国民学校での教育に限られたものではなく、子どもが日常的に読む絵本を通しても、子どもを戦争に巻き込む動きが見られました。

　こうした状況にあって、教育の現場では、「**同行**」あるいは「**師弟同行**」という考え方も広まっていました。それまでの教師と生徒の一方的な上下関係を批判的にとらえ、教師と生徒が対等に「同行」するべきとしていることが、国民学校の特徴だったのです[19]。ただし、師弟同行を徹底することで、「殉忠報国の至誠に死する」[20]とも考えられたように、教師と生徒がともに国家に報いるという考えを生んでいたことも見逃すことはできません。

② 戦前／戦後の城戸幡太郎

　それでは、幼児教育の思想は、戦前と戦後でどのように変化したのでしょうか。ここでは、**城戸幡太郎**（きどまんたろう）＊38の幼児教育論に着目します。

　城戸は心理学者として知られ、「教育科学」というものを考えた人物ですが、幼児教育についても論じています。城戸は、倉橋に代表される子ども中心主義の教育を批判し、より「**社会的協力**」を重視する教育（社会中心主義の教育）を考え

城戸幡太郎

ていました。戦前の著作『幼児教育論』で、城戸は、「児童中心主義」の教育を批判して、「子供を園に生ふる花の如く観るのは美しい思想ではある。しかし朝顔の種子からは撫子（なでしこ）の花は咲かない」[21]と、皮肉を込めて述べています。この比喩から読み取られるように、城戸は、子どものあるがままを受容する教育をしりぞけ、子どもや社会の将来を見すえて、教育の目的をしっかりと立てる必要が

＊36　本章（p.68）を参照。

🎓 **さらに詳しく**

＊37　天皇・皇后の公式肖像写真である「御真影」は、国体主義のもとでは、「学生生徒及び児童の保護」よりも優先されていました。そのため、学校が火災になった際、御真影を守るために命を落とした校長もいたほどです。当時の天皇は、それほどまでに教育現場における大きな存在にされていたのです。

🌼 **人物紹介**

＊38　城戸幡太郎（1893-1985年）
　教育学者。心理学者。1936（昭和11）年に保育問題研究会を設立し、1937（昭和12）年に教育科学研究会を組織しました。一時期、大政翼賛会に参加しましたが、1944（昭和19）年には治安維持法で投獄されました。戦後は北海道大学教授として活躍しました。

あると考えていました。

　ところが城戸は、肝心の教育の目的を、「天皇の大御心であり、従って国体の本義でもある」ところの「民生の慶福」＊39 に求めています22)。戦前の城戸は、やはり戦時下において、天皇を頂点とする「国体」を重視した幼児教育を論じていたのです。これに対して、『幼児教育論』を改訂して出版した戦後の著作では、「天皇の大御心」といった記述が削除されるなど、戦前と戦後の著作の間で変化した点が多数あることが明らかにされています。

　ただし、戦前から戦後への変化は城戸だけでなく、広く教育や社会、政治一般のあり方にも見ることができます。それでは、日本の戦後の教育思想は、太平洋戦争とその敗戦を経た後で、どのような価値を大切にしてきたのでしょうか。そして、戦後の教育は、国家や政治とどのように関係してきたのでしょうか。

用語解説

＊39　民生の慶福
　大日本帝国憲法の「告文」に登場する言葉。国民の生活や生計（民生）の発展が、天皇による統治（天皇主権）の目的であることを意味しています。

③ 戦後の教育の思想

1　教育基本法の思想

　戦後の教育を知るうえで欠かすことができないのが、1947（昭和22）年3月31日に公布・施行された**教育基本法**です。戦前・戦中の教育を導いたのが教育勅語ならば、戦後の教育を導いたのがこの法律です。2006（平成18）年に改正されたものの、この法律の基本的な姿勢は、日本国憲法の原則でもある平和主義や国民主権（民主主義）、基本的人権の尊重といった理念のもとで教育を行うというものでした＊40。

　教育基本法では、教育の目的が「**人格の完成**」とされ、それ自体は政治とは関係のない理念とされています。「人格」とは、教育基本法の制定に中心的にかかわった法学者の田中耕太郎が、「要するに人格は人間が他の動物と異なって備えている品位ともいうべきものである」23) と述べているように、人間とほかの動物とを区別する概念です＊41。つまり、教育という営み自体は、政治とは無関係に、一人ひとりの人間の人格を完成させることを目的としています。そして、それを通じて、平和や国民主権、民主主義を実現させることを基本理念とするのが、教育基本法の思想といってよいでしょう。

　さて、戦後、東京を中心に活躍した人物たちの教育学を総称して「**戦後教育学**」と呼ぶことがあります。代表的な人物としては、東大教育の3Mと呼ばれた宗像誠也、宮原誠一、勝田守一、さらに堀尾輝久がいます。彼らは、発達を中心とする教育学や、学習権の思想を確立しました。その特徴は、「平和・人権・民主主義という戦後的理念（中略）にかなう人間形成をめあてとした教育学であると同時に、そのことをもって、民主主義的な社会を育てる教育学」24) というものです。まさに、戦後教育学とは、平和・人権・民主主義という、教育基本法にも

＊40　教育基本法について、詳しくは、第1章（p.6）を参照。

さらに詳しく

＊41　「人格」という語はすでに明治の啓蒙思想で日本にもたらされていました。和辻哲郎という哲学者は、人格を意味するPersonというドイツ語が、ラテン語で「仮面」を意味するpersonaを語源とすることに着目し、人は現実世界でなんらかの役割をもってその仮面をつけていると論じました。和辻において人格とは、その意味での、役割としての仮面を意味するとされていたのです。

示された理念のもとで成立した教育の思想を意味します。

2　教育と政治とのかかわり、あるいは「教育の思想」とはなにか

　戦後の教育は、長い間、政治の動向と密接にかかわってきました。たとえば、道徳教育をめぐる動向が代表的です。思い切って図式化するならば、戦後の冷戦構造下[42]において、保守派の文部省側と革新派の民間教育研究団体[43]側との対立があり、両者は、1958（昭和33）年の「道徳の時間」の特設をめぐって激しい論争を行っていました。学校教育のカリキュラム上に徳育の時間を設けたい文部省（現在は文部科学省）と、徳育は子どもの生活の全体を通して行うべきとする民間側との対立は、保守と革新の政治的な対立を象徴する出来事でした。

　それからおよそ65年が経つ間、2006（平成18）年には第一次安倍晋三政権のもとで教育基本法が歴史上初めて改正され、さらに第二次安倍晋三政権のもとで、小学校では2018（平成30）年度から、中学校では2019（平成31）年度から「特別の教科　道徳」という名称で道徳が教科化されました[44]。このように、現代を生きる私たちが営んでいる学校教育も、政治の動向と切り離すことができません。それは、江戸時代から続くさまざまな日本の教育の思想を通じて形づくられた、教育と政治、教育と国家の密接な関係が、いまなお重大な意味をもっていることの証しです。

　そのようななかでも、日々の教育実践において、目の前の子どもと向き合い、その子どもにとって最善の教育を行おうとする「**臨床性**」の視点が重要です。そして、自らが行っている教育を通して成長した子どもたちが、現代あるいは将来の社会をどのようなものに変えていくのかという「**社会性**」の視点も重要です。臨床性と社会性をあわせもつ視点こそ、教師・保育者がもつべき考え方でしょう。そしてその考え方こそ、私たちが「**教育の思想**」と呼んでいるものかもしれないのです。

用語解説

＊42　冷戦構造
　第二次世界大戦後、世界を二分した構造のこと。「東西冷戦」とも呼ばれ、東側を代表するソビエト連邦を中心とする共産主義・社会主義陣営と、西側を代表するアメリカ合衆国を中心とする資本主義・自由主義陣営の対立を意味します。

用語解説

＊43　民間教育研究団体
　戦後、国家による教育統制を批判し、民間で教育実践を研究する雑誌等を刊行して活動していた諸団体。たとえば、コア・カリキュラム連盟、歴史教育者協議会、数学教育協議会、教育科学研究会などがあります。

CHECK！

＊44　「特別の教科 道徳」が教科化された際、教育学者の大田堯は、それが戦前の国家主義的な徳育に逆戻りすることになると警鐘を鳴らしていました。特に、「我が国と郷土を愛する……」という表現には、十分に気をつけなければならないと論じています。

═ Column ═

教育の臨床性と社会性

　教育という営みは、目の前にいて触れ合える他者との双方向的なやり取りに支えられた、臨床的な営みです。幼児であれ児童であれ成人であれ、その他者に、よりよくなってほしい、よりよく成長してほしいという願いがあって営まれるものが教育でしょう。これを「教育の臨床性」と呼ぶならば、それに対して、「教育の社会性」というものも考えられます。すなわち、近代以降、国民国家が成立した状況で、学校教育では、国家を下から支える国民を育成することに重点が置かれます。そこには、必然的に、社会の既存の価値観や国家の政策が反映されます。そのため、教育の社会性を強調すると、教育の臨床性が看過され、個人よりも社会や国家を重視する教育が営まれることになってしまいます。だからといって、教育の臨床性を強調すれば、今度は教育の社会性が看過され、ともすれば独りよがりな教育が営まれることになります。

　しかし、教育の臨床性と社会性は、たんに対立するのではなく、むしろ相互に補い合う関係だと考えられます。たとえば、昨今問題となっているヤングケアラーを取り上げると、彼らは日中の学校での態度が「荒れている」ように見えます。しかし、彼らは夜に寝る間も惜しんで家族のケアを行っているからこそ、学校で居眠りをしたり、ストレスを発散したりしているのかもしれない。そんなヤングケアラーを生み出しているのは、この社会なのかもしれない。そんな社会をつくり出しているのは、この国の政治なのかもしれない……と考えることで、教育の臨床性と社会性はつながってくるのです。

　教師・保育者もまた、目の前の子どもとの臨床的な関係性のなかで、その子どもの背景である家庭、そして家庭の背景にある社会や政治の問題を見抜く目をもつ必要があるのではないでしょうか。安易な「自己責任論」で目の前の子どもの問題をとらえてしまうのではなく、社会や政治の問題にも目を向けることが重要なのです。

POINT

・江戸時代から現代にかけての日本の教育は、政治や国家と密接にかかわり、その影響を大きく受けていました。
・幼児教育の思想においても、倉橋惣三の子ども中心主義と城戸幡太郎の社会中心主義のように、異なる立場の思想がありました。
・教師・保育者には、日常の臨床的な実践を大切にする態度と、自らの教育が将来の社会をつくるという意識──教育の思想──をもつことが求められます。

Q　演習問題

① 海外の教育の思想と比べて、日本の教育の思想にはどのような特徴があるでしょうか。
② 教育の思想を学ぶことは、教育の実践に役立つでしょうか。役立つとしたら、どのような意味で役立つのでしょうか。

諸外国の教育制度

第**8**章

　諸外国の教育制度を知り、日本と世界の教育の常識が同じではないことを学びましょう。本章では、諸外国の状況について理解するだけではなく、日本の状況とも比較しながら、諸外国の教育に関心を高めてください。日本の常識にとらわれない柔軟な視点で、よりよい教育のあり方を考えることは、今後の子どもにとって必ずプラスになります。また、日本で増加している外国人の子ども・保護者に適切に対応するためにも、諸外国の教育制度を知ることは必要です。

考えてみよう！

① 日本と諸外国の教育の共通点と相違点とは何でしょうか。
② 諸外国の教育を参考に、日本の教育のよりよいあり方を考えてみましょう。

🔒 **keywords**　　学校制度・保育制度　義務教育　学校と放課後　🔑

1 　諸外国の学校制度

① 学校制度と義務教育期間

　日本の初等・中等教育の**学校制度**は、初等教育が小学校6年間、中等教育が中学校3年間と高等学校3年間の6・3・3制で、**義務教育期間**は9年間です。この日本の制度が当たり前だと思っている人もいるかもしれませんが、諸外国に目を向けてみると、日本とは異なる制度の国がたくさんあります（表8-1）。

　たとえば、韓国では、6・3・3制かつ義務教育期間が9年間で日本と同じ制度ですが、フィリピンでは、6・4・2制の12年間と就学前教育の1年間を合わせて13年間が義務教育期間です。一方、学力が世界トップクラスとして有名なシンガポールは、義務教育期間が短く小学校の6年間のみで、アジアでも義務教育期間は国によってさまざまであることがわかります。

　アメリカは、初等・中等教育の合計年数は日本と同じ12年間ですが、その12年間の構成はさまざまです。制度は州によって異なり、5・3・4制が最も多いものの、6・3・3制、4・4・4制など、さまざまな制度が併存しています。一方、フランスは、5・4・3制で統一されており、義務教育期間は13年間です。就学前の幼稚園・幼児学級の3年間（3〜5歳）、小学校の5年間、コレージュ（中学

表8-1　諸外国の学校制度

	初等教育 （小学校）	前期中等教育 （中学校）	後期中等教育 （高等学校）	義務教育期間
日本	6	3	3	9
韓国	6	3	3	9
シンガポール	6	4 ～ 5		6
フィリピン	6	4	2	13
アメリカ	6	3	3	9
	4	4	4	10
	5	3	4	12
ブラジル	9	3 ～ 4		9
フランス	5	4	3	13
イラン	6	3	3	9
トルコ	4	4	4	12

出典：教科書研究センター「海外教科書制度」2022 年
（https://textbook-rc.or.jp/kaigai/）

校）の 4 年間と、リセ（3 年制の高校）の最初の 1 年間が義務教育機関で、義務教育に就学前教育が含まれているのがフランスの特徴です。また、中東地域では、たとえば、イランは日本と同じく 6・3・3 制で義務教育期間が 9 年間ですが、トルコは 4・4・4 制で義務教育期間が 12 年間です。

　以上のように、学校制度と義務教育期間は国によってさまざまです。さらに、同じ国でも州によって制度が異なる国もあります。義務教育期間は、大きくは、①小学校のみ、②小学校・中学校、③小学校・中学校・高校の 3 つのパターンに分かれますが、フランスのように就学前教育を義務教育に含む国もあります。

　また、義務教育期間や学校制度が頻繁に変わる国もあります。たとえば、トルコは、20 年足らずの間に制度が何度も変わっています。トルコは、1996 年以前は 5・3・3（4）制で義務教育は 5 年間でしたが、1997 年に 8・3（4）制で義務教育期間が 8 年間になり、2012 年には 4・4・4 制で義務教育期間が 12 年間になりました[*1]。

さらに詳しく

＊1　トルコでは、宗教系の中等学校が政治・社会に影響を与えてきた歴史があり、その中等学校を廃止しようとする勢力と存続させようとする勢力の駆け引きの結果、義務教育期間が短期間に変更されました。

② 就学率

　義務教育期間が規定されているにもかかわらず、世界には小学校の**就学率**や修了率が低い国もあります。たとえば、アフリカのニジェールでは、男子の 37％、女子の 45％が小学校に就学しておらず、小学校の修了率も男子 35％、女子 24％にとどまっています。地域別に見ると、サハラ以南のアフリカに、こうした就学率や修了率の低い国が多くあります[1]。

　学校に行けない理由は、地域によってさまざまですが、たとえば、学校数の不足、教員不足、家計を支えるために子どもが働く児童労働の問題、自然災害や紛争などがあります。保護者や子ども自身が教育の重要性を理解しておらず、学校に行くよりも働いたほうがよいと考えている場合もあります。日本のように学校に行くのが当たり前の国に比べると、こうした国では「学校に行くのは何のためか、学ぶのは何のためか」という問いに対する答えを子どもや保護者に伝える必要があります。そのため、**学校に行く意味**を感じるように、教育内容や教育方法を見直していくことも求められます。こうした国々に対して、日本は国際協力機構（JICA）を中心にさまざまな形での教育支援（国際教育協力）を行ってきました。たとえば、ニジェール、セネガル、マリなど、就学率の低いアフリカ諸国で、学習環境改善を目的に「みんなの学校」プロジェクト*2 を行っています。教育支援を長らく行ってきた日本だからこそ、「学校に行くのは何のためか、学ぶのは何のためか」という問いに、常に向き合い続ける必要があるのではないでしょうか。

　なお、**留年率**の高い国もあります。その多くは、出席日数の不足が原因ですが、フランスのように出席日数が足りていても授業内容が理解できていなければ義務教育期間でも留年になる国もあります。

用語解説

*2 「みんなの学校」プロジェクト
　「みんなの学校」プロジェクトは、保護者・教師・地域住民の「みんな」が、行政と連携しながら学校を運営する取り組みです。詳しくは、国際協力機構（JICA）のウェブサイト（https://www.jica.go.jp/Resource/topics/2022/20221118_01.html）を参照。

③ 教科書と授業スタイル

1　教科書

　日本の学校では、授業とは検定教科書に沿って進められるものという感覚が当たり前ではないでしょうか。日本には**教科書検定制度**があり、検定を合格した教科書で授業を進めなければなりません。教科書会社によって教科書には違いがありますが、どの教科書も学習指導要領に沿って作成されており、扱う内容はかなりの程度まで共通しています。

　諸外国に目を向けると、教科書検定制度がない国もありますし、教科書を使用する義務がない国もあります[2]。教科書検定制度や教科書使用義務がない国では、検定がないため教科書の内容はさまざまで、どの教科書を用いるかは教師自身が決めます。教科書を使わずに授業を行うことも可能です。したがって、教師によって、子どもに教える内容が大きく異なることも生じます。

2　授業スタイル

　日本と諸外国では、授業スタイルも異なります。日本では、教科書の内容を教師が説明するスタイルの**一斉授業**が定番です。近年、主体的・対話的で深い学び*3 が重視されるようになっており、一斉授業以外の授業スタイルも重視されるようになってきていますが、日本よりも先んじて、**個別学習**を重視した授業を

*3　主体的・対話的で深い学びについては、第 11 章（p.110）を参照。

行っている国もあります。全員が同じことを学ぶのではなく、子どもによって異なる課題に個別に取り組む時間が授業の中心になるような授業形態です。

　たとえば、オーストラリアでは、一斉授業と個別学習で構成されますが、個別学習の時間を多く取り、その時間は一人ひとり取り組んでいることが異なります。同じ教室のなかで、ワークシートに取り組んでいる子ども、本を読んでいる子ども、コンピュータに向かう子どもなど、その子どもによって取り組みが異なります[3]。教師は授業の主役ではなく、子どもをサポートする存在です。教師の裁量の余地も大きく、使用する教材や授業の進め方は教師によって大きく異なります。教師の裁量の余地が大きいからこそ、臨機応変に子どもたちの状況に応じて、授業内容や授業スタイルを変更することが可能になっています。

　共通の教科書を用いるのではなく、教師の裁量で教材を選択する場合は、**教師の専門性**がより重要になってきます。共通の教科書というマニュアルがない場合は、専門性の高い教師はその力を発揮しやすい反面、専門性の低い教師の教育は、その質が低くなってしまう危険性があります。それゆえ、専門性の高い教師を養成することが重視されています。

　このように、日本と諸外国では、授業スタイルに大きな違いがあります。しかし、日本でも、小・中・高の授業は教科書中心の一斉授業が中心ですが、幼児教育・保育の場ではどうでしょうか。日本の幼児教育・保育においては、以前から、教科書を用いない個別性の高い教育が行われてきました。つまり、日本の小学校と諸外国の小学校を比較すると、教科書や授業スタイルは大きく違いますが、日本の幼児教育・保育と諸外国の小学校を比較した場合、授業スタイルは似ているのです。こう考えると、諸外国の教育からだけでなく、日本の幼児教育・保育からも、日本の小学校が学べることは、たくさんあるはずです。これまで日本の幼保小連携や就学準備では、「幼稚園・保育所が、小学校入学に備えて、小学校のやり方を幼児に身につけさせる」ことが重視される傾向がありましたが、これからは「小学校が、幼稚園・保育所で蓄積されてきた、子どもの違いを尊重する個別性の高い教育方法から学ぶ」ことも重要になるかもしれません。このように、諸外国の教育と日本の教育の違いに注目するだけでなく、共通点を探そうとすることで見えてくることもたくさんあります。

④ 教育実習

　教師の専門性には教員養成課程が密接に関係していますが、日本と諸外国の教員養成課程を比較すると、明らかに異なるのが**教育実習の期間**です。日本の教育実習は、免許種ごとに4週間が基本です。それに対して、諸外国の多くの国では教育実習が15週間を超えています。さらに、日本では免許種ごとに1校で1回

だけ実習を行うことが多いですが、諸外国では、大学 1 年次から何度かに分けて複数回、異なる学校で実習を行うこともあります。

たとえば、オーストラリアのクイーンズランド工科大学の初等教員養成課程では、1 年次の後期からセメスター（半期）ごとに実習があり、10 日間もしくは20 日間の実習を 7 回（合計 100 日間）行っています。1 年次の後期から実習を行い、実習の体験をもとに大学で理論を学び、また実習を行うことを繰り返すことで、理論と実践の融合が目指されています。また、特性が異なる複数の学校で実習を実施し、**多様な現場を体験する**ことも重視されています[4]。

オーストラリアのように、早い時期から実習を繰り返したり、複数の異なる学校で実習することは重要です。実習を通して現場の実態を知り、振り返りを通して自分に足りないことを自覚することで、実習後以降の学習に、自分なりの問題意識をもつことができるからです。また、複数の異なる学校で実習することで、子どもの学力レベルや家庭背景、特別な支援を必要とする子どもの割合、実習校の教育方針などがそれぞれの学校によって大きく異なることを実感することも、教育に対する視野を広げるうえで大切です。

2　幼児教育・保育の制度の違い

① 幼児教育・保育の制度

ここでは幼児教育・保育の制度について見ていきましょう。

幼児教育・保育についても、国によってさまざまな制度があります。日本の制度は、3 〜 5 歳児を対象とする幼稚園、0 〜 5 歳児を対象とする保育所、0 〜 5 歳児を対象とする認定こども園の 3 つに大きく分けられています。諸外国でも、日本と同じように、幼児教育としての幼稚園と、社会福祉としての保育所の 2 系統の制度があるのが一般的です。ただし、幼稚園と保育所の対象年齢の設定には、日本のように対象年齢の一部が重複する場合（横型）と、重複しない場合（縦型）があります。たとえば、フランスは縦型で、保育所は 3 歳未満児、保育学校は 3 歳以上児を対象としています（つまり保育所には 3 歳以上児はいません）。シンガポールは、日本と同じく横型ですが、幼稚園でも保育所でも、3 歳児までを担当するのは保育士、4 〜 6 歳児を担当するのは幼稚園教諭（つまり保育士は 4 歳児を担当しません）というように、教員資格の分け方が日本とは異なります。

また、幼稚園と保育所を管轄する省庁が、一元化されている国とされていない国があります。世界的には、それまで別々だったものを一元化していくという流れが主流です。たとえば、スウェーデンのように、**幼保一元化**にともない、保育の位置づけを「働く親をもつ子ども」だけではなく「すべての子ども」のためへ

と転換した国もあります。

　幼児教育・保育の方法は、大きくは、①小学校への準備教育などを重視する**就学準備型**と、②子どもの興味や関心を中心とする**生活基盤型**の２つに分けて考えられることがあります*4。①は読み書きなどの学習を重視する方法、②は遊びなどの体験を重視する方法です。日本の幼児教育・保育は、全体で見ると、生活基盤型のスタイルを大切にする園が多い傾向がありますが、就学準備型を重視している園もあります。一方、フランスなどは、就学準備型の幼児教育を重視している国とされています。

＊4　就学準備型と生活基盤型については、第13章(p.133)を参照。

② 保育者の違い

　幼稚園や保育所等の保育者が１人あたり何人の子どもを受けもつことができるかという配置基準も、国によって違います（表8-2）。

　表8-2を見ると、日本の配置基準は、特に３歳児以上で他国よりも緩く、１人の保育者が数多くの子どもを担当している状況にあるといえます。イギリスは、３、４歳児について、保育者１人あたり「８人または13人」とされしていますが、これは、学士号取得以上の保育者が１人でもいる場合は子どもの数が13人、いない場合は８人になることを意味します。専門性の高い保育者の有無によって配置基準が異なるわけです。

　ところで、保育者の学歴について、OECD（経済協力開発機構）の調査によると、日本は「短期大学・専門学校等卒業以上の保育者の割合は最も高い一方で、学士以上の学歴を保有している保育者が最も少ない」[5] という状況です。つまり、日本の保育者養成は短期大学・専門学校が中心で、高校卒業レベルの保育者が少ないというよさがあるものの、４年制大学を卒業した保育者が少ないという問題を抱えているわけです。

　世界的に、社会経済的格差の拡大や女性の社会進出にともなって、保育に対す

表8-2　保育者1人に配置される子どもの数（配置基準）

	0 歳児	1 歳児	2 歳児	3 歳児	4 歳児	5 歳児
日本（保育所）	3 人	6 人	6 人	20 人	30 人	30 人
韓国（保育所）	3 人	5 人	7 人	15 人	20 人	20 人
日本（幼稚園）	―	―	―	35 人		
韓国（幼稚園）	―	―	―	20 人（地方により異なる）		
イギリス（施設型保育）	3 人	3 人	4 人	8 人または 13 人		30 人

出典：秋田喜代美編『世界の保育の質評価――制度に学び、対話をひらく』明石書店、2022 年および国立教育政策研究所編『幼児教育・保育の国際比較　OECD 国際幼児教育・保育従事者調査 2018 報告書』明石書店、2020 年

るニーズが高まり、その多様化が生じています。こうしたニーズの多様化に対応するために、保育の質の向上が重要な課題と認識されるようになっています。保育の質の向上のためには**保育者の専門性**が重要になるため、4年制大学や大学院を卒業した保育者が増えること、そうした専門性の高い保育者が長く勤め続けられるような制度を整えるように取り組むことが重要です。実際に、保育者の資格の高度化や給与水準を上げる取り組みを始めた国も多いですが、当初の目標ほどスムーズに進展していない国も多く、今後の動向が注目されます。

3　放課後の過ごし方

　諸外国の学校と比較すると、日本の学校は、勉強だけを教える場所ではなく、生活指導など勉強以外のことも多く教える場所とされていることに気づきます。ドイツやフランスなどのヨーロッパでは、学校は基本的に勉強を教える場所とされ、生徒指導はほとんど行われず、しつけや生活面の指導は、学校ではなく家庭の責任とされています。

　一方で、幼児教育・保育の場面では、勉強と生活指導を分けることは困難です。そのため、諸外国でも幼児教育・保育においては、勉強を教えるだけではなく、生活基盤型の教育がなされている国も多くあります。勉強だけではなく、生活指導も不可避という点では、教師・保育者に求められる専門性の幅は、学校の教師よりも広いといえます。

1　学校と放課後

　子どもの育ちを知るためには、学校だけでなく、学校外にも注目する必要があります。「学校は勉強を教える場所で、生活指導は学校の役割ではない」と考えられている国では、学校は勉強する時間、放課後は遊びや集団生活を体験する時間という役割分担がなされています。子どもには、勉強だけでなく遊びや集団生活も大切なので、それぞれのバランスを取るという発想です。このようなバランスの取り方と比較すると、学校で勉強に力を入れて、さらに放課後に塾で学ぶ日本の子どもは、勉強の時間が多すぎてバランスが取れていないのではないかという疑問が生じないでしょうか。

　日本では、**学童保育**[*5]の待機児童問題も深刻化しており、日本の学童保育は質・量ともに課題があります。そして、それを補うように、こども食堂[*6]が拡大しています。それに対して、諸外国では、学童保育などの学校外活動の質・量を拡充する動きが見られます。女性の社会進出などの社会の変化に対応するためには、学校外活動を充実して子どもの居場所を確保する必要があり、学校外で子どもが

 用語解説
＊5　学童保育
　学童保育（放課後児童クラブ）とは、児童福祉法第6条の3第2項の規定にもとづき、保護者が労働などにより昼間家庭にいない小学校に就学している児童に対し、授業の終了後などに小学校の余裕教室や児童館などを利用して、適切な遊びおよび生活の場を与えて、その健全な育成をはかるものです。

 用語解説
＊6　こども食堂
　こども食堂は、子どもが一人でも行ける無料または低額の食堂です。子どもへの食事提供、孤食の解消、食育、地域交流の場などの役割を果たしています。詳しくは、特定非営利活動法人全国こども食堂支援センター・むすびえのウェブサイト（https://musubie.org/）を参照してください。

どのように時間を過ごすかは人間形成や学力向上に重要な影響を与えると認識されているからです。また、教育格差の拡大を防ぐためにも、**放課後の居場所**を公的にサポートすることが重要と見なされています。

　たとえば、イギリスやアメリカでは、放課後活動が子どもの学習意欲やコミュニケーション能力の向上に効果があると考えられています。また、フランスでは、学校での教科偏重を補う人間形成の場として「余暇センター」が公的に整備されてきました。さらに、フィンランド、イギリス・アメリカ・韓国などでは、不利な環境にある子どもに対する支援の場として、放課後活動が注目されています。

② さまざまな放課後活動

　諸外国では、放課後活動として、学童保育だけではなく、スポーツ・芸術活動・自然体験などのような活動を準備し、公的に補助を行っている国も多くあります。

　たとえば、ドイツでは、放課後の居場所として、学童保育以外に、「多世代の家」、音楽学校、プレイバスや青少年農場など、公的な補助を受けたさまざまな取り組みがあります。多世代の家は、乳幼児から高齢者まであらゆる年齢層が利用できる施設で、ダンス・演劇・宿題支援などさまざまなイベントやプログラムが開催されています。音楽学校も、あらゆる年齢層が楽器・歌・バレエなどを習える公的な教育施設です。プレイバスは、バスに遊び道具を乗せて街の広場や公園で工作・ペインティング・人形劇・サーカスなどを提供する取り組みで、青少年農場は、放課後の体験学習として、青少年が動物の飼育や植物の育成に毎日かかわるプログラムです[6]。このように公的な補助を受けた**多様な放課後活動**があると、家庭の経済状況にかかわらず、すべての子どもがさまざまな体験をすることが可能になります。

　一方、日本では、放課後活動の多くに**私費負担**が必要ですが、特に音楽やスポーツ関係の習い事は高額であることも多く、家庭によっては習うことがむずかしく、これが教育格差の拡大につながってしまいます。また、日本では地域の結びつきが薄れ、子どもがさまざまな大人と接する機会が減っていますが、諸外国ではさまざまな世代とかかわることのできる放課後活動があることも大きな違いです。

　学童保育の質・量や学童保育以外の放課後活動に対する公的サポートの改善を講じるうえで、このような海外の取り組みは参考になります。学校での過ごし方だけではなく、放課後の過ごし方にも注目して、子どもにとって望ましい教育環境を考えることも重要です。

POINT

・日本と諸外国の教育制度の違い（学校制度、義務教育期間、就学率、教科書と授業スタイル、教育実習など）を知り、日本の当たり前を問い直す視点をもつことが大切です。

・世界的に保育ニーズの多様化が進むなか、保育の質の向上のためには教師・保育者の専門性が重要になります。

・日本と諸外国の放課後活動の違いを知り、学校と放課後活動の両面から、子どもにとって望ましい教育環境を考える必要があります。

Q 演習問題

① 日本と諸外国の教育制度には、どのような違いがあるでしょうか。さまざまな違いの関連性についても考えてみましょう。

② 日本と諸外国の教育制度の違いをもとに、望ましい教育のあり方を考えてみましょう。

第9章 日本の教育制度

　これまで「教育」という営みを成立させるために、さまざまなねらいや段階（年齢によるもの、身分によるもの）が考えられてきました。国によるきまりから、各学校（園）での営みまでさまざまにとらえることができ、これらの総体を教育制度として理解することが大切です。本章では、わが国の政策について確認をしたうえで、教育者の視点で教育制度を整理・理解することを目指します。

① 「教育制度」という言葉から、何を思い浮かべるでしょうか。できるかぎりたくさんあげてみましょう。
② 子どもが教育・保育を受けるうえで、教師・保育者は何を大切にしなければならないでしょうか。

 keywords　教育制度　教育組織　学校体系

1　教育制度の概要

1　教育制度とは

　「**教育制度**」とは、どのような事柄を指しているのでしょうか。『教職用語辞典』によると、「慣習や法規によって社会的に認められた、教育活動のための組織体系」とあります。さらに「学校や学校外の教育施設において行われる教育活動とそれを支える行政や財政の制度を指す」と説明されています[1]。

　たとえば、子どもが6歳になると小学校に入学するというのは、ある年齢になれば適切な学校に行くものという認識がなければ成り立ちません。また、その前提として、教育に関連する法や教育機関を運営する機関（都道府県や市町村の教育委員会、文部科学省）が存在しています。小学校や中学校などの義務教育を修了した後も教育を受ける場はたくさんありますが、その学校体系も、時代や国によってさまざまです。このようなさまざまな教育のあり方全体を「教育制度」としてとらえると、自分自身が受けてきた教育の見方が変わるかもしれません。

② 教育制度の原則

ここから、教育制度における **3 つの原則** を確認していきましょう。

第一に、教育を受ける権利の保障です。わが国においては、日本国憲法第 26 条第 1 項に「すべて国民は、法律の定めるところにより、その能力に応じて、ひとしく教育を受ける権利を有する」と定められているように、子どもには教育を受ける権利があり、保護者には教育を受けさせる義務があります（同条第 2 項）^{＊1}。

＊1　教育を受ける権利については、第 1 章（p.5）を参照。

第二に、教育の機会均等の原則があります。教育を受ける権利を実現するためには、教育制度はすべての人に機会均等でなければなりません。教育基本法第 4 条には、人種や信条などを理由に教育を受けられないことがあってはならないことや（同条第 1 項）、障害がある人には十分な教育を受けられるように必要な支援をすること（同条第 2 項）、経済的な理由によって修学が困難とならないようにすること（同条第 3 項）が定められています。

第三に、**公教育** としての学校の原則があります。教育基本法第 6 条第 1 項には、「法律に定める学校は、公の性質を有するもの」であると示されています。「法律に定める学校」とは、学校教育法第 1 条において「幼稚園、小学校、中学校、義務教育学校、高等学校、中等教育学校、特別支援学校、大学及び高等専門学校」と示されています。わが国では私立学校も「法律に定める学校」にあたるため、私立幼稚園も公の性質があるということになります。

２　教育制度の仕組み

教育制度を具体的に実現するためには、幼稚園や小学校といった直接教育を行う教育組織をどのように運営するのかという仕組みと、これらの教育組織をいつ頃、誰に、どのように用意していくのかという仕組み（学校体系）の 2 つが必要になります。それぞれを具体的に確認してみましょう。

① 教育組織としての制度

私たちが教育を受ける場所として、幼稚園や小学校、中学校、高等学校などがありますが、各教育組織の目的は学校教育法において規定されています^{＊2}。

＊2　学校教育法については、第 1 章（p.8）を参照。

たとえば、幼稚園の目的は、学校教育法第 22 条で「義務教育及びその後の教育の基礎を培うものとして、幼児を保育し、幼児の健やかな成長のために適当な環境を与えて、その心身の発達を助長すること」とされています。この目的をふまえて、幼稚園は、「満 3 歳から小学校就学の始期に達するまでの幼児」が対象年齢であること（同法第 26 条）や、「園長、教頭及び教諭を置かなければならない」

などの職員配置（同法第27条）が定められています。

また、園で扱うべき教育・保育の内容については、幼稚園は「幼稚園教育要領」、保育所は「保育所保育指針」、幼保連携型認定こども園は「幼保連携型認定こども園教育・保育要領」にもとづくこととされています。このほか、園内環境や学年・学級編成について定めたものとして、幼稚園には「幼稚園設置基準」、保育所には「児童福祉施設最低基準」などがあります[*3]。

このように、それぞれの教育組織は、その組織の構成や運営などの仕組みが法令によって定められていることがわかります。

② 学校体系としての制度

教育組織の配置をとらえる見方として、学校体系という考え方があります。学校体系は、縦の系統性と横の段階性によって成り立ちます。縦の系統性とは、たとえば普通教育と職業教育（専門教育）の違い、小・中学校と特別支援学校の違いというように、目的の異なる学校の存在で説明できます[2]。

第二次世界大戦前のわが国では、中等教育の段階ではさまざまな種類の学校がありましたが、大学への進学は限定された校種のルートを経てしかできませんでした。つまり、学校体系は系統性が際立ったものでした（図9-1）。このような学校体系を、**複線型学校体系**と呼びます[*4]。

一方、戦後には、米国教育使節団が教育改革の方向性を勧告する報告書を提出したことを受けて[*5]、教育を受ける権利を保障する日本国憲法や教育基本法が制定され、学校体系は段階性が優位のものとなりました（図9-2）。これを**単線型教育体系**と呼びます。現在では、どのような状況においても、すべての子どもが9年間の義務教育を受けることができ、望めばその先の教育にもアクセスしやすい教育制度が定められています。

3　幼児教育と学校教育の制度の変遷

① 幼児教育の制度と動き

1　幼保二元体制

幼稚園は学校教育法により「学校」、保育所は児童福祉法により「児童福祉施設」、幼保連携型認定こども園は学校教育法により「学校」かつ「社会福祉施設」と定められており、3施設で法制度上の位置づけが異なります。なぜこのように施設ごとに位置づけが異なるのでしょうか。

その理由には、幼稚園と保育所の歴史的な背景があります。戦前から、幼稚園

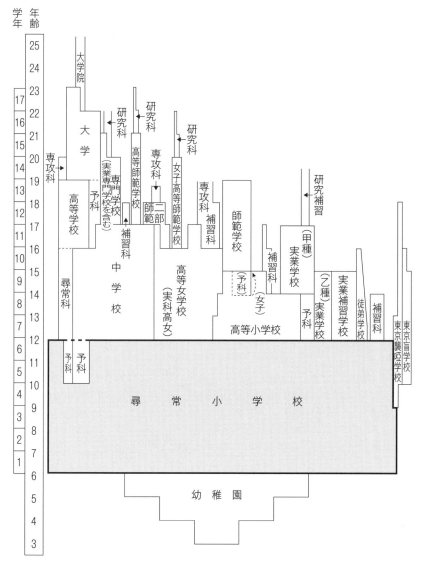

図 9-1　大正 8 年の学校体系
出典：文部科学省「学制百年史　資料編　学校系統図」第 6 図

と保育所は異なる機能をもつものとして区別されてきました。戦後においても、1963（昭和 38）年の文部省（現在は文部科学省）と厚生省（現在は厚生労働省）の共同通知によって、幼稚園と保育所は「機能を異にするもの」[5] との認識が示されてきました。

2　OECD による幼児教育への示唆

　2001 年、OECD（経済協力開発機構）は、その報告書『OECD スターティングストロング白書——乳幼児期の教育とケア（ECEC）政策形成の原点』[*6] において、各国の乳幼児期の教育とケアの政策について基本的な調査結果を示しました。これは、「質の高い乳幼児の教育と公平な利用がすべての子どもに対する生涯学習

CHECK！
＊6　原題は、
Starting Strong：Early
Childhood Education
and Care（2001 年）です。

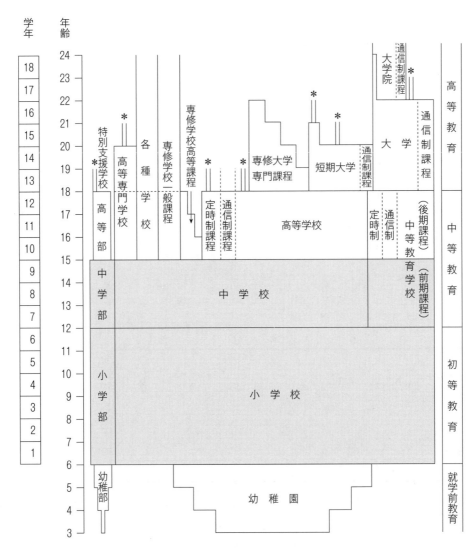

(注)　(1) ▨ 部分は義務教育を示す。
　　　(2) ＊印は専攻科を示す。
　　　(3) 高等学校、中等教育学校後期課程、大学、短期大学、特別支援学校高等部には修業年限1年以上の別科を置くことができる。

図9-2　現在の学校体系

出典：文部科学省「日本の学校系統図」中央教育審議会学校段階間の連携・接続等に関する作業部会（第13回）配付資料4、p.1

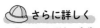

＊7　ここでは、3歳未満の子どもをもつ者の労働時間や6歳未満の子どもをもつ女性の学歴別雇用状況など各国の社会背景や、施設形態、受け入れ年齢、開設時間、管轄省庁など各国の幼児教育施設の形態も示されました。

の基盤を強化し、家族の幅広い教育的・社会的ニーズを支えることができる」[6]との前提に立ったものでした。その結果、各国のさまざまな状況から、早期の乳幼児期のケアや教育の重要性が見出されました＊7。

3　幼児教育の推進に向けて

　わが国においても、2003（平成15）年5月に、中央教育審議会答申「子どもを取り巻く環境の変化を踏まえた今後の幼児教育の在り方について」が出されました。ここでは、「幼児期は、生涯にわたる人間形成の基礎が培われる重要な時期であり、このような幼児期に行われる教育は、子どもの心身の健やかな成長を促

すうえできわめて重要な意義を有するもの」と示されました。また同答申では、幼稚園等の施設が中核となり、家庭や地域社会とともに幼児教育を総合的に推進していくことや、幼児の**生活の連続性**および発達や**学びの連続性**をふまえて幼児教育を充実していく必要があるとしています。

　このとき、後に認定こども園となる「総合施設」のあり方についても、「幼児教育・保育のニーズが多様化していく中で、例えば少子化が急速に進行している過疎地域など、地域によっては幼稚園と保育所といった既存の制度の枠組みだけでは、必ずしも柔軟に対応できにくい状況がみられる」とし、設置の実現に向けて検討を進めることが期待されました。

② 教育基本法の改正と認定こども園の創設

　2006（平成 18）年には、教育基本法が改正されます。この改正によって、同法第 11 条には、「幼児期の教育は、生涯にわたる人格形成の基礎を培う重要なものであることにかんがみ、国及び地方公共団体は、幼児の健やかな成長に資する良好な環境の整備その他適当な方法によって、その振興に努めなければならない」と、幼児教育についての文言が新たに追加されました。これにより、幼稚園や保育所等での教育のみならず、家庭や地域社会でのさまざまな教育の機会が「生涯にわたる人格形成の基礎を培う重要なものである」と示されました。それゆえ、国および都道府県・市町村には、子どもが人格形成の基礎を培うための良好な環境を整備する努力義務が課せられています[7]。

　同じく 2006（平成 18）年には、認定こども園法が成立しました[*8]。認定こども園には、「就学前の教育・保育を一体としてとらえ、一貫して提供する新たな枠組み」として、保護者の就労の有無を子どもを預ける条件とするのではなく、就学前のすべての子どもへの教育・保育を提供する場としての機能や地域に対する子育て支援を行う場としての機能が追加されました。一方で、これまで学校教育法にもとづく幼稚園と児童福祉法にもとづく保育所という 2 つの制度を前提にしていたために、認可や指導監督等に関する**二重行政**の課題が指摘されました[8]。

　2012（平成 24）年 8 月には、少子化にさらなる歯止めをかけることや幼児期の教育・保育を総合的に提供するために、子ども・子育て関連 3 法が成立し[*9]、子ども子育て支援新制度が実施され、新たな認定こども園制度が始まりました[*10]。これに伴い、「**保育教諭**」という名称も登場します[*11]。

③ 要領・指針の改訂とこども家庭庁の設置

　2017（平成 29）年に、幼稚園教育要領とあわせて保育所保育指針も改定され、

☆ CHECK！
＊8　正式名称は、「就学前の子どもに関する教育、保育等の総合的な提供の推進に関する法律」です。

☆ CHECK！
＊9　子ども・子育て関連 3 法
　子ども・子育て支援法、認定こども園法の一部改正法、子ども子育て支援法及び認定こども園法の一部改正法の施行に伴う関連法律の整備等に関する法律をいいます。

🎈 覚えておこう
＊10　新たな認定こども園制度には、施設に 4 つのタイプがあります。①幼保連携型（幼稚園的機能と保育所的機能の両方の機能をあわせもつ単一の施設として機能を果たすタイプ）、②幼稚園型（幼稚園が保育を必要とする子どものための保育時間を確保するなど、保育所的な機能を備えるタイプ）、③保育所型（認可保育所が保育を必要とする子ども以外の子どもも受け入れるなど、幼稚園的な機能を備えるタイプ）、④地方裁量型（幼稚園・保育所いずれの認可もない地域の教育・保育施設が必要な機能を果たすタイプ）。

☆ CHECK！
＊11　保育教諭は、幼稚園教諭免許状と保育士資格の両方の免許・資格を有していることを原則としています。

図9-3　幼児期の終わりまでに育ってほしい姿

幼保との整合性をはかるものとして、幼保連携型認定こども園教育・保育要領も同時に改訂されました。これらの改訂にともなって、幼稚園や保育所および幼保連携型認定こども園は、ともに「育みたい資質・能力」や「幼児期の終わりまでに育ってほしい姿」（図9-3）が共通の目標となりました。また、いずれの施設においても小学校教育への円滑な連携・接続が目指されています。このように、幼保一元化をはかる流れにより、各施設の教育・保育目標は共通化されました。

　2023（令和5）年4月には、内閣府の外局として**こども家庭庁**が設置されました＊12。これにより、保育所は厚生労働省、認定こども園は内閣府から、こども家庭庁へと移管されることとなりましたが、幼稚園は引き続き文部科学省が管轄を担います。新たな認定こども園制度は幼保二元体制から一元化への流れをつくりだす可能性を秘めているとの指摘もありましたが[9]、こども家庭庁が発足した現在も、幼保二元体制であることに変わりはありません。

＊12　こども家庭庁については、第15章（p.164）も参照。

4　質の高い幼児教育のために

① 教育と保育の関係

　法制度においては幼保二元体制を維持していますが、教育と保育は切り離すことができない関係にあります。もともと「**保育**」という言葉は明治時代に東京女子師範学校附属幼稚園の幼稚園規則で最初に使われたものですが、そこには、当時紹介されたフレーベル主義の保育が形式主義であったために、これと区別するために使われたとされています[10]＊13。したがって、たんに保育所で行うことが保育であり、幼稚園で行うことが教育であると分類することは適当ではないわけです。

　前述したように、学校教育法第22条においても、「幼児を保育し」と示されています。ここでの「保育」は、「生命の保持及び情緒の安定を図る生存を保障す

CHECK！

＊13　汐見稔幸『保育学講座Ⅳ保育学とは』（東京大学出版会、2016年）には、ほかにも当時の「保育」概念について記載されています。

るための『養護（保護）』的関わりと、環境を通して子どもの人格形成を促す『教育』的働きかけとは不可分で、一体化して行」[11] うという前提に立つべきでしょう。

　教育というと、おそらく小学校以降の系統的な学習をイメージしがちであることや、幼稚園は学校教育法に定める学校であることから[*14]、幼稚園と保育所とを分けて考えてしまいがちです。しかしながら、幼児期における教育は、保育（養護）の視点を忘れることなく、人的・物的環境を通した学びを行うことを大切にしなければなりません。

② Well-being を基調とした子ども政策

　教育と保育に関連して、これまで見落とされてきた子どもの Well-being[*15] の視点での取り組みが増えていくことが期待されます。

　たとえば、2021 年のユニセフ（国連児童基金）の報告によると、日本は、身体的健康は 38 か国中 1 位であるのに対し、スキルは 27 位、精神的幸福度は 37 位でした。とりわけ、精神的幸福度については、「生活に満足していると答えた子どもの割合が最も低い国の一つでした。生活全般への満足度を 0 から 10 までの数字で表す設問で、6 以上と答えた子どもは、日本では 62％ のみでした。（中略）自殺率も平均より高く（中略）、その結果、精神的幸福度の低い」ことが説明されました[13]。こうした結果は、子どもたちがのびのびと成長できる環境が、現在の日本では充分に整っていないことを示すものでしょう。

　こども家庭庁は、「就学前の全てのこどもの育ちの保障や全てのこどもの居場所づくりなどを主導する」[14] ことを主眼としています。これを実現するために、2023（令和 5）年 4 月 1 日、**こども基本法**が施行されました。この法律は、日本国憲法および子どもの権利条約の精神にのっとり、すべての子どもが、将来にわたって幸福な生活を送ることができる社会の実現を目指し、こども政策を総合的に推進することを目的としています。こども基本法第 4 条では、国に対して「こども施策を総合的に策定し、及び実施する責務を有する」と規定し、第 9 条では、子ども施策に関する大綱、すなわち「こども大綱」を定めなければならないとしています。さらに、第 5 条では、地方公共団体に対して「その区域内におけるこどもの状況に応じた施策を策定し、及び実施する責務を有する」とし、第 10 条では都道府県に「都道府県こども計画」、市町村に「市町村こども計画」を策定することを努力義務としています[*16]。地方公共団体は、こども基本法で示す 6 つの基本理念をもとに計画を進めなければなりません（図 9 - 4）。

　今後、教師・保育者として勤務する際には、国のこども大綱や都道府県・市町村のこども計画がどのような内容なのかについて理解を進めていく必要がありま

さらに詳しく

＊14　2006（平成 18）年に教育基本法が改正されたことで、2007（平成 19）年に学校教育法も改正となりました。具体的には、教育基本法の新しい教育理念をふまえ、幼稚園を含めた各学校種の目的・目標を見直すこと、学校種の規定順で幼稚園は最後に記載されていましたが、最初に規定することとなりました。

用語解説

＊15　Well-being
　Well-being とは、端的には「幸福、福利」などと訳されます。WHO（世界保健機関）がその憲章で「健康」を定義した仮訳として「健康とは、病気ではないとか、弱っていないということではなく、肉体的にも、精神的にも、そして社会的にも、すべてが満たされた状態にあること」[12] とされ、改めて注目されました。

CHECK！

＊16　ここでいう努力義務とは、策定しなくても罰則は科されませんが、できるかぎり責務を果たす方法をとることをいいます。

こども施策は、6つの基本理念をもとに行われます。

1　すべてのこどもは大切にされ、
　　基本的な人権が守られ、差別されないこと。

2　すべてのこどもは、大事に育てられ、
　　生活が守られ、愛され、保護される
　　権利が守られ、平等に教育を受けられること。

3　年齢や発達の程度により、
　　自分に直接関係することに意見を言えたり、
　　社会のさまざまな活動に参加できること。

4　すべてのこどもは年齢や発達の程度に応じて、
　　意見が尊重され、こどもの今とこれからにとって
　　最もよいことが優先して考えられること。

5　子育ては家庭を基本としながら、そのサポートが
　　十分に行われ、家庭で育つことが難しいこどもも、
　　家庭と同様の環境が確保されること。

6　家庭や子育てに夢を持ち、
　　喜びを感じられる社会をつくること。

図9-4　こども施策の基本概念

出典：こども家庭庁ウェブサイト「こども基本法」(https://www.cfa.go.jp/policies/kodomo-kihon/)。

す。こども家庭庁の設置により、これまでとは異なる視点で子どもにかかわる政策が打ち出されていくと考えられます。子どもに関連する政策の動きについて把握していく必要があるでしょう。

③　子どもの育ちを支える教師・保育者に必要な教育制度の理解

　今後、教師・保育者として教育・保育を遂行していくときには、教育や保育場面で子どもに主体性を身につけさせることだけでなく、子どもの**社会背景**に関心をもつことが大切です。それには、教育制度をはじめとするさまざまな制度への理解が欠かせません。場合によっては、なんらかのアクションを起こす必要もあります。ただし、一人で背負い込むのではなく他者と連携していくことで、子どもの育ちを支援していくことが求められます。

　就学前教育施設での教育・保育は、未就学児を対象としていますが、子どもたちはいずれ小学校、中学校へと進学していきます。それぞれの学校種で教育の目的は異なりますが、学校種ごとの目的を理解したうえで連携していくことや、適切な**ソーシャルサポート**[17]につなげていくことも必要になります。

　用語解説

＊17　ソーシャルサポート

　ソーシャルサポートは、社会的支援とも呼ばれ、その機能は「道具的サポート」と「情緒的サポート」があります。前者は問題解決のための資源を提供したりすること、後者は励ましたり共感することなどを指します。

Column

本当に左利きは「なおす」べきだったのか

　筆者が教育学に興味をもったきっかけは、教師が子どもに与える影響について考える機会があったからです。具体的な例として、2 歳年下の妹の話をします。

　妹も筆者も左利きなのですが、わが家では右利きに矯正を行うという明確な方針がなかったため、妹も筆者も左利きのままでした。ところが、転校して担任の教師が替わったことで、妹は、その教師の方針により右利きに矯正することになりました。その結果、小学 1 年生の 3 学期から、箸や筆記用具などすべての持ち方を学び直すことになったのです。大人になってから、妹はこの当時はつらかったとよく話していました。

　これは、担任教師がどのような意図で子どもに向き合うかで、子どもの育ちは変わるという例です。就学前教育および初等教育において、担任教師の方針が子どもに与える影響は大きいものです。さらに、当時はまだ保護者が教師に教育方針を意見することがむずかしかったことも影響しているでしょう。現在の考え方なら、教師は、保護者や子どもとの十分な話し合いのもとに方針を決定することが最善だと考え、行動できたかもしれません。

　妹の例は、学級・学校経営にかかわる課題であり、本質的には子どもの権利や初等教育の目的を達成する手段にかかわる課題でもあります。この例から、みなさんが普段ちょっと疑問に思ったり、おもしろいなと思ったりした出来事の延長線上には、教育についての思考を深めるきっかけがたくさん眠っていることを感じてもらえるのではないでしょうか。ぜひ、みなさんも、これまでの学校生活について「なぜ？」の視点で考え、教育制度についての思考を広げていただきたいと思います。

POINT

・幼児期の教育は、2006（平成 18）年の教育基本法改正によって明文化されました。
・幼稚園は学校教育法に定められる学校であり、保育所は児童福祉施設の一つですが、いずれにおいても「保育」を行うことが大切にされています。

演習問題

① 2006（平成 18）年の教育基本法の改正によって、幼児期の教育はどのように記載されることになったのでしょうか。また、その影響について考えてみましょう。
② 教育と保育の言葉の意味について、本章で学んだことを整理してみましょう。

第 **III** 編

教育の実践

本編では、乳幼児期の教育・保育および小学校以降の教育を学んだうえで、さまざまな教育・保育やその実践、現代の教育課題について考えます。

第10章　乳幼児期の教育・保育

第11章　小学校以降の教育

第12章　教育実践の基礎理論
　　　　　　——内容・方法・計画と評価

第13章　多様な教育実践

第14章　生涯学習社会と教育

第15章　現代の教育課題

乳幼児期の教育・保育

子どもは、乳幼児期から日々の生活や遊びのなかでさまざまな体験をし、成長・発達していきます。それを支えているのが、身近な存在である保護者をはじめ、教師・保育者になります。また、子どもをとりまく環境もそれを支えています。

本章では、乳幼児期の教育・保育で大切なことについて考えていきましょう。

① 乳幼児期に「夢中」になった遊び、その魅力はなんでしょうか。
② 上記の遊びを通じて、子どもにはどんな力がはぐくまれていくでしょうか。

keywords　養護と教育の一体　子ども主体　環境を通しての遊び
資質・能力　幼児期の終わりまでに育ってほしい姿

1 乳幼児期における教育・保育で大切なこと

1 養護という営み

　子どもたちは、自らが通う幼稚園や保育所、そして認定こども園（以下、「園」という）に対して、どんな場所になってほしいと願っているでしょうか。子どもたちは、毎朝、保護者と手をつなぎながら「今日は何をして遊ぼうかな」「大好きな先生に早く会いたい」など、きっとワクワクしながら登園していることでしょう。その一方で、入園から間もない4月には、園の生活に慣れない不安から、登園しても保護者の手を離さない子どももいます。このように登園の場面を一つとっても、子どもたちはさまざまな思いや気持ちをもっていることがわかります。だからこそ、教育・保育という営みでは、子ども一人ひとりの存在を大切にする必要があります。

　それに関連して、乳幼児期の教育・保育においては「養護」という言葉があります。2017（平成29）年に改定された保育所保育指針（以下、「指針」という）では、「養護」について「子どもの生命の保持及び情緒の安定を図るために保育士等が行う援助や関わり」と記されています[*1]。園の生活では当たり前のことかもしれませんが、子どもの生命が危険にさらされることなく、**情緒**が安定しているこ

とが重要です。

② 養護を基盤とする教育の直接性と間接性

　教育という営みは、幼稚園や保育所での**生活**が保障されるなかで成立するのではないでしょうか。「教育」について、指針では「子どもが健やかに成長し、その活動がより豊かに展開されるための発達の援助」と記されています[*2]。すなわち、園生活において、子どもたちは日々さまざまな**経験**を積み重ねていきます。そして、そうした経験がより豊かな育ちにつながるように、教師・保育者は環境を整えたり、言葉かけをしたりするなどして援助していきます。

＊2　「保育所保育指針」第2章保育の内容「前文」を参照。

事例から学ぶ：かかわりの直接性と間接性──環境づくり

　園庭の片隅でダンゴムシを発見した子どもたちがいます。最初、子どもたちはダンゴムシを興味深そうに見ているだけですが、次第に触ってみたいと思うようになり、恐るおそるダンゴムシに触り始めます。それに慣れてくると、次はバケツをもってきて、ダンゴムシを捕まえては、バケツのなかに入れてい
きます。そのとき、子どもたちはきっと満足げな顔をしていることでしょう。このとき、保育者は、子どもの傍らに座り、子どもの姿を温かく見守りながら、子どもたちがダンゴムシのどんな点に魅力を感じているのかなど、興味津々に想像をめぐらせます。またダンゴムシに触ることをためらっている子どもに対しては、「大丈夫だよ、先生と一緒にやさしく触ってみようか」などと話しかけることもあるでしょう。さらにダンゴムシ以外にも、園庭にはいろいろな虫がいることを伝えることもあるでしょう。このように、ダンゴムシと子どもがかかわる場面においても、保育者には多様な役割があるのです。

　さらに保育者が、ダンゴムシについて書かれている昆虫図鑑を保育室や園庭に置いておくこともあるでしょう。実際に見て触ったダンゴムシについて、子どもたちは図鑑を見ながら改めて認識していきます。写真だからこそ、じっくりダンゴムシの身体を見ることができ、また食べ物などについても学ぶことができます。保育者にとって、子どもの興味・関心をキャッチして、それを広げ、深めていくための環境設定も大切な役割になります。

　このように、教育といっても、言葉かけのように子どもに直接働きかける場合もあれば、環境設定のように間接的に働きかける場合もあります。大切なのは、子どもに寄り添い、子どもの興味・関心を的確につかみ、それにもとづいて活動が発展していくこと、そして充実した時間を過ごすことができるように、保育者が働きかけていくことです。

事例から学ぶ：教育を支える養護──かかわりによって輝く生命

　園にはさまざまな子どもがいて、そのなかにはどこか自信のなさが見受けられ、なにか不安そうに過ごしている子どもがいます。そうした子どもに対して、保育者は日頃から気にかけ、やさしく温かいまなざしで見つめ、安心して生活できるようにさまざまな配慮をしていきます。たとえば、不安そうにしている子どもが、ある日、カブトムシに出会い、関心をもち、毎日、世話をするようになっていく。その姿を見て、保育者は子どもと一緒にカブトムシの世話をしたり、カブトムシについて図鑑などで調べていろいろと学んだりしていく。そうするなかで、子どもの表情が変わっていき、園での生活を楽しむようになっていきます。

　このように、子どもが自らの興味にもとづいて活動を始め、その活動がより発展していくように保育者が働きかけていくこと（教育）が、子どもの情緒を安定させ（養護）、生命を輝かせることにつながっていきます。それは、教育という営みが養護という営みを支えていることを意味しています。

③　養護と教育が一体となった営み

　教師・保育者が働きかけるうえで気をつけたいのは、養護と教育という営みは、別々なものとして区分できるものではなく、子どもとかかわる際には、両者が一体的になっているという点です。

　教師・保育者によって自らの命が守られ、情緒が安定している状態にあるからこそ、子どもたちは活動に集中したり、没頭したりすることができます（教育）。しかし、たとえば、部屋のなかが蒸し暑かったり、逆に凍てつくように寒すぎる状況では、子どもたちは夢中になって遊ぶことはむずかしいでしょう（養護）。その意味では、教師・保育者による養護という営みは、教育という営みを支えていることになります。その一方で、上記の事例のように、反対に教育という営みが養護という営みを支える場合もあります。

　要するに、教育と養護は２つに区分されるものではなく、**一体的**なものです。それは小学校以降でも同様ですが、そうした観点がより求められるのが、乳幼児期の教育・保育になります。

事例から学ぶ：養護と教育の一体——たくさん遊んでゆったり休息

　園庭にある石垣で 5 歳児が遊んでいます。この子どもは、石垣を登りたいという思いで、一生懸命、何度も登ることにチャレンジします。しかし最後まで登りきることができず、残念そうな表情で、近くにあるハンモックまで歩いていきました。すると、ハンモックに吸い込まれるようにして、寝転がりました。さらに、うとうとして、知らないうちにその 5 歳児は眠ってしまいました。悔しい気持ちはありながらも、きっと一生懸命に挑戦したがゆえに、その自分に満足したからでしょう。

2　乳幼児期の子どもとのかかわり

① 子どもを一人の人間としてとらえる

　日々の生活において、教師・保育者が乳幼児期の子どもとかかわるうえで大切なことはどんなことでしょうか。それは、なによりも子どもに対する**まなざし**、言い換えるならば子どもをどのような存在としてとらえるかが重要になります。これは、子ども時代をどのように位置づけるかという点にもつながってきます。

　まずは、子どもを一人の人間としてとらえることが大切です。子どもは、大人に比べれば、一人でできないことがたくさんあります。0 歳児を見ればわかるように、一人で歩くことも、食事をとることもできません。0 歳児が生きていくには、身近に頼れる大人の存在が必要になります。それゆえに、大人は 0 歳児を発達途上の未熟な存在として見てしまいがちです。しかし、そういう一面はあったとしても、0 歳児は**一人の人間**として、言葉は話せなくても身振りや表情、姿勢、泣きによって、自らの意思や気持ちを伝える存在でもあります。保育者には、泣いている 0 歳児が何を訴えているのか、おなかがすいたのか、眠たいのか、おむつがぬれて気持ち悪いのか、部屋が暑くて不快なのかなど、自らがもつ表現手段による必死な訴えを丁寧に読み取ること求められます。そして、そうした姿勢が子どもを一人の人間として認めることにつながるのです。

　それは、まさしく「子どもの権利条約」の精神につながるものです。この条約についての詳細はほかの章に譲りますが[*3]、乳幼児期の教育・保育は、子どもの**声なき声**に耳を傾け、それを子どもの意思として丁寧に読み取り、子どもの興味・関心にもとづいた「やりたい」という気持ちを実現していけるように援助していくことが重要です。それが、今保育の世界で声高に叫ばれている、子ども主

*3　子どもの権利条約について、詳しくは、第 2 章（p.20）を参照。

体の教育・保育を実現するうえで必要なことになります。

② 子どもとともに生きる

　園は子どもと教師・保育者が一緒に生活する場所として理解することもできます。とりわけ保育所では、ともに過ごす時間が長いことから、保育所は子どもにとって「**第2の家**」のような場所になります。

　保育所では、教師・保育者と子どもの関係は、「教える人—教えられる人」「世話をする人—世話をされる人」という関係のみでとらえられがちです。それは、0歳児の食事や衣服の着脱場面を想像すればわかります。しかし、子どもと教師・保育者の関係は、教師・保育者が子どもに教えるという一方向にとどまるものでしょうか。逆に子どもから教師・保育者が教わる、学ぶことも、教育・保育ではたくさんあります。教育・保育とは、子どもと教師・保育者が今、この空間を**ともに生きる**ことであると理解することもできます。

> **事例から学ぶ：子どもと保育者の共有体験——水たまり**
>
> 　雨上がりの散歩中、目の前に水たまりを見つけたとき、保育者は靴が汚れてしまわないように避けて通ろうとします。しかし、子どもは避けるどころか、水たまりのなかに靴のまま入ろうとします。そして水たまりに靴を履いたまま何度も入って、水面の変化や水しぶきが立つのを、水面の色が変わるのを楽しんでいます。保育者のなかには、子どもとともに水たまりのなかに靴を履いたまま入り、一緒にびしょびしょになって園に帰るということもあるでしょう。
>
> 　このとき、子どもの姿を通じて保育者は自らの子ども時代を思い出し、そして幼少期の思い出を追体験することになります。それは、保育者にとって忘れかけていた子ども時代の感性を取り戻すきっかけにもなります。また、雨上がりの散歩において、水たまりに出会った子どもと保育者は、その空間を、その時間を、貴重な体験として共有していきます。

③ 子どもとともに生活をつくる

　これまで述べてきたように、子どもを、一人の人間として尊重する、園においてともに生きる存在としてとらえるだけでなく、子どもと教師・保育者はともに生活をつくっていく存在だと理解することも大切な視点です。

　園の**生活**を教師・保育者も楽しむ、豊かにするなど、教師・保育者も園で生活する一人の人間として充実した毎日を過ごすことも大切です。それに気づかせて

くれたのが、ある園において、保育室で昼食の準備をしているときにジャズを流していた保育者の姿でした。大好きなジャズを聴きながら準備をすることで、きっと準備も楽しくなるにちがいありません。それは、子どもだけでなく、ともに生きる教師・保育者も保育の主体であるという考え方にもとづきます。さらに、子どもと保育者で園の**暮らし**をつくっていくということでもあります。そうした考え方を疑問に思う人もいるかもしれませんが、近年、教育・保育の世界では「**共主体**（Co-agency）*4」という概念も登場しています[1]。これからの教育・保育では、子どもと教師・保育者がともに園の生活をつくる、教育・保育をつくるという発想をもつことも大切になると考えます。

＊4　共主体
　共主体（Co-agency）とは、OECD（経済協力開発機構）によって提案された「他者と協働して発揮される主体性」を意味します。

3　乳幼児期の子どもの育ちを支える環境づくり

　保育では、**環境づくり**が重要になります。保育室の環境をどんなふうに設定するのか、また園庭をどのように整備していくのかなど、各園・各クラスでは子どもたちの興味・関心、遊びの様子、そして子どもの育ちへの願いをからめながら考えていきます。指針には、「保育の環境には、保育士等や子どもなどの人的環境、施設や遊具などの物的環境、さらには自然や社会の事象などがある。保育所は、こうした人、物、場などの環境が相互に関連し合い、子どもの生活が豊かなものとなるよう（中略）計画的に環境を構成し、工夫して保育しなければならない」と書かれており、その基本となる考え方が示されています*5。

＊5　「保育所保育指針」第1章総則「1　保育所保育に関する基本原則」(4)保育の環境を参照。

保育所保育指針
第1章総則　　1　保育所保育に関する基本原則　　(4) 保育の環境
- ア　子ども自らが環境に関わり、自発的に活動し、さまざまな経験を積んでいくことができるよう配慮すること。
- イ　子どもの活動が豊かに展開されるよう、保育所の設備や環境を整え、保育所の保健的環境や安全の確保などに努めること。
- ウ　保育室は、温かな親しみとくつろぎの場となるとともに、生き生きと活動できる場となるように配慮すること。
- エ　子どもが人と関わる力を育てていくため、子ども自らが周囲の子どもや大人と関わっていくことができる環境を整えること。

　以下では、子ども主体の保育という点において、とりたてて重要であると考えられる上記のアとウについて、詳しく説明していきます。

① 子どもの興味・関心にもとづく環境づくり

　基本の一つとして、アに「子ども自らが環境に関わり」と書かれているように、子どもが自ら環境にかかわる、自発的に活動する、さまざまな経験ができる、そうした環境を保育室や園庭につくることが重要です。保育室に注目すれば、子どもが自らの興味・関心にもとづいて遊びを選ぶことができるように、絵本、積み木、ごっこ遊び、机上遊びなどさまざまな遊びのコーナーを設定する必要があります。「子どもは**選びながら発達する**」と教育学者の大田堯がいったように[2]、子どもが遊びを選べる環境をつくることは、子どもが遊びを通じて自立していくことにも影響します。

　しかし、保育室にさまざまな遊びのコーナーをつくればよいというわけではありません。日々、教師・保育者は、子どもたちの遊んでいる様子を観察し、興味・関心の発展していく方向を予想しながら、それらを刺激するように、子どもたちの興味・関心の**一歩先**を見据えた環境づくりをしていく必要があります。絵本のコーナーをつくるにしても、子どもの年齢にも合って人気もある絵本だけでなく、子どもたちが今、興味・関心をもっているものに関連する絵本などを適宜置いておくことも重要になります。もしクラスに電車に興味をもっている子どもがいるならば、絵本のコーナーに電車の図鑑を置いておくことが、子どもの興味にもとづいた環境づくりとなります。それと同時に、そこには、クラスの子どもたちへの**保育者の願い**が表れています。もし教師・保育者が「子どもたちに季節を感じてほしい」と願うならば、絵本コーナーに季節に合わせた絵本などを置いてもよいでしょう[*6]。さらに子どもたちの連続的に発展していく興味・関心に応じて、絵本や図鑑などを変えていく必要もあります。

　保育室だけでなく、園庭の環境を考えるときも同様です。そのためには、子どもの姿をじっくり観察し、子どもの興味・関心を的確につかみ、その一歩先を読むことが重要になります。

さらに詳しく

＊6　かがくいひろし『なつのおとずれ』PHP研究所、2008年などがあげられます。

② 「親しみ」のある場づくり——安心してほっとできる環境づくり

　次に注目するのが、ウにある「生き生きと活動できる場」になります。それは、環境づくりの基本として、保育室が子どもにとって「**親しみとくつろぎの場**」であり、「生き生きと活動できる場」であるようにしていくことです。

　「親しみ」という点において、園、保育室、園庭が親しみある場所になるにはどんな工夫や配慮が考えられるでしょうか。それについて、次の事例に示すように、クラス名に焦点をあてた取り組みがあります。

東京都葛飾区にあるうらら保育園（社会福祉法人清遊の家）では、3〜5歳児のクラス名は担任の先生の名字になっています。たとえば、担任の先生が「井上」さんならば、クラス名は「井上家」になります。この園では、クラスを家庭の延長線上にあるようなイメージにすることで、子どもたちがクラスに親しみをもってほしいと考えています[*7]。また、クラス名を子どもたちと一緒に相談して決めているのが、千葉県富津市にある和光保育園（社会福祉法人わこう村）です。これまでに「いろんないろ」「おさんぽ」「とことこ」「7ひきのこやぎ」など、ユニークなクラス名がつけられています。名前を一つひとつ見ていくと、クラスの子どもたちの興味・関心や夢中になっている活動などが垣間見えてきます。

☆ CHECK！
*7　園のウェブサイトから、保育環境の設定に対する考え方についてより学ばれたい（https://urara.ed.jp）。

　自分たちがクラスの名前を考えたからこそ、子どもも保育者もきっと愛着を感じるにちがいありません[*8]。それ以外にも、さまざまな工夫や配慮によって、子どもが生活する場所である園、クラス等に親しみをもつようになると考えます。

☆ CHECK！
*8　園のウェブサイトから、園舎の雰囲気などについても学んでほしい（http://www.wakoh-mura.com/）。

③ 「くつろぎ」のある場づくり

　園が子どもにとって「くつろぎ」の場となることも大切です。「くつろぎ」とは、子どもが心身ともに、**ゆったり**、のんびりと過ごすことです。園では子どもたちが夢中になってとことん遊び込む姿に目が向かいがちです。それはとても大切なことですが、時間が経つのも忘れるくらい遊び込んだからこそ、「ゆっくり休みたい」と思うときもあります。そこでくつろぐための時間と場所もまた環境の一つとして、教師・保育者が意識的につくっていく必要があります。言い換えれば、クールダウンする環境であり、再び遊びに向かうためのエネルギーを蓄えるための場所といってもよいでしょう。

　具体的には、保育室の一角に畳が敷かれていて、そこにゴロンと寝そべることができるような場所を設けたり、園庭にハンモックを設定したりしている園があります。そのような場所があれば、とことん遊び込んで疲れ、そこで気持ちよさそうに眠りにつく子どもの姿が見られることでしょう。

　もう一つ、「くつろぎ」という観点から大切な環境があります。それは、1人になれる、もしくは仲良しの友だち2、3人で**ひっそり**過ごせる場所です。その理由は、園が集団で生活する場所であることから、1人になりたいときに1人で過ごすことがむずかしいからです。仲良しの友だちや大好きな先生と一緒に過ごすことは、子どもにとって楽しいことですが、やはり大人と同じように1人になりたいときがあります。だからこそ、そのような場所を保育室や園庭につくる必

要があります。たとえば、保育室に家の押入れやクローゼットのような「隠れ家的スペース」をつくっている園があります。子ども時代に、親に叱られたときに押入れに入ったことを思い出す人もいるのではないでしょうか。そうした空間が園にあれば、遊び疲れて休息するだけでなく、気持ちが落ち込んだり友だちとけんかしたりしたときに、自分で自分の気持ちを立て直す場所にもなります。

　イとエについては詳しくふれませんでしたが、ぜひこの2点についても具体的にどういうことであるのかについて考えてみてください。繰り返しになりますが、環境づくりには、子どもをじっくり**観察**し、子どもの興味・関心を的確につかんで、それが発展していくような環境をつくり、一度つくってもそれに満足せず、再び子どもの姿を観察して環境をつくりかえていく姿勢が大切です。

事例から学ぶ：遊びのための環境づくり──園庭整備から

　子どもの遊びが充実することを願い、園庭整備に取り組んだ園を紹介します[3]。それは、横浜市にある鳩の森愛の詩瀬谷保育園（社会福祉法人はとの会）です。写真10-1と写真10-2は、それぞれ園庭整備に取り組む前後のものです。両者を見比べた瞬間に、その違いは一目瞭然です。園庭はフラットな場所から築山や手づくりの遊具からなるさまざまな遊びが可能な場所へと変化しています。この園では、2024年現在も園庭整備が進行中です。

　この園の保育者は、園庭整備を通じて子どもの遊びが大きく変わったことを実感しています。「環境が変われば子どもの遊びが変わる」、それをまさに実現した園でもあります。また、園庭づくりに際して、設計士や園庭環境に詳しい専門家の協力を得ながら、園だけでなく保護者と協力していった点も興味深いです。子どもにかかわるさまざまな大人が子どものための環境づくりにかかわっている点も、これからの教育・保育を考えるうえで重要な視点です。

　園庭整備の当初は、保育者も非常に戸惑い、本当に実施するのかなど、さまざまな不安がよぎりました。そんななかで、とりあえずやってみようというチャレンジ精神をもって園庭整備を始めると、保育者が子どもの遊ぶ姿の変化に気づくようになりました。それを契機に、園長だけでなく多くの保育者が園庭整備の方向性に確信をもつようになっていき、現在に至っています。今もまた、子どもの遊びの姿を楽しみにしながら、園庭整備が続いています。

写真10-1　園庭整備前

写真10-2　園庭整備から7年後

4　乳幼児期における教育・保育の特徴

① 3つの「資質・能力」の基礎をはぐくむ

　今、AI[*9]、バーチャルリアリティ、ビッグデータなどの情報技術の革新により、Society5.0[*10] という時代を迎えつつあります。このような未来を子どもたちがよりよく生きていくためには、乳幼児期の教育・保育を通じて、どのような力をはぐくんでいけばよいのでしょうか[*11]。

　指針には、次代を生きる子どもたちに求められる力として、下記の3つの資質・能力に注目し、その基礎を培うことが示されています[*12]。

> 保育所保育指針
> 第1章 総則　4 幼児教育を行う施設として共有すべき事項
> (1) 育みたい資質・能力
> (ア) 豊かな体験を通じて、感じたり、気付いたり、分かったり、できるようになったりする「知識及び技能の基礎」
> (イ) 気付いたことや、できるようになったことなどを使い、考えたり、試したり、工夫したり、表現したりする「思考力、判断力、表現力等の基礎」
> (ウ) 心情、意欲、態度が育つ中で、よりよい生活を営もうとする「学びに向かう力、人間性等」

　注目すべきことは、知識及び技能の「基礎」、思考力、判断力、表現力等の「基礎」と書かれているように、知識及び技能、思考力、判断力、表現力等そのものではなく、その基礎となるものを乳幼児期における保育所生活の全体を通じてじっくりはぐくんでいくという点にあります。たとえば、「知識及び技能」の基礎とは、身近なものに対して、五感だけでなく**身体全体**で感じる体験になります。例として、子どもは保育室の雰囲気を身体全体で感じます。また、「思考力・判断力・表現力等」の基礎とは、論理的に考える前に身体全体で感じ、判断、表現することを意味します。

　それらの**基礎**をしっかりとつくることが、小学校以降の教育における子どもの学びを豊かにし、その結果として、**3つの資質・能力**が確かなものとして培われていくことになります。乳幼児期に身体全体で感じるさまざまな体験を積み重ねることは、3つの資質・能力の育成にとって重要なのです。

② 「幼児期の終わりまでに育ってほしい姿」

　3つの資質・能力がはぐくまれている具体的な子どもの姿として、「幼児期の

用語解説
＊9 AI（人工知能：Artificial Intelligence）
　AI とは、人間の知的能力をコンピュータに行わせる技術を意味します。

用語解説
＊10 Society. 5.0
　Society. 5.0 とは、わが国が目指すべき未来社会の姿として初めて提唱された、サイバー空間（仮想空間）とフィジカル空間（現実空間）を高度に融合させたシステムにより、経済発展と社会的課題の解決を両立する、人間中心の社会（Society）です[4)]。

＊11 Society5.0 については、経済産業省ウェブサイトを参照されたい。

＊12 「育みたい資質」については、「保育所保育指針」第1章総則「4 幼児教育を行う施設として共有すべき事項」(1)を参照。

＊13　「幼児期の終わりまでに育ってほしい姿」について、詳しくは、第9章の図9‐3（p.90）を参照。

終わりまでに育ってほしい姿」が記されています（図9‐3）＊13。この「幼児期の終わりまでに育ってほしい姿」を目指して、日々の教育・保育が行われていくことになります。

　その際に気をつけたいのは、「**幼児期の終わりまでに育ってほしい姿**」は小学校に入学するまでにすべての子どもが達成すべき姿、言い換えるならば到達目標ではないということです。子ども一人ひとりの発達は個性的であり、みんな異なっています。一人で歩けるようになるのも、言葉を発するのも、個人差があります。これをふまえると、あくまでも「幼児期の終わりまでに育ってほしい姿」は、子どもの育ちをとらえ、適切に指導していくための**方向性**を示したものであるとともに、小学校教師と子どもの姿を共有し合うためものととらえることができます。

　「幼児期の終わりまでに育ってほしい姿」は、教育・保育を通じて3つの資質・能力を育んでいくために、より具体的に子どもの生活する姿（「ねらい」）をイメージし、適切な援助や環境構成を工夫するために役立てていきます。その際には、0歳児では3つの視点（身体的発達に関する視点「健やかに伸び伸びと育つ」、社会的発達に関する視点「身近な人と気持ちが通じ合う」および精神的発達に関する視点「身近なものと関わり感性が育つ」）、1歳以上では5つの領域（健康、人間関係、環境、言葉、表現）にもとづいて設定していきます＊14。3つの視点と5領域には、より具体的なねらいがあり、それを達成するために「内容」があります。「内容」は、子どもに対する保育者の適切な援助により、子どもが環境にかかわって経験する事項からなります。

＊14　「領域」については、「保育所保育指針」第2章保育の内容を参照。

　このように、乳幼児期の教育・保育は、子どもが生きるために大切となる資質・能力を念頭におき、「幼児期の終わりまでに育ってほしい姿」やねらいと内容を意識して、計画し、実践していくことになります。その際に大切なのは、小学校における国語、算数、社会などの教科のように、3つの視点や5領域は個々別々

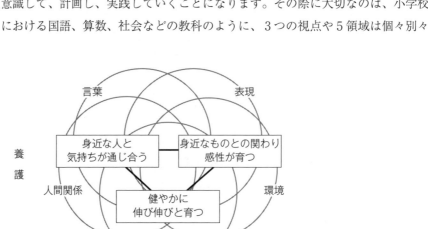

図10‐1　0歳児の保育内容の記載のイメージ

にとらえることができないという点です。なぜならば、乳幼児は、遊びを通して
さまざまな体験をしていく一方で、小学生は、教科書を用いて学習していくとい
う点で異なるからです。その点で、乳幼児期における教育・保育は、小学校以降
の教育とは大きく異なっています。

事例から学ぶ：遊びを見とる——積み木遊びに隠されている育ちの可能性

　保育所において子どもが積み木のコーナーで遊
んでいます。子どもは積み木をただ積んでいる状
態から、壁に貼られているエッフェル塔の写真を
見ながら、それをつくろうとします。そのときに、
保育者は子どもの傍らで、その姿を興味深そうに
見守りながらも、この遊びが小学校以降における
各教科の学びにいかにつながっていく可能性があるのかを予想し、探っていく
ことが大切になります。

　たとえば、「これはエッフェル塔っていうんだよ、知っている？」と質問を
投げかけ、さらには「フランスという国にあるんだよ。フランスという国は、
どこにあるか知っている？」などと投げかけていきます。そうすると、自分が
つくろうとしている塔がどこにあるのか、子どもは地球儀や地図をもち出して、
探そうとします。知らない間に、子どもはフランスについて知っていく機会に
なっていきます。また、積み木をたくさん積んだとき、「本当にたくさん積み
木が積めたね。いったい何個あるのかな？」と質問し、一緒に「1個、2個、
3個……」というように数えることもあります。そうして、子どもは知らない
うちに数を覚えたり、数えたりできるようになっていきます。

　「幼児期の終わりまでに育ってほしい姿」でいえば、この過程には、主に、「社
会生活との関わり」「数量や図形、標識や文字などへの関心・感覚」が関係し
ているととらえることができます。そして、これらが小学校の学びの土台になっ
ていくと子どもの遊びを見とることが、子どもの発達を可能性として見ていく
うえで重要になります。

---

③ 子どもの育ちを振り返る

　就学前の教育・保育では、小学校以降の各教科による学びとの**連続性**を念頭に
おき、3つの資質・能力の基礎をはぐくむという観点から子どもの育ちを見つめ
ていくことが大切になります。具体的には、「幼児期の終わりまでに育ってほし
い姿」にもとづきながら、子どもの遊びとそれを通じた子どもの育ちを見とるこ
とが重要です。その過程を繰り返すことによって、教育・保育の質は着実に高まっ
ていくことでしょう。

・乳幼児期の教育・保育は、養護と教育の一体的な営みです。
・子どもを一人の人間としてとらえ、子どもともに教育・保育はつくられていきます。
・乳幼児期の教育・保育では、環境設定をもとに、遊びを通じた子どもの育ちを総合的に
　見ていきます。

演習問題

① 乳幼児期の教育・保育について考えるうえで、「子どもの権利条約」のなかで大切と考え
　る条項を1つ選び、その理由も述べてください。
② AI 時代を迎えつつある今、乳幼児期にはこれからどのような教育・保育が求められるで
　しょうか。

第**11**章　小学校以降の教育

　幼児教育・保育を創造するためには、子どもの育ちや学びの接続・連続性を理解することが求められます。保育者は、子どもたちが小学校以降どのような学びを経験し、何が育つのかを知ったうえで就学前教育を担うことが大切です。そこで本章では、わが国の教育の動向をつかみながら、幼児教育・保育につながる小学校以降の教育について考えていきます。

① 社会の変化とともに、学校教育の仕組みや学び方などはどのように変わってきているでしょうか。
② 子どもの育ちのために、幼児期と小学校以降の教育に求められることは何でしょうか。

🔒 **keywords**　AI、IoT など技術の発展と学校教育　教育の特徴と目標、内容・方法
小学校教育と幼児教育・保育の連携と協働　子どもの発達や学びの連続性 🔑

---

1 急激に変化する社会における学校教育

1 AI、IoT などの急速な技術発展と学校教育

　近年、AI（人工知能：Artificial Intelligence）や IoT（モノのインターネット：Internet of Things）は日々目まぐるしく変化を続けています。身のまわりに目を向けてみると、音声認識での質問や指示に応える AI アシスタントや、動画の視聴履歴やオンラインショッピングの購入履歴などからユーザーの好みを分析し、おすすめの動画や商品を AI が自動で提案してくれるという場面はめずらしいことではなくなりつつあります。さらに、近年ではテキストを入力するとそれに沿った画像を描き上げる、あるいはチャット形式でまるで意思があるように応答するといった生成系 AI [*1] の発展により、新たな活用の方法が模索されています。一方で、AI やロボットが人間に代わりさまざまな職務を担うことで「人間の仕事がロボットに奪われるのではないか」といった懸念も聞かれます[*2]。

　このような社会の変化は、もちろん学校教育に大きく影響を与えます。たとえば、AI・IoT の発展により、タブレットやパソコン機器を学習に活用することが可能となりました。2019（平成31）年より文部科学省が推進してきた **GIGA スクール構想**により、児童生徒に1人1台端末の環境が実現しています[*3]。一方、

🌷 **用語解説**

＊1　生成系 AI
　ユーザの質問や指示（プロンプト）に応じて、テキストや画像などのメディアを新たに生成することができる AI です。

🎈 **覚えておこう**

＊2　オックスフォード大学などの2015年の調査によって、AI やロボットなどによる代替可能性の高い、あるいは低い職業が示されました。創造性や他者との協調性が求められる職業は代替がむずかしいとされています。教育・保育職は後者であると考えられています。

＊3　GIGA スクールについては、第14章（p.149）を参照。

＊4　能動的な学びとは、教師による一方向的な講義形式の授業ではなく、学習者の主体的な学びを基本としています。子どもたちの頭のなかが「アクティブ」に働いているかどうかが大切であり、ただ話し合ったり発表したりすることではありません。

用語解説

＊5　主体的・対話的な学び
　主体的な学びとは、学ぶことに興味や関心をもち、自己のキャリア形成の方向性と関連づけながら、見通しをもって粘り強く取り組み、自己の学習活動を振り返って次につなげることをいいます。対話的な学びとは、子ども同士の協働、教職員や地域の人との対話、先哲の考え方を手がかりに考えることなどを通じ、自己の考えを広げ深めることをいいます。

用語解説

＊6　深い学び
　習得・活用・探究という学びの過程のなかで、各教科等の特質に応じた「見方・考え方」を働かせながら、知識を相互に関連づけてより深く理解したり、情報を精査して考えを形成したり、問題を見いだして解決策を考えたり、思いや考えをもとに創造したりすることに向かうことをいいます。

CHECK！

＊7　主体的・対話的で深い3つの学びの過程は、幼児期における遊びのなかで展開されるものであり、小学校以降の教育につながっていくことになります。

デジタルネイティブといわれる子どもたちに対して、メディアリテラシー（情報を批判的に吟味し自らの考えを人に伝える能力など）やICT機器（情報機器）の正しい使い方をどのように指導するかといった新たな課題も生じています。

② 学校での学び方の変容

　2014（平成26）年頃からアクティブ・ラーニングという用語が中央教育審議会の答申等で使われるようになりました。アクティブ・ラーニングは、「学修者の能動的な学修への参加を取り入れた教授・学習法の総称」と定義され[4]、大学教育の質的向上をはかるために用いられるようになったとされています。その後、アクティブ・ラーニングに代わって、**「主体的・対話的で深い学び」**[5][6]という用語が学校教育において主流となっています[7]。

　こういった背景には、小学校以降の教育が、教師主導の教育から子どもたちを主体とした教育へと転換をはかったことが大きくかかわっています。就学前教育は、従前より、子どもの生活や経験をもとにして取り組まれてきたことから、就学前と小学校以降の教育が子どもを中心として一つの方向を向いて展開することが可能になりました。

　先に述べたように、学校を取り巻く環境が大きく変わり、新たに学校における基盤的ツールとなるICT（情報通信技術）も最大限に活用しながら、子どもたちの資質・能力の育成を着実に進めることが重要になりました。2021（令和3）年1月に出された中央教育審議会答申「『令和の日本型学校教育』の構築を目指して」では、目指すべき新しい時代の学校教育の姿として、「全ての子どもたちの可能性を引き出す、個別最適な学び[8]と協働的な学び[9]の実現」が提言されました。学習活動の充実に向けて、これまで培われてきた工夫とともに、ICTの新たな可能性を指導に生かすことで、主体的・対話的で深い学びの実現に向けた授業改善へとつなげていくことが重要と考えられています。

③ 資質・能力の育成

　現代の学校教育では教科固有の知識などを学ぶこと、つまり「何を学ぶか」だけでなく、学んだ知識を活用するための**資質・能力**（コンピテンス、あるいはコンピテンシー）を身につけること、「何ができるようになるか」の視点も重視されています。

　2017（平成29）年に改訂された学習指導要領等のなかでも、資質・能力はキーワードの一つとなっています。学習指導要領では、資質・能力は以下の**3つの柱**で示されています（図11-1）。

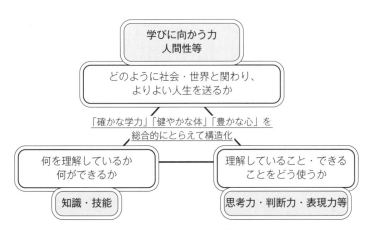

図 11-1　育成を目指す資質・能力の 3 つの柱
出典：文部科学省「幼稚園、小学校、中学校、高等学校及び特別支援学校の学習指導要領等の改善及び
　　　必要な方策等について（答申）」補足資料

① 「知識及び技能」の習得

② 「思考力、判断力、表現力等」の育成

③ 「学びに向かう力、人間性等」の涵養^{かんよう}

　さらに、これら資質・能力の 3 本柱が実現されるよう、児童の主体的・対話的で深い学びの実現に向けた授業改善を行うことが求められています[1]。

　なお、幼稚園教育要領では、①は「知識及び技能の基礎」の習得、②は「思考力・判断力・表現力等の基礎」の育成とされており、加えて 10 項目の「**幼児期の終わりまでに育ってほしい姿**」が示され、幼児教育と小学校教育の**スムーズな接続**が目指されています。

　資質・能力への関心の高まりと同時に、非認知能力（社会情動的スキル）の育成への関心も高まっています[*10]。知識を身につけることなどに関連する認知能力に対して、忍耐力やコミュニケーション力、自己肯定感など個人の内面にあたるのが**非認知能力**です。認知能力はペーパーテストなどを用いて可視化しやすい特徴がありますが、非認知能力は多くの場合、可視化しづらいものです。教師には、このような見えづらい力についても、子どもたちの姿から見取り、評価し、さらに伸ばしていくことが求められています。

2　小学校以降の教育の概要

1　幼児期の教育と小学校教育の特徴

　幼稚園は、「義務教育及びその後の教育の基礎を培うものとして、幼児を保育し、幼児の健やかな成長のために適当な環境を与えて、その心身の発達を助長すること（学校教育法第 22 条）」を目的とすると定められています[*11]。一方、小学校は、「心

用語解説

*8　個別最適な学び
　一定の目標をすべての児童生徒が達成することを目指し、個々の児童生徒に応じて異なる方法等で学習を進める「指導の個別化」と、個々の児童生徒の興味・関心等に応じた異なる目標に向けて、学習を深め、広げる「学習の個別化」のことをいいます。

用語解説

*9　協働的な学び
　探究的な学習や体験活動などを通じ、子ども同士で、あるいは地域の人をはじめ多様な他者と協働しながら、あらゆる他者を価値のある存在として尊重し、さまざまな社会的な変化を乗り越え、持続可能な社会の創り手となることができるよう、必要な資質・能力を育成することをいいます。

☆ **CHECK !**

*10　非認知能力はペーパーテストなどによる点数化や可視化はむずかしいため、学習活動のなかでのパフォーマンスや実技、実演、成果物（作品、レポート、ポートフォリオ）などをもとに見取ることが重要です。

さらに詳しく

*11　学校教育法のほかにも、教育に関連する法令には、教育基本法や学校保健安全法、学校給食法、学校図書館法などがあります。

 111

身の発達に応じて、義務教育として行われる普通教育のうち基礎的なものを施すこと（学校教育法第29条）」を目的としています。

　幼児期の教育においては、小学校以降の教育や生涯にわたる学習とのつながりを見通しながら、幼児の自発的な活動としての遊びを通しての総合的な指導をすることが大切になります。一方、児童生徒の資質・能力の育成にあたっては、幼児が主体的に環境とかかわり、直接的・具体的な体験を通して豊かな感性を発揮したり好奇心や探究心が高まったりしていくなどの幼児期の「**学びの芽生え**」[12] を、子どもの発達や学びの連続性を確保しながら小学校以降の「**学びの自覚化**」[13] につなげていくことが重要になります。

　たとえば、小学校低・中学年においては、安心して学べる居場所としての学級集団のなかで、基礎的・基本的な知識および技能を反復練習もしながら確実に定着させるとともに、知識および技能の習得や活用の喜び、充実感を味わう活動を充実することが大切になります。特に小学校低学年では、安心して学べる居場所である学級集団を確立し、「わからないこと・できないこと」を「わかること・できること」にする過程が学習であることや、「わからないこと・できないこと」を他者に伝えたり助けを求めたりするなど、ほかの児童や教師との対話が学びを深めるために存在するといった事柄を理解することが必要であるとされています。

② 教育のねらい・目標、教育課程、教育の方法など

　表11-1に示すように、幼稚園と小学校の教育は、それぞれに違いがあります[2]。幼稚園では、「～味わう」「感じる」等の方向づけを重視した方向目標を目指して保育を展開することになりますが、小学校では、「～できるようにする」といった目標への到達度を重視して教育活動に取り組むというねらいがあります。また、教育課程[14] においては、幼児期の教育における一人ひとりの生活や経験を重視

さらに詳しく

＊12　幼児期の教育は、小学校の準備ではなく土台ととらえ、子どもが自発的に遊びを展開していくことで「学びの芽生え」が生まれ、小学校での「自覚的な学び」へと発展します。

覚えておこう

＊13　学びの自覚化
　学びの自覚化とは、学習の対象や過程、他者の存在に意識を向け、多様な人・もの・こととの対話を通して、自分の課題として自覚的に学ぶことを示しています。無自覚的に獲得してきた生活的概念を科学的概念に変え、言葉の意味や現象等を自覚的・随意的に操作できる概念的思考を発達させることは、小学校以降の教育において主要な目的となります。

用語解説

＊14　教育課程
　幼児教育では、必要な教育のあり方を具体化するために、各幼稚園において教育の内容等を組織的かつ計画的に組み立てたものをいいます。一方、小学校以降の教育では、学校教育の目的や目標を達成するために、教育の内容を子どもの心身の発達に応じ、授業時数との関連において総合的に組織した学校の教育計画をいいます。

表11-1　幼稚園・小学校教育の特徴

	幼稚園	小学校
教育のねらい・目標	方向目標 （「～味わう」「感じる」等の方向づけを重視）	到達目標 （「～できるようにする」といった目標への到達度を重視）
教育課程	経験カリキュラム （一人一人の生活や経験を重視）	教科カリキュラム （学問の体系を重視）
教育の方法等	個人、友達、小集団 「遊び」を通じた総合的な指導 教師が環境を通じて幼児の活動を方向づける	学級・学年 教科等の目標・内容に沿って選択された教科によって教育が展開

出典：文部科学省「幼児期の教育と小学校教育の接続について」2010年

していた「経験カリキュラム」から、小学校以降は、学問の体系を重視した「教科カリキュラム」に変わります。教育の方法については、幼稚園での個人や友だち、小集団による「遊び」を通した総合的な指導から[*15]、小学校では、国語や算数といった教科等の目標と内容に沿って、学級・学年に応じて系統的に学びます。

③ 学習評価

　小学校以降の教育では、各教科等の評価の視点を欠かすことができません。学習評価は、学校における教育活動に関し、児童生徒の学習状況を評価するものです。児童生徒の学習状況を的確にとらえ、教師が指導の改善をはかるとともに、児童生徒が自らの学びを振り返って**次の学びに向かう**ことができるようにするために行うものとされています。学習評価は、**子ども理解の手がかり**にもなります。

　2017（平成 29）年改訂の小学校学習指導要領総則編において、学習評価の目的等について、児童のよい点や進歩の状況などを積極的に評価し、学習したことの意義や価値を実感できるようにすることとされています。また、単元[*16]や題材など内容や時間のまとまりを見通しながら、児童生徒の主体的・対話的で深い学びの実現に向けた授業改善を行うと同時に、評価の場面や方法を工夫して、学習の過程や成果を評価することを示し、授業の改善と評価の改善を両輪として行っていくことの必要性が明示されました。

④ 指導と評価の一体化

　児童生徒のよりよい成長を目指した教育活動を展開するためには、指導と評価を切り離して考えるのではなく、**一体として**とらえることが重要です。児童生徒一人ひとりの学習の成立を促すための評価という視点をいっそう重視し、教師が自らの指導のねらいに応じて授業での児童生徒の学びを振り返り、学習や指導の改善に生かしていくことが大切であるとされています。「主体的・対話的で深い学び」の視点からの改善を通して各教科等における資質・能力を確実に育成するうえで、学習評価は重要な役割を担っています。各教科等の評価については、学習状況を分析的にとらえる「観点別学習状況の評価」[*17]と「評定」[*18]の両方について、学習指導要領に定める**目標に準拠した評価**[*19]として実施するものとされています。

さらに詳しく

＊15　保育における「遊び」は、子どもたちの意欲に満ちた自発的で能動的に周りの物事、また、人にかかわっていく活動であるとされています。身のまわりの世界に興味・関心をもち、特徴ややかかわり方、やってみたい目標を見つけて、粘り強く工夫して取り組むことで学びに向かう準備をすることといえます。

用語解説

＊16　単元
　児童生徒の学習過程における学習活動の一連のまとまりという意味です。児童生徒の実態に即して、単元計画を行います。

さらに詳しく

＊17　観点別学習状況の評価は、学習指導要領に示す目標に照らして、その実現状況がどのようなものであるかを観点ごとに評価するものです。「知識及び技能」「思考力、判断力、表現力」「主体的に学習に取り組む態度」の3観点で、子どもの学びの状況を分析的にとらえます。

用語解説

＊18　評定
　観点別の学習状況の評価をもとに、学習指導要領に定める目標の実現状況を総括的にとらえて評価するものです。

用語解説

＊19　目標に準拠した評価
　学習指導要領に示す目標がどの程度実現したか、その実現状況を見る評価のことです。個々の発達を継続的・全体的に見て、客観的に存在する目標と照らし合わせて行う評価であり、いわゆる絶対評価のことをいいます。

┌─ **Column ①** ─────────────────────────────────

専門職として働くということ──教師の仕事はブラックなのか？

　近年、マスメディアを中心に、教師の労働時間の長時間化や業務の多忙化などの報道が目立っています。確かに、教師の業務は多岐にわたっており、毎日決まった仕事ばかりではありません。常に、状況に応じて柔軟に仕事をすることが求められるむずかしさがあります。しかしこのむずかしさの中心にあるのは、「子ども一人ひとりと丁寧にかかわることで教育の質を保証する」ためのものであり、これは教師の仕事の醍醐味といえます。

　海外に目を向けると、オランダの小学校では、教師のほとんどがパートタイムで働き、出勤日は週3〜4日で、週の途中でクラスの担任が変わることがあります。また、子どもの登校後や放課後、昼食時に指導をする専門のスタッフを雇用している学校もあります。日本では、小学校での教科担任制の導入や中学校・高校での部活動の民間委託の取り組みなど、教師と多様な専門性をもつ職員が協働する動きが進んでいます。働き方の見直しの視点からも「チームとしての学校」という学校内外の連携のあり方が検討され、教師の働きやすさとやりがいの両立によるワーク・ライフ・バランスの実現を目指しています。

───

3　小学校以降の新たな教育の内容・方法

　小学校以降の教育課程には、理科や社会といった各教科と、総合的な学習の時間や特別活動といった教科外活動があります。各教科は、知識・技術などを内容の特質に応じて分類し、系統立てて組織したものであり、教科書を使用して学びますが、教科外活動に教科書はありません。また、各教科と教科外活動では、その特性に応じて評価の仕方も異なります。近年、教科等の枠組みを超えて、教科横断的な学習を推進する動きもあります。本節では、2017（平成29）年に告示された学習指導要領の特徴的な学習内容・方法を中心に、新たな時代を見据えた教育として注目されている4つについて取り上げます。

① 道徳の教科化

　道徳教育は学校の教育活動全体を通じて行うものですが、道徳の時間は、これまで教科外活動として扱われていました。しかし、2015（平成27）年に改訂された学習指導要領では、道徳の時間の充実をはかるため、「特別の教科　道徳」として位置づけました。小学校では2018（平成30）年度、中学校では2019（平成31）年度から全面実施されています。道徳が教科化された背景には、いじめや自殺といった深刻な問題やグローバル化の進展、ICT（情報通信技術）の発展による子どもの生活の変容、地域や家庭環境の変化などがかかわっています。

　こういった与えられた正解のない社会状況において、一人ひとりが、道徳的価

値[20]の自覚のもと、自ら感じ、考え、他者と対話し協働しながら、よりよい方向を目指す資質・能力を備えることが重要であり、こうした資質・能力の育成に向けて、道徳教育がいっそう大きな役割を果たすことになりました。年間 35 単位時間（小学校第 1 学年は年間 34 単位時間）が確保されるようにすることや、子どもたちが道徳的価値を理解し、これまで以上に深く考え、その自覚を深める「考え、議論する道徳」へと転換をはかることになりました。また、教科化によって、検定教科書を導入し、道徳教育の内容が発達の段階をよりふまえた体系的なものに改善されました。さらに、問題解決的な学習や体験的な学習などを取り入れ、多様で効果的な指導方法へと改善をはかり、数値などによる評価はせず、児童生徒の道徳性にかかる成長の様子を把握して、一人ひとりのよさを伸ばし、成長を促すための評価を充実するように指導が変わってきたのです。

② 外国語活動

　2008（平成 20）年告示小学校学習指導要領において、外国語活動が小学校第 5、6 学年の学習内容に組み込まれました[21]。さらに 2017（平成 29）年の学習指導要領の改訂では、外国語活動は第 3、4 学年で開始され、高学年では外国語科とされ、教科の一つとなりました。これは、昨今のグローバル化の急速な進展に伴い、国内外を問わず外国語によるコミュニケーション能力の必要性が高まったこと、中学校以降の外国語教育へのスムーズな接続を目指したことなどが理由にあげられます。

　中学年の外国語活動では、特に「聞くこと」「話すこと（やり取り）」「話すこと（発表）」に主眼が置かれ、それらに慣れ親しむことでコミュニケーションをはかる素地をはぐくむことを目指しています。さらに高学年では、「読むこと」「書くこと」が加わり、中学校以降の外国語教育への接続もふまえて、体系的に構成が整理されています。

　また、外国語活動、外国語科では、コミュニケーションを取れるようになることだけではなく、外国語の背景にある文化について、社会や世界、他者とのかかわりにも着目することが求められています。

③ プログラミング教育

　2017（平成 29）年改訂の小学校学習指導要領総則編において、情報活用能力（情報モラルを含む）の育成が記載されています。これは、言語能力、問題発見・解決能力と同じく**学習の基盤**となる資質・能力とされ、**教科等横断的な視点**から教育課程の編成をはかることが明示されています。また、主体的・対話的で深い学

用語解説

＊20　道徳的価値
　よりよく生きるために必要とされるものであり、人間としてのあり方や生き方の礎となるものとされています。

覚えておこう

＊21　外国語活動は、英語が世界で広くコミュニケーションの手段として用いられている実態や、中学校の外国語科は英語を履修することが原則とされていることなどをふまえ、英語を取り扱うことを原則とすることとされています。学校の創設の趣旨や地域の実情、児童の実態などによっては、英語以外の外国語を取り扱うこともできます。

びの実現に向けた授業改善として、「児童がプログラミングを体験しながら、コンピュータに意図した処理を行わせるために必要な**論理的思考力**を身に付けるための学習活動」があげられています。

文部科学省の「小学校プログラミング教育の手引（第3版）」で示されている小学校プログラミング教育のねらいは以下のとおりです。

① 「プログラミング的思考」をはぐくむこと

② プログラムの働きやよさ、情報社会がコンピュータ等の情報技術によって支えられていることなどに気づくことができるようにするとともに、コンピュータ等を上手に活用して身近な問題を解決したり、よりよい社会を築いたりしようとする態度をはぐくむこと

③ 各教科等の内容を指導するなかで実施する場合には、各教科等での学びをより確実なものとすること

「プログラミング的思考」とは、「自分が意図する一連の活動を実現するために、どのような動きの組合せが必要であり、一つ一つの動きに対応した記号を、どのように組み合わせたらいいのか、記号の組合せをどのように改善していけば、より意図した活動に近づくのか、といったことを論理的に考えていく力」です[3]。

④ STEAM 教育などの横断型・探究学習

これからの教育は、これまでの文系・理系といった枠にとらわれず、各教科等の学びを基盤としつつ、さまざまな情報を活用しながらそれを統合し、課題の発見・解決や社会的な価値の創造に結びつけていく資質・能力の育成が求められています。教科等横断的な学習*22 や総合的な学習の時間での**探究的な学習の充実**をはかることがいっそう期待されています。

「教育再生実行会議第11次提言」（2019年）では、幅広い分野で新しい価値を提供できる人材を養成することができるよう、プログラミングやデータサイエンスに関する教育、統計教育に加えて、STEAM 教育*23 の推進が提言されました。STEAM 教育の推進にあたっては、探究学習の過程を重視し*24、その過程で生じた疑問や思考の過程などを生徒が記録し、自己の成長の過程を認識できるようにしています。さらに、社会に開かれた教育課程の観点から、STEAM 教育にかかわる学校内外の関係者による多様な視点を生かし、児童生徒のよい点や進歩の状況などを積極的に評価し、学習したことの意義や価値を実感できるよう努めることが重要になります。

覚えておこう

＊22　教科横断的な学習
　教科横断的な学習とは、各教科で得た学びを複合的に生かし、課題を解決したり、アイデアを広げたりして、教科を横断しながら学ぶことをいいます。

覚えておこう

＊23　STEAM 教育
　STEAM 教育とは、STEM（Science：科学、Technology：技術、Engineering：工学・ものづくり、Mathematics：数学）に加えて、芸術、文化、生活、経済、法律、政治、倫理等を含めた広い範囲で Art や Arts を定義し、各教科等での学習を実社会での問題発見・解決に生かしていくための教科等横断的な学習です。

さらに詳しく

＊24　小学校以降の教育では、総合的な学習の時間（高等学校では総合的な探究の時間）において、問題解決的な活動が発展的に繰り返される探究的な学習を展開することを大切にしています。探究的な学習は、①課題の設定、②情報の収集、③整理・分析、④まとめ・表現という一連の学習活動の流れ（過程）をイメージして取り組むことになります。

4　小学校教育と幼児教育・保育の連携と協働

1　小1プロブレムの課題

　小学校に入学したての子どもたちが、新しい環境に適応できず、授業成立が困難な状況に陥る期間が続くことがあります。これを、小1プロブレムといいます。少し前まで年長さんとしてなんでもできる姿をみせ、小学校で勉強することを楽しみにしていた子どもたちに一体何が起こっているのでしょうか。

　その原因の一つが、幼児教育・保育と小学校教育の間に存在する「段差」です。今まで過ごしてきた幼児教育・保育の場と小学校の環境・文化の違いは、子どもたちにとってけっして小さなものではないのです。たとえば、本章第2節で触れたように、幼稚園と小学校では、教育のねらい・目標のあり方や教育の方法などが異なります。特に、小学校では時間割によって時間が区切られ、集団としてルールを守ることが求められます。このような違いが、小学1年生にとって乗り越えにくい「段差」となり、幼児教育・保育から小学校への円滑な接続をむずかしくしているといえます。

2　幼児教育・保育と小学校教育の連携・協働

　本章第1節でも触れたように、資質・能力の育成は、幼児教育・保育から高等学校までの**「学びの連続性」**を確保することが重要となっています。資質・能力の基礎を培う幼児教育・保育と小学校教育の接続は、義務教育以降の教育の流れをつくる大切なプロセスであり、その「段差」をなくするために、双方が連携・協働することが求められています。具体的には、双方の教職員による合同研修に加えて、幼保小の子どもたちが定期的に交流する活動などが実施されており、「段差」の原因となる幼児教育・保育と小学校教育の違いや、それぞれの発達段階の子どもたちの姿を理解するなど、**円滑な接続**のあり方が模索されています。

3　アプローチカリキュラムとスタートカリキュラム

　幼児教育・保育の場では、日々の生活や遊びで得られる経験と育ちを大切にし、そのための環境を重視します。そして小学校では、幼児教育・保育の場ではぐくまれた子どもたちの姿を受け止め、子どもたちの安心・安全な学校生活のスタートを支援することになります。

　アプローチカリキュラムは、小学校との円滑な接続を目指して、幼稚園や保育

さらに詳しく

＊25　保育内容の5領域「健康」「人間関係」「環境」「言葉」「表現」は、どれか一つを取り上げて保育活動を展開するものではなく、子どもの生活や遊びの場面で複数の領域が重なったり相互に関連したりするものになります。教師・保育者は、各領域のねらいや内容をふまえながら、保育活動全体を通じて子どもの総合的な学びや育ちを援助します。

＊26　「幼児期の終わりまでに育ってほしい姿」については、第9章の図9－3（p.90）を参照。

用語解説

＊27　生活科
　身近な人々や社会・自然と直接かかわる活動や体験、自分自身の生活について考える活動を通して、自立への基礎を養うことを目標とする小学校第1・2学年の教科です。

所において5歳児後半のカリキュラムとして編成されるものです。この場合、資質・能力の育成を意識しながら、保育内容の5領域に加えて「幼児期の終わりまでに育ってほしい姿」を「具体的な育ちの方向性」として手がかりにしながら、日々の保育がつくられます。特に、小学校の新しい環境における生活を見通して、その準備・素地づくりを意図した活動内容を工夫することになります。ただし、あくまでも、一人ひとりの発達に応じて、「総合的に育む」ことが大切です＊25。

　一方、スタートカリキュラムは、幼児教育・保育の場ではぐくまれてきた子どもたちの資質・能力を、「幼児期の終わりまでに育ってほしい姿」＊26を手がかりに一人ひとりをつぶさに観察しながら、小学校における学校生活への適応をはかるものです。大切なことは、就学前までの「環境を通した遊びや生活による学びと育ち」を、幼児教育・保育とは異なる小学校の環境と学びにつないでいくことです。そのため、小学校入学当初の活動は各教科個別の内容として取り組むのではなく、生活科＊27を中心とした合科的＊28・関連的な活動とその指導を充実することが求められています。

④　幼保小の架け橋プログラム

　アプローチカリキュラムとスタートカリキュラムの取り組みをさらに充実させる試みとして、2022（令和4）年度からモデル地域において幼保小の架け橋プログラムが推進されています。幼児教育・保育、そして小学校教育にかかわる教職員が立場を越えて連携し、5歳児から小学1年生の**2年間（架け橋期）のカリキュラム**を一体的にとらえて、この時期にふさわしい主体的・対話的で深い学びを目指すものです。双方が連携しながら2年間のカリキュラムを充実・改善すること

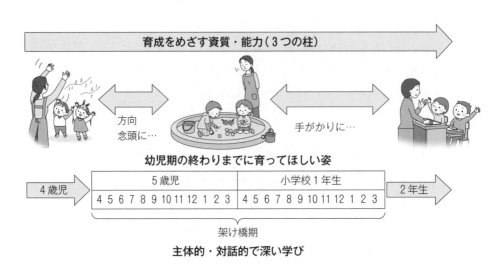

図11-2　幼保小の架け橋プログラムと幼児期に育ってほしい姿

で、子どもたちの学びや生活の基盤を確かにはぐくみ、学びのプロセスが滑らかに接続する**質の高い教育**を実現します。

　質の高い学びや育ちの実現のためには、教職員による子ども理解を欠くことができません。この架け橋期の**子どもの姿を理解**するために活用するのが、「幼児期の終わりまでに育ってほしい姿」です。この「幼児期の終わりまでに育ってほしい姿」を幼児教育・保育だけでなく小学校教育でも同じように活用するというのは、幼児教育・保育から小学校教育への「段差」のない円滑な接続の実現のために、重要なポイントとなっています。

 用語解説

＊28　合科的
　小学校低学年の場合、教科の目標に関連のある活動として遊び的要素を取り入れるなどの工夫をすることを指します。これにより、子どもたちの興味や意欲を高めながら学びます。

Column ②

心の居場所としての保健室

　保健室は、「健康診断、健康相談、保健指導、救急処置その他の保健に関する措置を行うため」（学校保健安全法第7条）に設けるものとされています。近年、子どもを取り巻く環境が時代とともに変化し、児童生徒の健康課題は複雑・多様化しています。これにともなって、保健室を訪れる子どもの様子が変わってきました。

　「保健室利用状況に関する調査報告書（平成28年度調査結果）」によると、保健室に来室した児童生徒の主な背景要因は、小学校・中学校・高等学校ともに、「心に関する問題」が4割を占めており、体に関する問題や家庭・生活環境に関する問題を大きく上回っています。また、背景要因の具体的問題としては、小学校では、「友達との人間関係」、「基本的な生活習慣」、「身体症状で示される不安や悩み」、「家族との人間関係」の順に多いという結果が出ており、心身の不調を訴える児童生徒は増加しています。子どもたちの健康課題に対する個別の対応が必要であるということから、保健室内に相談コーナーを設けている小学校が4割近くあるとの報告もあります。このように、保健室は、子どもたちにとって、心の居場所としての機能も備えているのです。

POINT

・学習指導要領等を理解し、学校教育の仕組みや背景、育成を目指す資質・能力、内容・方法を把握して、それを教育・保育に生かす必要があります。

・小学校以降の教育や生涯にわたる学習とのつながりを見通しながら、遊びを通して総合的にはぐくむことが幼児期の教育においては大切になります。

・子どもたちの育ちのためには、「学びの連続性」を確保することが重要です。特に幼児教育・保育と小学校教育のスムーズな「接続」が重要で、連携・協働の工夫が進められています。

Q　演習問題

① 小学校以降の教育の変化・進展と、就学前の教育・保育にはどのようなかかわりがあるでしょうか。

② 子どもの学びの連続性を確保するために、幼児期の5歳児と小学校の第1学年生でどのような活動が考えられるでしょうか。

第12章 教育実践の基礎理論──内容・方法・計画と評価

幼児教育において、遊びは大切な要素となります。では、遊びは、保育のなかでどのような意味をもっているのでしょうか。また、保育はどのように展開するとよいのでしょうか。

本章では、実践としての幼児教育・保育をどのように展開し、それをどのように評価していったらよいのか、事例を通して学びます。

 考えてみよう！

① 幼児にとって「学ぶ」とはどういうことでしょうか。
② 子どもとどんなことをして遊びたいですか。

🔒 keywords　教育実践　環境を通して行う保育　遊びを通しての指導　5領域 🔑

1 幼児教育の内容

幼稚園教育要領にあるとおり、幼児期では「環境を通して」保育することや「遊びを通して」学びを深めることを大切にしています。そのために、5領域に沿って、それぞれ「ねらい」が定められているのです。幼児期の教育活動において「内容」とは、その「ねらい」を達成するための「活動内容」といえます。

① 子どもにとっての遊びとは

人物紹介

＊1　アインシュタイン博士（1879-1955年）
ユダヤ系ドイツ人の理論的物理学者です。相対性理論を発表したことで知られ、1921年にはノーベル物理学賞を受賞しています。

子どもは**遊ぶ**のが仕事です。遊びのなかから、さまざまなことを学んでいるのです。相対性理論で有名なアインシュタイン博士（A.Einstein）＊1は、「遊びは研究の至上の形態である（Play is the highest form of research）」といいました。幼児期における遊びとは、どのような役割をもっているのでしょうか。

子どもにとって**遊び**とは、生活であり、新しい発見をし、仲間とのきずなを深めるものです。そのときの遊びとは、子どもがもつ興味や関心にもとづいて、自発的に行われるものでなくてはなりません。そして、遊びのなかで見たり聞いたり、経験したことが、その子どもにとっての学びとなり、成長へとつながるのです。ここで大切となるのが「主体的に遊ぶ」ということです。子どもは園にあるさまざまな環境に出会い、興味・関心をもつと、そこに働きかけます。そうする

ことで、新たな触れ合いや気づきを経験し、試行錯誤しながら遊びこんでいくのです。この遊びが、子どもにとっての「学び」であり、「成長の機会」なのです。

　子どもが遊びに参加するとき、教師・保育者は、「環境を通して行う」ということを大切にしなくてはなりません。子どもがなにかに興味・関心をもって遊んでいるとき、その遊びに熱中しているとき、その子どもと子どもの置かれた環境とのつながりが深いといえます。このときの**環境**とは、子どもを取り巻く事物・事象だけではなく、人物、教材、自然現象など、あらゆるものを指します。子どもがそのときどきに、気になるものに対し五感を通してかかわりをもつことで、その一つひとつが経験として子どものなかに蓄積されていきます。そして、それらの経験をもとに思考したり感じたり工夫したりと、さらに経験値をあげていくのです。このことを「環境を通して行う保育」というのです。

　たとえば、複雑な形のブロックが置いてあったとしても、子どもがそのブロックの遊び方を知らなければ通り過ぎてしまうでしょう。しかし、教師・保育者がなにかをつくって見せ、子どもの興味をひくことで新しい遊びが発展していきます。また、鉄棒があっても子どもは両手で棒を握ってぶら下げるだけかもしれません。しかし、そこで年長児が前回りや逆上がりをしているのを見ると、それをまねして遊びたくなるのです。

　そのほか、雨上がりに水たまりに石を投げ入れて遊ぶ子どもを見たことがある人もいるでしょう。子どもは何度も石を投げ入れます。水面にできる輪を楽しんだり、水面に映る空の景色が崩れたりするのを確認しているのです。

　このような場面に携わるときに大切になるのは、子どもの主体性であり、子どもが自らやってみたいと思う**環境の設定**です。子どもが何に興味・関心を抱くのか、それはその子どもの積み重ねてきた生活経験と、そのときどきの教師・保育者の働きかけが大きく影響するのです。

事例から学ぶ：保育者の働きかけ——絵本ってどう読むの？

　2 歳 9 か月で入園してきた M 君は、近くに置いてあった絵本に手を伸ばしました。しかし、しばらく表紙の絵を眺めたあと、絵本を丸ごと裏返し、裏表紙をしばらく眺め、元あった床に戻しました。絵本の読み方を知らなかったのです。

　ここで大切なことは、保育者が M 君の普段の様子をふまえ、どのような働きかけをすればよいかを考えることです。

その後、保育者が M 君に絵本を 1 ページずつめくって読み聞かせると、早速自分でも 1 ページずつページをめくって絵を楽しむのでした。

② 遊びから学ぶ幼児期

　あなたは子どものころ、どんな遊びをしていましたか。好きだった遊びを思い出してみましょう。

　子どもは「これをして遊ぼう」「○○ちゃんと遊ぼう」と意思をもって遊ぶことはありますが、「この遊びを経験しよう」「ここから何を学ぼうか」と考えて遊んでいるわけではありません。しかし、結果として、遊ぶことでさまざまなことを経験し、学びを得ているのです。

　たとえば、積み木遊びを想像してみましょう。子どもたちは、どうしたらバランスを取りながら高く積めるのか試行錯誤しています。また、足りない積み木を友だちからもらうには、言葉によるコミュニケーション力を身につけなければなりません。積み上げた積み木が高くなればなるほどドキドキします。また一つ高いところに積めたとき、達成感を味わいます。友だちと協力することも覚えます。

　子どもはどんな場面も「遊び」に変える名人です。遊びの時間の後の片づけも、おもちゃごとに箱を設定して楽しみながら片づけたりします。着替えのときは友だちと競争したり、時計の針と競争したり、何も遊具のない外遊びの場面でも「だるまさん転んだ」や「グリコ」といった遊びが始まります。座っていなくてはいけないバスのなかでも、しりとりやダジャレなどの言葉遊びで楽しみます。このような活動一つひとつは、子どもにとって「遊び」であり、その時間は同時に「学び」の時間でもあるのです。

　子どもにとって「遊び」とは、自発的[*2]に行われる活動であり、常に興味や関心がともないます。自発的に行われる「遊び」はいつでも楽しいものです。そして、それ自体が目的なのです。一つの活動からさまざまなことを学び、身につけていくのです。子どもは遊ぶことから学び、学びからさらに遊びを発展させる天才なのです。そうして子どもは、**遊びを通して**さまざまな能力を発達させ、他人とのかかわりを広げていくのです。つまり、「遊びを通して行う保育」には、おもちゃや教材がなくてはならないわけではないのです。したがって、教師・保育者は、目の前の子どもが今何に興味をもち、次の成長ステップはどこなのかを見取り、子どもがより集中して遊びこめる**環境を提供**し、遊びをサポートすることが大切となるのです。

🌷 用語解説
*2　自発的・主体的
　自発的とは、「物事を自分から進んで行うさま」であり、主体的とは、「自分自身の意志や考えにもとづいて行動する様子」をいいます[1]。

事例から学ぶ：遊びを通して学ぶ——ビー玉でお店屋さん（年少児）

　ゼリーカップにビー玉を入れていくＡちゃん。５つあるカップになにげなく色分けして入れています。

　　保育者：きれいだね。「（赤いビー玉を指さして）ミニトマトくださいな」

　ここからお店屋さんごっこが始まりました。なにげなく色分けしているシーンから読み取れるＡちゃんの発達はどのような段階にあるのでしょう。ここで大切なことは、色分けする力が身についている、見立てる力が身についていることに気づき、次の活動へつなげていくことです。

事例から学ぶ：遊びを通して学ぶ——カブトムシの大きさ（年中児）

　Ａ君とＢ君がカブトムシの幼虫を掘り出して観察しています。Ａ君の前に大きな幼虫が３匹、Ｂ君の前に中くらいの大きさの幼虫が２匹います。Ｂ君がＡ君の大きな幼虫を１匹取りました。Ａ君がＢ君を怒ると、Ｂ君は自分がもっていた中くらいの大きさの幼虫をＡ君に差し出しました。

　このやり取りから、２人の発達はどのような段階にあると考えられるのでしょうか。２人のやり取りをよく観察する必要があります。Ａ君もＢ君も数の多い少ないや、大きさの違いに関する感覚が身についていることがわかるでしょう。

事例から学ぶ：遊びを通して学ぶ——イモムシのお世話（年長児）

　生き物の大好きなＡ君。朝の会の時間、当番活動に集中しているクラスメート。保育室の隅にある大きな飼育ケースには、小さなイモムシ１匹がいてエサとなる葉っぱが１枚。Ａ君はイモムシがエサを探してケースのなかを動きまわる様子が気になって立ち上がり、イモムシが食べ物に気づくようにと、顔の前に葉っぱを置いてあげました。

　この様子から、Ａ君の発達はどのような段階にあるのでしょうか。大切な生き物について、どんな場面でも気にする責任感や、生き物をいたわる気持ちが育っていることに気づきます。ただし、年長児という発達の段階で、当番活動をしている状況における行動としてはどうでしょうか。保育者の保育観によって考え方は異なるかもしれません。さまざまな角度から子どもの成長・発達をとらえると、「遊び」と「学び」がつながっていることがわかるでしょう。

2　幼児教育の方法

1　幼稚園教育要領と保育所保育指針

　幼児教育とは、幼児期に育みたい資質・能力を示す「3本の柱」を軸として、「5領域」を通して、「幼児期の終わりまでに育ってほしい姿」の育成に向けて行われます（図12-1）。

　幼児教育における5領域には、それぞれねらいが定められています。また、そのねらいを達成するための内容も設定されています。小学校以降の科目とは異なり、5領域は相互に行きかい、関連し合いながら活動へと展開していきます。つまり、一つの活動においても5領域に示されたさまざまな育ちが望まれるのです。

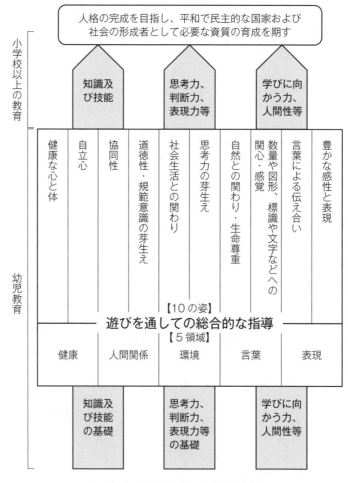

図 12-1　幼児教育の3段階の構成

出典：和田靖子・石見容子「『言葉による伝え合い』に着目した保育現場での言語活動ついての一考察」『聖セシリア女子短期大学紀要』45　2020年　p.23 を一部改変

　砂場でのままごと遊びを例にあげて考えてみましょう。料理をする場面では、お母さん役がさまざまな色、形、香りの葉っぱや花びらをもってきて、フライパンの上で砂と混ぜて炒めます。そして、それをお皿に盛りつけ、"子ども"を呼びに行くセリフがあったりします。家族の人数分の泥団子を用意したり、お皿やコップを並べたり、スプーンを並べたりします。近所にお買い物に行くまねもしたりします。

　この活動を 5 領域に照らし合わせて考えてみましょう（表 12-1・表 12-2）。

表 12-1　ままごと遊び

領域	5 領域との具体的な関係（例）
健康	食卓を整える
人間関係	友だちと一緒に家族構成を考える・ルールを守って遊ぶ
環境	身近なお店の仕組みをまねする・自然物を遊びに取り入れる
言葉	友だちとやり取りする
表現	役になりきる

表 12-2　砂場遊び

領域	5 領域との具体的な関係（例）
健康	水を運ぶ・指先を使って砂をいじるなどの体を動かす動作をする
人間関係	想像力を働かせる・ルールを守って遊ぶ
環境	葉っぱや花びらなど、身近にある素材を活用する
言葉	友だちとやり取りする
表現	なにかをつくる・見立てる

　このように、どの遊びをとっても、各領域と密接な関係をもち、またそれらが相互に影響し合って子どもの学びへとつながっていくのです。そしてここで得た経験は、後に国語、算数、理科、社会、道徳、図画工作、音楽、体育といった教科における学習へと発展していくのです。

② 保育の形態

　幼児教育の現場では、園の方針や子どもの状況に応じ、さまざまな形で保育を展開していきます。いくつか見てみましょう。

1　一斉保育

　一斉保育とは、一般的に、保育者主導のもと、同じ活動を一斉に行う保育をいいます[*3]。しかし、たとえば、「リンゴの絵を描きましょう」といったときに、全員が同じリンゴの絵になることを想定しているわけではありません。保育者主導で活動を提案するものの、子ども一人ひとりの個性や特性に合わせた保育を展

覚えておこう

＊3　一斉に同じ活動をするからといって、必ずしも子どもの自由な選択を尊重していないわけではありません。友だちと同じ活動をすることで互いに影響し合い、協力し合うことを学ぶ機会となります。

開していきます。そうすることで、効果的にねらいの達成につなげるのです。

たとえば、「クレヨンを使ってリンゴを描く」という一斉活動において、赤リンゴを描く子どももいれば青リンゴを描く子どももいます。木に実っているリンゴを描く子どももいれば、お皿にのったリンゴを描く子どももいます。

このような活動の場合、子ども一人ひとりが想像力を十分に働かせ、活動に参加することが目的です。では、「一斉」とはどのようなことを意味するのでしょうか。この場合、「リンゴ」を保育者のイメージどおりに描くことが目的ではありません。子ども一人ひとりがリンゴに対してイメージ（においや味も含めて）をもって、それをクレヨンで紙の上に自由に表現すること、そして、子どもが表現したことを保育者が受け止めることで達成感や充実感につなげていくことが目的となります。

2　自由保育

自由保育とは、その名のとおり、子どもが自由に活動を展開することを見守っていく保育です[*4]。使う遊具や遊ぶ場所、遊び方は子ども一人ひとりが決定していきます。しかし、現実の保育においては、ほかのクラスのことを考えて遊ぶ場所を制限したり、危険な行為に発展しないようにルールを決めたりします。子どもはそのような制限やルールがあることで、むしろ安心して目の前の興味のある活動に没頭して遊びを展開することができるのです。したがって、教師・保育者は、子どもの成長・発達に沿った指導や、ときに見守ることが大切になります。

3　コーナー保育

コーナー保育とは、保育室のなかをいくつかのコーナーに区切り、子どもはそれぞれ好きな遊びを選んで自由に遊ぶことをいいます[*5]。欧米では多く見かけますが、近年日本においてもコーナー保育を取り入れる園が増えてきています。

コーナー保育は、たとえば、あちらはブロックコーナー、こちらはごっこ遊びコーナー、そちらは折り紙とぬり絵コーナーというように分かれます。その日の主活動やその時期のテーマとなる活動の要素が盛り込まれることもあります。たとえば、車をテーマとする週があったとしましょう。ブロックコーナーにはブロックとミニカー、ごっこ遊びコーナーには洗車場や車の整備に関する道具、そして折り紙とぬり絵コーナーには、車の折り方を示した紙やさまざまな車のぬり絵を置いておくというように、保育者主導でありながら子ども主体の保育を展開することが可能となります。保育者として、子どもの興味・関心が何に向いているのかを見極めることが必要となります。

4　縦割り保育

日本の保育現場の多くは、学年ごとにクラスが分かれているものです。しかし、園によっては学年を越えての交流を大切にするところもあります。3歳児、4歳児、5歳児がそれぞれ一定数ずつ、一つの保育室で一緒に過ごすことを、縦割り

覚えておこう

＊4　自由保育では、子どもたちがそれぞれ好きな遊びを自由に行っているが、当然放っておいて自由にさせるという放任とは異なります。遊びを通して成長できるよう、保育者は環境を整え、ときに一緒に活動したりします。

さらに詳しく

＊5　園全体をさまざまな活動に区切り、あちらの保育室では廃材工作、こちらの保育室では粘土とままごと、園庭ではシャボン玉遊びと、さまざまなクラスや学年が一緒に活動を展開することができるような設定をすることもあります。

保育といいます*6。このとき、日々の生活のなかで、年上の子どもは年下の子どもの面倒を見たり、お手本となる振る舞いを気にしたりします。そして年下の子どもは年上の子どもにあこがれを抱き、自分がしてもらってうれしかったことを、自分が年長になったときに年下の友だちにしてあげることができるようになります。このように、縦割り保育には、社会性や情緒の発達の面での教育的効果があるといわれています。

5　年齢別保育

年齢別保育とは、同じ年齢の子どもたちを一つのグループにして保育することをいいます。発達段階の近い子どもがともに活動することで、保育が効果的に行われるというメリットがあります。しかしながら、各個人の生活経験や興味・関心はさまざまであることを常に留意しましょう。成長・発達の段階が近くても、保育者は子ども一人ひとりの興味・関心などにしっかり目を向ける必要があります。

6　混合保育

混合保育とは、異年齢の子どもたちを一つのグループにして保育することをいいます。縦割り保育ではそれぞれの年齢が一定数ずつ一つのグループにいましたが、混合保育は全体の子どもの人数や教師・保育者の人数を重視してグループ化するため、年齢ごとの人数にはばらつきが生じます。たとえば、帰りのバスを待っている間、さまざまな年齢の子どもたちが一つの保育室に集まりますが、バスコースごとに子どもの人数や年齢は異なります。このような場合は、縦割り保育ではなく、混合保育といいます。

3　計画と評価の関係

① 計画とは

ここまで、保育は子どもの興味・関心にもとづいて、子どもの主体性を大切に展開すると述べてきました。しかし、子どものやりたいことばかりで保育が展開するわけではありません。あくまで教師・保育者が作成する計画にもとづいて、教師・保育者主導のもと、**子どもが主体**となる保育を進めていくことがポイントとなります。

計画とは、言い換えれば、文部科学省やこども家庭庁の定めに沿って決められた企画書のようなものです。主に「教育課程」や「全体的な計画」と呼ばれ、入園から卒園までに経験するべき活動や身につけるべき事項について、園の教育・保育理念に沿って内容を決定し、その内容を順に示したものです。

それぞれの施設では、保育の計画についてどのように位置づけているのか、確

表12-3　教育・保育の計画の位置づけ

施設	根拠	内容
幼稚園	幼稚園教育要領 第1章 総則 第3 教育課程の役割と編成等	創意工夫を生かし、幼児の心身の発達と幼稚園及び地域の実態に即応した適切な教育課程を編成するものとする。
保育所	保育所保育指針 第1章 総則 　3 保育の計画及び評価	保育の目標を達成するために、各保育所の保育の方針や目標に基づき、子どもの発達過程を踏まえて、保育の内容が組織的・計画的に編成され、保育所の生活の全体を通して、総合的に展開されるよう、全体的な計画を作成しなければならない。
認定こども園	幼保連携型認定こども園教育・保育要領 第1章 総則 第2 教育及び保育の内容並びに子育ての支援等に関する全体的な計画	教育と保育を一体的に提供するため、創意工夫を生かし、園児の心身の発達と幼保連携型認定こども園、家庭及び地域の実態に即応した適切な教育及び保育の内容並びに子育ての支援等に関する全体的な計画を作成するものとする。

認してみましょう（表12-3）。

　保育の計画は、長期計画と短期計画と大きく2つに分けることができます。長期計画では、園全体で一貫性のある教育・保育を行うため、長期的な見通しをもった計画を立てます。一方、短期計画では、子ども一人ひとりの発達や興味・関心といった実態に即した内容にする必要があります。「こうなってもらいたい」という教師・保育者の願いの実現のために、子どもの発達や学びに関して短期的な視点でとらえます。その際、そのときどきの子どもにふさわしい教育・保育を展開するために、具体的に環境を構成しながら作成することが必要不可欠となります。

　保育所や認定こども園については、その社会的役割から、子育て支援に関する計画も含め全体を総括して教育・保育を展開する必要があるため、地域との連携も視野に入れて計画していくことが大切となります。

用語解説

＊7　文部科学省「幼児理解に基づいた評価（平成31年3月）」
　子ども一人ひとりの特性に応じ、発達の課題に則した指導をするため、教師・保育者が保育を振り返りながら幼児理解を進め、子ども一人ひとりの可能性を把握しながら保育を展開するための基本的な考え方や方法について解説しているものです。

2 保育者自身の評価

　近年、保育の質の向上が必要であることをさまざまな場面で耳にします。保育の質を上げるためには、その日の保育がどのように展開されたのか、今後どのように発展していく可能性があるのか、しっかりと**評価**していく必要があります。

　評価というと、「○」か「×」かというように正解を求めたり、優劣をつけたりするようなイメージが強いかもしれません。しかし、保育における評価とは、優劣をつけるようなものではありません。文部科学省の「幼児理解に基づいた評価」＊7にもあるとおり、目の前の子どもについてどのくらい理解しているかと

いうことが保育の出発点となり、**評価につながってくる**のです。

　目の前にいる子ども一人ひとりを理解するということは、教師・保育者が一人でできることではありません。ほかの教師・保育者との対話のなかで、または、保護者との情報共有のなかで理解を深めていくのです。そうして子ども一人ひとりの発達に即した保育を展開できるようにしていくことが保育の評価となり、教師・保育者の評価へとつながるのです。

事例から学ぶ：短期計画から長期計画へ──どんぐりを使う活動

●活動名：『どんぐりカウント』（先日拾ってきたどんぐりを使う）

●活動のねらい：数に興味をもつ

●活動内容：数字とその数字と同じ数の丸印の書いてある小さな箱をいくつか用意し、箱にある数字と同じ数のドングリを入れていく遊び。箱を組み合わせて足し算の遊びに発展することもできる。

　この活動は、小学1年生の算数「足し算」の単元で、丸を描いて数えながら答えを導き出すときの手段へとつながります。つまり、ドングリを数えるという経験は、丸を描いて数える経験と重なります。1年生になると、ドングリや丸印がなくても想像して数を増やしていくことができるようになり、計算する力へと発展していくのです。

事例から学ぶ：短期計画から長期計画へ──ダンボール箱を使う活動

　ダンボール箱でお風呂ごっこを始める子どもがいました。それを見ていたほかの子どもも、近くでお風呂ごっこをまねし始めます。

　保育者の働きかけで、これらのダンボール箱は長くつながり、いつしか電車ごっこへと発展していきます。電車には窓やドア、飾りつけが増え、みんなのお気に入りの乗り物となりました。

　この電車にみんなに乗ってもらいたいという発想から、ほかのクラスを招待するために切符づくりが始まりました。多くの子どもたちでにぎわった後、ダンボールの電車は近所の公園での芝滑りへと発展します。たくさん芝を滑った電車は再びダンボール箱へと姿を戻し、最終的にはリサイクルされることになりました。

　この活動を通して子どもたちは、芸術的感性[*8]、仲間とのかかわり、体を動かす活動とさまざまな経験をし、最終的にはSDGsなどの学びへと発展することになりました。

🌷 **用語解説**

＊8　感性
　感覚は五感を通して感じるものをいい、感性は心で感じるものをいいます。

Action：評価結果をふまえた計画の改善

Check：評価（自己評価・相互評価）

Do：保育実践

Plan：保育計画の作成

日々の実践・子ども理解

図12-2　保育のPDCAサイクル
出典：安部孝編『カリキュラム論』みらい　2021年　p.72

⭐ **CHECK！**

＊9　PDCAサイクルを考えるときに、次のようなことを自問してみましょう。①計画ははたして最善であったのか、②なにかをよりよくする必要はあるか、③よりよくするにはどのような方法があるのか、④よりよくすることで、さらに子どもにどのようになってもらいたいと願うのか。

🌷 用語解説

＊10　到達目標
　できたかできなかったか、〇か×か、正解か正解ではないかなど、達成が可視化できるものを指します。例として、逆上がりができたか・できなかったか、50点以上か・50点未満かなどです。

＊11　「幼児期の終わりまでに育ってほしい姿」については、第9章の図9-3 (p.90)を参照。

⭐ **CHECK！**

＊12　「幼児期に育みたい資質・能力」は3本の柱として「知識及び技能の基礎」「思考力、判断力、表現力等の基礎」「学びに向かう力、人間性等」としていますが、これらは小学校に進学するとそれぞれ「基礎」という言葉がなくなり、「知識及び技能」「思考力、判断力、表現力等」となります。第11章 (p.111)を参照。

　PDCAサイクルという言葉を知っていますか。保育の質を向上させるために、PDCAサイクルという考え方があります＊9。これは、P（Plan）、D（Do）、C（Check）、A（Action）の頭文字をとったもので、教師・保育者は目の前の子どもについて理解を深め、その発達に即した保育を計画し（Plan）展開します（Do）。そして、その保育が適切であったか振り返り評価し（Check）、そしてまた、その評価を受けて次の保育についてどうするべきか、計画の改善をはかります（Action）。このように、保育は毎回評価され、らせん状に向上していくことが理想となります（図12-2）。

③ 子どもの成長の評価

　保育の質が向上し、子どものよりよい成長が見られたとしたら、その子どもの成長はどのように評価されるのでしょうか。幼児教育における目標は方向目標であり、到達目標＊10ではありません。方向目標とは、「そのような方向に成長することが望ましい」という成長の方向性を示したもので、幼稚園教育要領や保育所保育指針等に「幼児期の終わりまでに育ってほしい姿」として10項目があげられています＊11。「幼児期の終わりまでに育ってほしい姿」は、幼児期以降の教育につなげていくための「幼児教育において育みたい資質・能力」として示された3本の柱に沿っているものです＊12。

　評価は、到達目標のように、できたかできなかったか、「〇」か「×」かといった正解を求めるものではないことから、同年齢の子どもたちを一列に並べて優劣をつけるようなものはありません。その代わりに、一人ひとりに応じた目標があり、その目標に沿った保育を展開し、目標が達成されたかどうか、次にどのように成長することが望ましいのかといったことを記録するものがあります。これは、

幼稚園では「幼稚園幼児指導要録」、保育所では「保育所児童保育要録」、幼保連携型認定こども園では「幼保連携型認定こども園園児指導要録」と呼ばれ、学年末に一人ひとりの個人記録を残していきます。そして、これを後に進学する小学校へと引き継いでいきます。

④ 計画と評価の関係

　幼児教育において、保育を計画することは、教師・保育者自身に対する評価と密接に関係しています。そして、子どもに対する評価もまた、教師・保育者の評価と深い関係があります。子どもの成長は可視化できないことも多くあります。それは、心の成長を考えるとわかりやすいでしょう。子どもが幼いほどその成長は周囲の影響を受けやすいものですが、むしろ子どもはさまざまな環境から影響を受けることで心が安定し、初めて新しいことに挑戦し成長につなげることができるのです。

　つまり、家族の次に身近な存在である教師・保育者が、一人ひとりの子どもに合わせた**環境を設定**し、より楽しく、深く、広く**遊びが展開**できるようにすることが求められるのです。教師・保育者はそのような意識をもって保育を計画し、実践する必要があります。そして、その保育を振り返り**評価する**過程で子ども一人ひとりの成長を確認し、さらに次のよりよい保育へと発展させていくことが大切なのです。子どもと深く、広くかかわること、そこでのかかわりは、次への活動へと展開していくための実践となる必要があるのです。

POINT

・子どもにとって "遊ぶ" ということは、"学ぶ" ということなのです。
・子ども一人ひとりの発達や興味・関心に合わせた環境を用意することが、子どものよりよい成長につながります。

演習問題

① 125ページを参考にしながら、「おに遊び」を5領域から考えてみましょう。

領域	5領域との具体的な関係
健康	
人間関係	
環境	
言葉	
表現	

② 日々の保育では、何のために計画を立てるのか考えてみましょう。また、その計画は実践後、どのように活用したらよいでしょうか。

第13章 多様な教育実践

近年、経済協力開発機構（以下、「OECD」という）の研究において、質の高い就学前教育の重要性が注目されるようになりました。世界では、これからの時代を生きる子どものために多様な教育方法が実践されています。そこで本章では、現在日本で実践されている諸外国で考案された特徴のある教育について取り上げ、それらの歴史的背景や教育の特徴について学びます。

① これからの就学前教育は、どのような教育方法が求められているのでしょうか。
② 日本でも実践されている世界の教育方法は、どのようなものでしょうか。

 keywords　OECD　モンテッソーリ教育　レッジョ・エミリア・アプローチ　国際バカロレア

1　OECD で期待される就学前教育

1　就学前教育の現状

　近年、女性の社会参画が進み、保育にかかわる支援の拡充が求められています。また、デジタル化やグローバル化にともなう新しい時代の人材育成のため、就学前教育を見直す必要性が高まりました。世界では、多くの先進国が就学前教育を無償化する方向に進んでおり、時代に合わせた就学前教育政策を推進する国が増えています。就学前教育の質向上に成果を出している国がありますが、各国の子ども観や文化・背景、国としての伝統的な価値観が異なるため、教育改革の方法は多様です。

　就学前教育の教育方法に関する現状として、世界の幼児教育は「**就学準備型**」と「**生活基盤型**」の 2 つに分けられる傾向があります。これは、「何を学び、知り、できなければならないのか」というコンピテンシー（能力）＊1 の考え方の相違によるものです。ここでいうコンピテンシーの定義は、「知識、スキル、態度、感情、価値観と倫理、動機づけを含む総合的な能力」です1)。なお、就学準備型はアメリカ・イギリス・フランス、生活基盤型は北欧諸国・イタリア・ドイツ・ニュージーランドなどがあげられます。

さらに詳しく

＊1　OECD から出された「Education 2030」では、コンピテンシーの概念として「単なる知識およびスキルの獲得以上のものであり、複雑な要求に応えるために知識やスキル、態度及び価値を動員することを含む。将来への準備ができている生徒になるためには、幅広い知識と専門的な知識の両方が必要とされる」と示されています。

132

② 就学準備型と生活基盤型

OECD によれば、就学準備型と生活基盤型のカリキュラムの特徴は、表 13-1 のように示されています。

就学準備型では、就学前の教育のあり方が就学後の教育に影響を与えるという考えのもと、就学準備のための学習が強調されています。一方、生活基盤型では、子どもの興味・関心から出されたテーマについて、子どもたちが共同して探究していきます。このような教育を通して、子どもが全人的に育つことが期待されています。

日本では、昨今、小1プロブレムといった課題があり[*2]、これを解決するために、5歳児就学に移行すべきという議論がなされたり、幼保小連携の必要性が問われたりするようになりました。解決方法の一つとして、幼稚園・保育所・認定こども園・小学校では**アプローチカリキュラム**および**スタートカリキュラム**[*3]の導入や、校種を超えた教員の交流が行われるようになりました。今後、デジタル化やグローバル化がよりいっそう活発化していく時代に、日本はどのような就学前教育を実践していけばよいのでしょうか。

そこで、本章では、諸外国の特徴のある教育方法について、子ども主体の遊びや活動を通して一人ひとりの発達や育ちに焦点をあて、子どもの学びを可視化する生活基盤型の就学前教育のあり方について考えていきたいと思います。具体的には、生活基盤型に分類されるイタリア発祥のモンテッソーリ教育とレッジョ・エミリア・アプローチ、全人的な教育とされるスイス発祥の国際バカロレアという3つの教育を取り上げ、それぞれの特徴について学びます。

*2　小1プロブレムについて、詳しくは、第11章(p.117)を参照。

🌷 **用語解説**

*3　アプローチカリキュラムとスタートカリキュラム

アプローチカリキュラムは、子どもたちが小学校での学び方に円滑に移行するための準備を幼稚園・保育所・認定こども園等で行うカリキュラムのことをいいます。一方、スタートカリキュラムは、小学校に入学した子どもが、幼稚園・保育所・認定こども園等で行った遊びや、生活を通した学びと育ちを基礎として、主体的に自己を発揮し、幼児期と児童期を円滑に移行するためのカリキュラムのことをいいます。第11章(p.117)も参照。

表 13-1　「就学準備型」と「生活基盤型」の特徴

就学準備型	生活基盤型
学校への就学準備に向けたアカデミックな教育を重視しており、領域別指導、とくに識字力（読み書き能力：literacy）と基礎計算能力（numeracy）の教育を重視している。	既成の知識を子どもに習得させることではなく、子どもが周囲の世界についての自分の理解に気づき、自ら考え、新しい発見をする（意味を構築する）ことを重視している。

出典：泉千勢・一見真理子・汐見稔幸編著『世界の幼児教育・保育改革と学力』明石書店　2008 年　p.31、
　　　p.38 より筆者作成

2　モンテッソーリ教育

① モンテッソーリ教育の歴史的背景

モンテッソーリ教育は、イタリア人のマリア・モンテッソーリ（M. Montessori,

1870-1952 年）が考案した教育方法です。モンテッソーリは、ローマ大学初の女性医学博士となり、ローマ大学附属病院の助手時代に障害のある子どもの治療や教育に携わりました。この経験から、障害児の治療教育に関するさまざまな教育方法を開発しました。

モンテッソーリ

　1907 年、モンテッソーリは衛生面や住宅事情が劣悪だったローマのスラム街サン・ロレンツォに開設した保育施設の指導を託され、その施設は「子どもの家（Casa di bambini）」と名づけられました。そこで実践された教育が、モンテッソーリ教育のはじまりです。モンテッソーリは、「子どもは本来、自分の中に成長していこうとする生命力をもっていて、適切な時期に、適切な環境が与えられれば、自分で成長する」と考えていました。その後、彼女はモンテッソーリ教育の普及や教員養成に精力的に取り組み、その結果、現在モンテッソーリ教育は世界 110 か国以上で実践され、日本でも全国 120 以上の幼稚園や保育所等で実践されています。

　モンテッソーリ教育は、教師の価値観で一方的に子どもに教え込む教育ではありません。子どもの興味・関心や発達段階を理解したうえで、子どもがやってみたいと思う環境を適切に用意し、子どもの自発的活動を促すことを大切にしています。

　日本の小学校・中学校・高等学校では、学習指導要領に沿った教育を実践することが求められるため、モンテッソーリ教育は主に幼稚園・保育所・認定こども園で実践されていますが、アメリカやヨーロッパでは小学校以降の学校にも導入されています。アメリカでは、アメリカン・モンテッソーリ協会 *4 が設立され、国公立学校におけるモンテッソーリ教育の推進や研究が行われています。コネチカット州にある CLARK MONTESSORI HIGH SCHOOL などがその一例です。

用語解説

＊4　アメリカン・モンテッソーリ協会
　1960 年にアメリカのコネチカット州で設立された組織です。18,000 名を超える会員がいます。研究やイベントなどを通して、メディアや市民への情報を発信しています。

② モンテッソーリ教育の特徴

　モンテッソーリ教育では、「**自己教育力**」と「**敏感期**」を大切にしています。子どもには自立・発達していこうとする自己教育力があるため、その力が発揮されるためには発達に見合った環境（物的環境・人的環境）が必要であるという考え方です。モンテッソーリは、子どもは誰にでも敏感期があり、その時期に夢中になって活動すると集中力を発揮できることに気づきました。敏感期とは、乳幼児期に現れる、ある特定の事柄に対する強い感受性のことで、この時期に適切な環境があれば、子どもは容易にその事柄を吸収することができます。大人は、子どもに教え込む教育ではなく、子ども一人ひとりをよく観察して、子どもの自己教育力を発揮するための環境を整えることが求められています。

　モンテッソーリは、子どもの発達について、第1段階（0〜6歳の乳幼児期）、第2段階（6〜12歳の児童期）、第3段階（12〜18歳の思春期）、第4段階（18〜24歳の青年期）の6年ごとに分けて考えました。そのなかで、最も大事な時期は敏感期が集中する0〜6歳までの乳幼児期としています[2]。

　第1段階の乳幼児期は、0〜3歳（前期）と3〜6歳（後期）に分けられ、後期はモンテッソーリ教育の考え方にもとづいてつくられた教具を用いて、①日常生活の練習、②感覚教育、③言語教育、④算数教育、⑤文化教育の5つの領域をはぐくむことを大切にしています。日常生活の練習の目的は、子どもの自立に向けた運動の完成とされ、歩く、物を運ぶ、はさみで紙を切る、コップに水を注ぐなど、実生活と密接にかかわる活動が多くあります。3歳を過ぎると、子どもの感覚器官が発達を遂げるため、外からのさまざまな刺激に対して敏感になり、小さな物やかすかな音・におい・味を区別できるようになります。このような「**感覚の敏感期**」を利用し、意識して感覚器官を使って練習することで、**五感**（視覚、聴覚、嗅覚、味覚、触覚）を研ぎ澄ませるのが**感覚教育**です。言語教育では、子どもの発達段階に合わせて絵カードや単語ならべといった活動を通して語彙を豊かにし、読み書きを身につけるようにします。算数教育では、数を覚えるだけではなく、視覚を通して理解を深めていきます。また、文化教育では、言葉や数以外すべての子どもの興味・関心の対象である花、動物、乗り物などを対象とした活動を行います。

═ Column ═

モンテッソーリ教具について

　モンテッソーリ教育では、子どもを成長させる段階として「自由に活動する→繰り返す→集中する→達成感をもつ→次への意欲につながる」の5つを大切にしています。これらをはぐくむために、子どもが教具や教材を使って行う活動のことを「お仕事」と呼び、ピンクタワーや円柱さし（図13-1）など数多くの教具が準備されています。

　敏感期の子どもの発達や大きさに合わせた教具を準備して環境を整え、はじめに教師が教具の使い方のお手本を見せます。子どもが自分のやりたいお仕事を選び、教具を準備してお仕事を始めたら、教師は見守り、助けが必要な際は助言をしたり再度お手本を見せたりします。このような方法によって教具を繰り返し活用することで、物事には秩序があることを学び、五感や5つの領域をはぐくんでいきます。

ピンクタワー

円柱さし

図13-1　感覚教具の一部

写真提供：Montehippo

　また、モンテッソーリ教育を実践するうえで、教師が大切にすべき心得12条は表13-2のとおりです。

表13-2　モンテッソーリ教師の実践上の心得12条

1．環境の整備
2．教具・教材をはっきり正確に提示する～子どもが仕事をはじめるとき
3．子どもが環境との交流をもち始めるまでは積極的に、交流が始まったら消極的に接する
4．物を探している子どもや、助けの必要な子どもの忍耐の限度を見守る
5．原則として、呼ばれたところに必ず行く
6．子どもに誘われたときは、子どもの要求を、言葉で直接表現されない要求までも含めて、よく聞いてやる
7．仕事をしている子どもを尊重する
8．間違いはあからさまに訂正しない
9．休息している子どもには、無理に仕事をさせない
10．作業を拒否する子どもや理解しない子どもは、忍耐強く誘いつづける
11．教師は自分を探す子どもに存在を感じさせる
12．教師は、仕事を終えた子どものところに姿を現す

出典：日本モンテッソーリ教育総合研究所ウェブサイト「モンテッソーリ教育の基本的な考え方」

　モンテッソーリの教具を用いた活動以外にも、**異年齢混合クラス**で年上の友だちを見習ったり年下の友だちのお世話をしたりしながら、お互いに認め合い、学び合いながら社会性をはぐくみます。子どものサイズに合わせた道具を使用して紅茶を入れるお仕事に取り組んだり、地球儀や日本地図を用いたお仕事を通して文化教育を学んだりするなど、日本のモンテッソーリ園ではさまざまな取り組みが行われています。このように、モンテッソーリ教育では、教師が子どもたちの発達段階に合わせたさまざまな教具や環境を整えることで、子どもの五感をはぐくみ、観察する力や考える力を伸ばしていくことを目指しています。

3　レッジョ・エミリア・アプローチ

1　レッジョ・エミリア・アプローチの歴史的背景

　レッジョ・エミリア・アプローチは、第二次世界大戦でイタリア全土が荒れ果てていた1945年頃、レッジョ・エミリア市の復興を目指して、子どもたちの教育に力を入れようと考えた教育者、保護者、専門家、地域の人々が協力して幼児学校を創設するための活動から始まりました。

　この活動のなかで、リーダー的存在だった教育者のローリス・マラグッツィ（L. Malaguzzi）は、ロシアの心理学者ヴィゴツキー（L. Vygotsky）やスイスの心理学者ピアジェ（J. Piaget）、アメリカの教育思想家・哲学者であるデューイ（J. Dewey）らの理論に影響を受け、新しいプロジェクトとして生み出したのがレッジョ・エミリア・アプローチです。

　1980年代には、レッジョ・エミリア市の実践活動がイタリア全土および海外で注目されるようになりました。特に1991年に、アメリカ版ニューズウィーク誌に、世界で最も先進的な乳幼児教育として取り上げられたことから、アメリカで飛躍的に拡大していきました。現在、日本でもレッジョ・エミリア・アプローチの教育理念を取り入れた幼稚園や保育所等が増え、徐々に注目されています。

② レッジョ・エミリア・アプローチの特徴

　レッジョ・エミリア・アプローチは、「教育はすべての子どもの権利であり、コミュニティの責任である」と定義され、**子ども・親・教師の権利**を大切にしています[5]。また、「**共同性**」と「**創造性**」を尊重している教育といわれ、共同性をはぐくむために子どもたちを常に中心にし、子どもが主体的に学ぶことのできる環境を整え、子どもたちの考えやアイデアが尊重されます。

　ローリス・マラグッツィは、「100の言葉」という思想を大切にしていました。これは、子どもたちには計り知れない可能性があり、すばらしい能力や感性をもっていて、さまざまな表現方法があることを意味しています。そして、子どもたち一人ひとりが自分で感じ、自分で考え、みんなと一緒に協力しながらともに活動に取り組むという、多様なプロセス自体を大切にする幼児教育を提案しました。レッジョ・エミリア・アプローチでは、子どもが100人いたら100とおりの考え方、表現方法、言葉などがあり、「どの子にも、非常に豊かな天性の素質と可能性、精神力、創造性がある」[3]ととらえています。そのため、教師は子どもたちの考え方や表現を肯定することが教育のあるべき姿であると考えられています。つまり、生まれてきた子どもには、すでにその子どもの個性が発生しているのです。

　レッジョ・エミリア・アプローチでは、教師のみならず、教育分野の専門家ペタゴジスタと芸術分野の専門家アトリエスタの存在も重視されています（表13-3）。各幼稚園や保育所等にはペタゴジスタとアトリエスタが配置され、子どもの自主性を重んじた創作的活動を実践しています。

覚えておこう

[5] レッジョ・エミリア・アプローチでは、子ども一人ひとりが市民として尊重され、権利が守られることを大切にしています。そして、子どもの成長、世話、教育に関して積極的に参加することが親の権利とされています。教職員については、教育、内容、目的、実践を定める概念の枠組を考慮し、計画・実践を行うための教授法、研究、教職員の研修、環境と仕事の編成にかかわる問題の選択などに関する権利を守ることが定義されています。

表13-3　ペタゴジスタとアトリエスタの定義

ペタゴジスタ	アトリエスタ
大学で教育学または心理学を専攻した教育者。実践と教育研究を結びつけるプロフェッショナル。また、家庭やコミュニティとの関係を築いていく役割を担う。	美学の専門性をもち、子どもたちと教師たちの創造的探究に参加し、美的視点とその専門性により学びを豊かにするプロフェッショナル。

出典：ヴェラ・ヴェッキ、ミレッラ・ルオッツィ編集『もざいく　描くこと、言葉、素材が紡ぐ物語り』中央法規2023年　p.8

　また、活動方法の特徴として、①プロジェクト活動、②アート活動、③ドキュメンテーションの3つがあげられます。

1　プロジェクト活動

　プロジェクト活動は、子どもたちが4〜5人の少人数に分かれ、1つのテーマに対して数週間から1年ほどかけて取り組みます。教師が子どもたちに指示するのではなく、子どもたちが自らの興味・関心にもとづき、子どもたちと対等な立場で一緒に話し合いながらなにかを学んだりつくったりする活動です。

　たとえば、4歳児のクラスの子どもたちが園庭で遊んでいるときに、1人の子どもが影に興味をもち始め、それを教師や友だちに話します。そこから、仲間と一緒に影で動物の手足をつくって遊んでみます。その後、影ができる条件や影の色について実験を行いながら話し合いを重ねることで、影の特徴を見つけ、ほかの友だちに教えてあげるような活動です。

2　アート活動

　アート活動では、園内にアトリエや共同スペースが用意され、子どもたちが自由に表現できる環境を整えています。あるこども園では、花、食品用の着色料、チョーク、土などを用いて、子ども一人ひとりに「自分だけの絵の具」をつくる活動を行っています。子どもたちは各自できた色を色見本と比べ、色のなかにもさまざまな種類があることや、何を使うとどんな色ができるのかなどを主体的に学びます。また、木の実や落ち葉、布など、身のまわりにあるものすべてを使って作品をつくっていきます。

3　ドキュメンテーション

　ドキュメンテーションは、子どもたちや教師の会話、活動の様子、活動内容など、実践した取り組みに関することを教師が記録・収集することです。レッジョ・エミリア・アプローチでは、子どもたちの知性と能力を可視化することは、子どもたちが今日の社会の市民であることを確認することを目的としています[4]。ここでは、子どもの学びのプロセスの観察、ドキュメンテーション、対話（子ども・保護者・教師との意見交換）を大切にしています。そこで、子どもたちの活動の様子や教師との会話をビデオに録画する、録音する、写真を撮る、文字にするといったさまざまな方法で記録します。レッジョ・エミリア・アプローチでは、実践記録を残すだけでなく、保護者や地域の人たちにも見られるように提示しています。そして、子ども、保護者、教師などがその記録を共有し、対話することで、子どもの学びについての理解を深め、価値を見出していくことを重視しています。

4　国際バカロレア

① 国際バカロレアの歴史的背景

　1960 年代以降、特に経済・産業分野における国際化が進み、外交官や国連職員、外資系企業に勤務する人々が増えました。それにともない、海外に住む子どもや海外から帰国した子ども、海外へ行く可能性の高い子どもが増加し、海外での滞在期間が長期化するケースも多くなりました。そのため、ヨーロッパ諸国のインターナショナルスクールは多国籍化し*6、大学進学のために各国の入学資格取得のニーズが増え、すべてのニーズに教師が対応することに困難が生じるようになります。そして、後期中等教育*7をどの国で修了しても生徒が希望する大学に入学が可能となるよう、世界共通の資格制度の必要性が高まりました。

　このような背景から、1968 年にスイスのジュネーブで創設されたのが国際バカロレア（IB：International Baccalaureate）です。世界平和やグローバル人材育成を目指す国際的教育プログラムとしてだけでなく、世界に通用する大学入学資格（国際バカロレア資格）を取得することで、大学進学ルートを確保することを可能にしました。

　日本では、1970 年代以降、在日外国人や在留外国人の子どもたちが海外の大学進学に必要な資格として認知されていたため、主にインターナショナルスクールで導入されていました。しかし、21 世紀に入り、国際社会に対応できる資質・能力が求められる時代になったことで、日本政府が国際バカロレア認定校を増やすことを推進したため、1 条校*8で国際バカロレアを取り入れる学校が増えています。現在、日本における国際バカロレア認定校数は 229 校となっています（2023 年 12 月現在）。

② 国際バカロレアの特徴

　国際バカロレア（IB）には、3 〜 12 歳を対象とした PYP（プライマリー・イヤーズ・プログラム）、11 〜 16 歳を対象とした MYP（ミドル・イヤーズ・プログラム）、16 〜 19 歳を対象とした DP（ディプロマ・プログラム）および IBCP（キャリア関連プログラム）という 4 つのプログラムがあります。

　国際バカロレア（IB）の学習は、**全人教育**や**概念学習**にもとづいた**探究学習**となっており、以下の「国際バカロレア（IB）の使命」および「国際バカロレア（IB）の学習者像」をプログラムの教育理念および目標としています。

CHECK !

＊6　文部科学省によれば、インターナショナルスクールについて法令上の規定はありません。一般的には主に英語での授業が行われ、外国人児童生徒を対象とする教育施設ととらえられています。多くは、学校教育法第 134 条に規定する各種学校として認可されていますが、無認可の学校も少なからず存在しているようです。

用語解説

＊7　中等教育
　中等教育は、前期課程と後期課程に分けることができ、前期中等教育は中学校段階の教育、後期中等教育は高等学校段階の教育のことを指します。

＊8　1 条校については、第 5 章＊21（p.52）を参照。

表13-4　国際バカロレア（IB）の使命

　国際バカロレア（IB）は、多様な文化の理解と尊重の精神を通じて、より良い、より平和な世界を築くことに貢献する、探究心、知識、思いやりに富んだ若者の育成を目的としています。

　この目的のため、IB は、学校や政府、国際機関と協力しながら、チャレンジに満ちた国際教育プログラムと厳格な評価の仕組みの開発に取り組んでいます。

　IB のプログラムは、世界各地で学ぶ児童生徒に、人がもつ違いを違いとして理解し、自分と異なる考えの人々にもそれぞれの正しさがあり得ると認めることのできる人として、積極的に、そして共感する心をもって生涯にわたって学び続けるよう働きかけています。

出典：国際バカロレア機構「国際バカロレア（IB）の教育とは？」2017 年

表13-5　国際バカロレア（IB）の学習者像

探究する人	心を開く人
知識のある人	思いやりのある人
考える人	挑戦する人
コミュニケーションができる人	バランスのとれた人
信念をもつ人	振り返りができる人

出典：表13-4 に同じ

　3 ～ 12 歳を対象とした PYP（プライマリー・イヤーズ・プログラム）は、精神と身体の両方を発達させることを重視したうえで、以下の 6 つの教科横断的な探究テーマに沿って、幼児・児童が主体的に取り組む探究活動が教育の柱となります。

・私たちは誰なのか

・私たちはどのような時代と場所にいるのか

・私たちはどのように自分を表現するのか

・世界はどのような仕組みになっているのか

・私たちは自分たちをどう組織しているのか

・この地球を共有するということ

出典：文部科学省 IB 教育推進コンソーシアム「PYP（プライマリー・イヤーズ・プログラム）」（https:ibconsortium.mext.go.jp/about-ib/pyp/）

　上記のテーマのなかから、幼児教育では 1 年に 4 つ、小学校では毎年すべてのテーマについて探究活動を行っていきます。国際バカロレア（IB）は概念を大切にするプログラムで、指導計画を立てる際には「特徴、機能、原因、変化、関連、視点、責任」という概念のなかから 1 つ以上選びます。各担任は、学年ごとに担任が集まって行う会議**指導計画に関する共通テーマ、重要概念、学習結果**（絵や写真、発表資料）などを決めますが、それ以外は教師の個性や子どもたちの特性、発達段階、興味・関心に合わせて学びを展開していきます。

　「ユニットプランナー」と呼ばれる指導案には、①教科の枠を超えたテーマ、②中心的アイデア、③重要概念、④関連概念、⑤学習の方法、⑥姿勢、⑦学習者像、⑧探究の期間を設定することが定められています。一つの探究活動は数週間から数か月にわたるものまであり、子どもたちは探究活動を通して知識の習得のみならず、「国際バカロレア（IB）の学習者像」を実現し、思考力や問題解決能力、生涯にわたって学び続ける力などさまざまな能力を養っていきます。指導計画の一例は、表13-6のとおりです。

　PYP（プライマリー・イヤーズ・プログラム）では、**エージェンシー**を重視しています。ここでいうエージェンシーとは、**Voice**（自ら声を発する）、**Choice**（選択を行う）、**Ownership**（主体性）を発揮することで形成されます。自分の意志で学習に取り組み、その学習に責任をもち、主体性を発揮することや、他者と協力することで他人の意見や価値観などを認識することを目標としています。

　そこで、PYP（プライマリー・イヤーズ・プログラム）の教師は、子どもたちにエージェンシーを発揮してもらうための環境を設定することが求められ、①ファシリテーター（授業の目的を達成するための計画を支援する人）、②研究する人、③参加者、④刺激をもたらす人、⑤ナビゲーター（案内・進行する人）、⑥観察する人、⑦記録する人、⑧振り返りを実践する人としての役割が必要となります。

表 13-6　指導計画（年少）の一例

教科の枠を超えたテーマ	
～この地球を共有するということ～	
中心的アイデア	
私たちは身のまわりの物を大切に扱う責任がある （ものをたいせつにするということは）	
学習者像	重要概念
考える人	視点、関連、責任
期間	関連概念
9 月 18 日～ 10 月 26 日	関係性
学習の方法	姿勢
思考的スキル（理解）	感謝
探究の流れ	
・自分の身のまわりのもの ・ものを大切にするということ ・ものを大切にするために自分たちのできること	
概要	
園生活に慣れ、毎日身支度や片づけをする姿が見られるようになりました。自分のものという意識が身についてきたので、次は自分の私物（クレヨン、粘土、園服、忘れ物、箸、コップ）などを大切にする気持ちが育つことを期待し、今回のユニットを計画しました。（以下省略）	

出典：A園の資料より一部省略して筆者作成

　これまで、モンテッソーリ教育、レッジョ・エミリア・アプローチ、国際バカロレアについて、歴史的背景、特徴、そして実際の様子を学んできました。これらの教育方法は、子どもたちの主体性を大切にし、子ども一人ひとりの人格や個性を尊重した教育を実践している生活基盤型であり、小学校への準備として読み書き・計算や一斉保育に力を入れる就学準備型とは異なることがわかります。今後は、読み書き・計算の能力以外にも、主体的な学びや全人教育を通して、自己教育力、思考力、創造力、表現力、問題解決能力などを習得し、これからの時代に対応できるエージェンシーの基礎をはぐくむことが期待されます。

POINT

・世界には多くの教育方法があり、それぞれに特徴のある教育が実践されています。
・ヨーロッパで創設された教育方法には、子どもを主体とした活動や環境設定を大切にしているという特徴があります。
・国際社会に対応できる人材育成が求められている今、日本においてモンテッソーリ教育、レッジョ・エミリア・アプローチ、国際バカロレアの理念を取り入れた教育を実践する幼児教育施設が注目されるようになりました。

演習問題

① モンテッソーリ教育の特徴について考えてみましょう。
② 本章で学んだ多様な教育方法を日本で実践する場合、教師が留意すべき点について考えてみましょう。

第**14**章 生涯学習社会と教育

本章では、生涯学習社会とはなにかを取り上げたうえで、生涯学習社会と教育の関係性について触れ、教師・保育者にはどのような学びが求められているのかを考えます。まず、生涯学習および生涯学習社会がどのような意味なのかを取り上げます。次に、生涯学習の歴史について、3つの時期に分けて概観します。さらに、生涯学習の現代的意義について考えます。最後に、生涯学習社会において、専門職としての教師・保育者の学びはどのようにあるべきかを考えます。

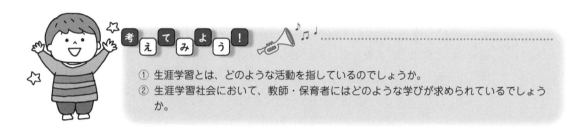

① 生涯学習とは、どのような活動を指しているのでしょうか。
② 生涯学習社会において、教師・保育者にはどのような学びが求められているでしょうか。

🔒 **Keywords** 　生涯学習　生涯学習社会　リカレント教育
人生100年時代　新たな教師の学びの姿 🔑

1 生涯学習社会

1 生涯学習

　生涯学習（lifelong learning）とは、どのような活動なのでしょうか。生涯学習についてはさまざまな定義の方法があり、一義的に定義するのは困難ではあるものの、香川は「生涯学習とは、人々が自発的意志に基づいて、『自己の充実』『生活の向上』『職業能力の向上』のために、自ら学ぶ内容を選び取り、充実した人生を送ることを目指して生涯にわたって行う学習」と定義しています[1]。生涯学習は幅広く定義されるものの、生涯学習の「学習」は、意図的に行う学習であり、そのなかで考え方や行動を変容させる活動です[2]。

　生涯学習に対する考え方はさまざまなものがあり、そのなかの一つが**リカレント教育**という考え方です。リカレント教育は、労働と教育を繰り返すことで、個人の能力向上や経済発展につなげていく考え方です[3][*1]。

　そのうえで、政策としての生涯学習についても、その内容は幅広いものになっています。たとえば、学校教育および**社会教育**[*2]における学習に加えて、スポーツ活動や文化活動などの幅広い内容が政策の対象となっています。

＊1　リカレント教育について、詳しくは、本章＊4（p.145）を参照。

 用語解説

＊2　社会教育
　社会教育は学校以外で行われる組織的な教育活動です。「教育」は教える人と学ぶ人の関係性のなかで行われる活動であるのに対して、「学習」は学ぶ人を中心とした概念です。一人で学ぶことも学習であり、また、ほかの人から教えてもらい、学ぶことも学習になります。

143

② 生涯学習社会とは

生涯学習社会については、「人々が、生涯のいつでも、自由に学習機会を選択し学ぶことができ、その成果が適切に評価される社会」とされています[4]。こうした考え方は、2006（平成18）年に改正された**教育基本法**に反映され、同法第3条では生涯学習の理念として、「国民一人一人が、自己の人格を磨き、豊かな人生を送ることができるよう、その生涯にわたって、あらゆる機会に、あらゆる場所において学習することができ、その成果を適切に生かすことのできる社会の実現が図られなければならない」と規定されました。

国および地方公共団体は、生涯学習の理念のもとに生涯学習政策を講じる必要があります[5]。そのうえで、都道府県および市町村については、多くの地方自治体で生涯学習振興計画（単独の計画またはほかの計画のなかでの生涯学習の規定）を策定しており、生涯学習の機会を総合的に提供できるように努めています。

③ 生涯学習社会と教育の関係

こうした生涯学習および生涯学習社会について、教育とどのような関係にあるのかについては、生涯学習の概念のなかに、教育の3つの領域、つまり、学校教育、社会教育、家庭教育のすべてが含まれていると考えられています。このため、生涯学習社会においては、教育について、生涯学習の視点から考えることが求められます。たとえば、幼稚園教育については、幼児期のみを考えるのではなく、生涯にわたっての学びの視点から幼稚園教育がどうあるべきかを考えることが求められます。

また、教育、特に学校教育については、生涯学習が生涯にわたって自発的に行う学習であることを考えると、生涯にわたって自発的に学習するための力量を子どもたちに身につけさせることが求められます。

生涯学習社会においては、基本的に学習者が自発的に学習することが中心であり、行政機関はそれをサポートするという構造になっています。たとえば、鹿児島県では、生涯学習促進の中核的な組織として、「かごしま県民大学中央センター」をかごしま県民交流センターという公共施設（鹿児島市）に置き、生涯学習に関するさまざまな講座を実施しています。

一方、学習の機会が拡充されればされるほど、学習を自由に享受できるグループとそうではないグループの格差が表面化され得ることが指摘されています[6]。たとえば、「生涯学習に関する世論調査」（2022年実施）では、過去1年間で学習していないと回答した人の割合は24.3%でした[7] ＊3。このため、行政機関には、学習機会の提供に加えて、支援が必要な学習者に対する幅広い支援活動を実施す

🎓 さらに詳しく

＊3　内閣府「生涯学習に関する世論調査」では、「この1年間の月1日以上の学習の状況」を尋ねる設問があり、選択肢は「仕事に必要な知識・技能や資格に関すること」「健康やスポーツに関すること」「その他」などの12項目からなっており、複数回答をすることになっています。12番目の選択肢に「学習していない」が入っています。こうしたことから、同調査での「学習」は一定程度の継続性（月1日以上）がある学習活動を指していることがわかります。

ることが求められています。

2　生涯学習の歴史

1　ユネスコによる「生涯教育」の提唱

　日本において生涯学習という考え方は、どのように誕生し、どのように普及していったのでしょうか。

　1965（昭和 40）年、ユネスコ成人教育推進国際委員会がフランス・パリで開催され、ユネスコ職員のフランス人の**ポール・ラングラン**（P. Lengrand）は「永続的教育」という概念を提唱しました。永続的教育は、英語では lifelong education などと訳され、日本では「**生涯教育**」が定訳となっていきました。ラングランは、教育を人間の可能性を導き出す生涯にわたる活動としてとらえ、永続的教育として設定しました[8]。

　1960 年代の日本は高度経済成長期であり、社会が急速に変化している時代でした。こうしたなかで、たとえば、当時の文部大臣の諮問機関であった中央教育審議会は、1966（昭和 41）年に「後期中等教育の拡充整備について」という答申を出し、そのなかで社会の諸領域における一生を通じての教育という観点の重要性を指摘しました。

　さらに、1971（昭和 46）年の社会教育審議会答申の「急激な社会構造の変化に対処する社会教育のあり方について」では、社会の急激な変化に対応するために、「生涯教育という観点に立って、教育全体の立場から配慮していく必要がある」と明記されました。同答申については、若干の内容ではあるものの、文部省（現在は文部科学省）の関連行政文書において初めて「生涯教育」についての言及がなされました[9]。また、1971（昭和 46）年の中央教育審議会答申「今後における学校教育の総合的な拡充整備のための基本的施策について」では、「生涯教育の観点から全教育体系を総合的に整備」する必要性を指摘しました。

　1981（昭和 56）年には、中央教育審議会から「生涯教育について」という答申が出されました。同答申では、「生涯教育とは、国民の一人一人が充実した人生を送ることを目指して生涯にわたって行う学習を助けるために、教育制度全体がその上に打ち立てられるべき基本的な理念である」と明記され、生涯教育を社会教育だけではなく、教育全体の理念として取り上げました。また、生涯教育を学習者の視点からとらえることで、「生涯学習」という言葉を打ち出しました。

　こうした日本における生涯教育および生涯学習の浸透は、海外の動きとしては、ユネスコの考え方に加えて、**OECD**（経済協力開発機構）の**リカレント教育**[＊4]の影響も受けたと考えられています[10]。

 用語解説

＊4　リカレント教育
リカレント教育は、1973 年に OECD（経済協力開発機構）が提唱した、生涯学習の一つの考え方です。リカレント（recurrent）は「循環する」という意味であり、リカレント教育は社会人になった後に大学院に進学するなど、教育と労働を繰り返すことを重視しています。

② 臨時教育審議会と生涯学習

1　生涯学習体系への移行

　高度経済成長期後の 1980（昭和 55）年前後は、日本の財政状況が厳しくなった時代でした。1982（昭和 57）年 11 月、中曽根康弘内閣が発足し、中曽根内閣は「戦後政治の総決算」を掲げていました。教育政策においては、文部省（現在は文部科学省）の中央教育審議会とは別に、1984（昭和 59）年 8 月に内閣総理大臣の諮問機関として、**臨時教育審議会**を設置しました。

　臨時教育審議会の設置目的は、「社会の変化及び文化の発展に対応する教育の実現の緊要性にかんがみ、教育基本法の精神にのっとり、その実現を期して各般にわたる施策につき必要な改革を図ることにより、同法に規定する教育の目的の達成に資する」（臨時教育審議会設置法第 1 条）ことでした。臨時教育審議会は、第二次答申および第三次答申で「生涯学習体系への移行」を提唱し、第四次答申では、教育改革を進める視点の一つとして、「生涯学習体系への移行」を示しました。臨時教育審議会答申は、それまでの中央教育審議会および社会教育審議会の答申内容を受け継ぐ内容であったものの、その後の教育政策の一つの柱として生涯学習を位置づけたといえます。

2　生涯学習の振興

　臨時教育審議会答申後の 1990（平成 2）年 6 月には、**生涯学習の振興のための施策の推進体制等の整備に関する法律**（生涯学習振興法）が制定されました。生涯学習振興法にもとづき、1990（平成 2）年 8 月には、文部省に生涯学習審議会が設置されました。生涯学習審議会は 6 つの答申を発表し、このなかの一つは 1992（平成 4）年 7 月に発表した「今後の社会の動向に対応した生涯学習の振興方策について」という答申でした。同答申では、「社会において、青少年期に卒業した学校の学歴のみを尊重するというのでなく、生涯にわたって何を学んできたか、どのような知識、技術、技能や資格を身に付け、どのようにして豊かな人間性を養ってきたか、どのように人生を歩んできたかなどの、個人の生涯にわたる学習歴や学習の蓄積が重視されるような環境を醸成していかなければならない。生涯のいつでも自由に学習機会を選択して学ぶことができ、その成果が評価されるような生涯学習社会を築いていく必要がある」と明記されました。生涯学習審議会は、2001（平成 13）年 1 月の中央省庁再編の際に中央教育審議会に統合されました。

　生涯学習振興法の内容については 2 つの柱があり、一つは地方レベルで首長部局が生涯学習政策に新たに参入することであり＊5、もう一つは生涯学習に関連する民間企業の活用でした。首長部局が新たに生涯学習政策にかかわるようになったことで、地方の生涯学習政策における教育委員会と首長部局の「二重構造

覚えておこう

＊5　生涯学習振興法制定以前の生涯学習政策は、教育委員会が中心となり、社会教育政策の延長として実施されていた側面が強かったものの、生涯学習振興法の制定によって、首長（知事・市町村長）を中心とした都道府県・市町村が生涯学習の振興のなかに位置づけられ、生涯学習政策にかかわるようになりました。

化」が生じました[11]。二重構造化は成果と課題の両方があり、成果としては、文部科学省と地方自治体の共催の**生涯学習フェスティバル**の実施などによって、生涯学習を支える行政の基盤整備が進められていったことです。

　臨時教育審議会の答申前後、大学教育については、若年層だけではなく、社会人のための制度も整備されていきました。たとえば、1985（昭和 60）年 4 月には**放送大学**[*6]が学生の受け入れを開始しました。また、2003（平成 15）年には専門職大学院制度が創設され、2008（平成 20）年に**教職大学院**[*7]が制度化されました。

* 6　放送大学については、本章（p.148）で後述。

=== Column ① ===

生涯学習フェスティバル

　生涯学習フェスティバルについては、全国規模では 1989（平成元）年から 2009（平成 21）年まで「全国生涯学習フェスティバル」が開催され、2010（平成 22）年は「全国生涯学習フォーラム」、2011（平成 23）年から 2015（平成 27）年までは「全国生涯学習ネットワークフォーラム」が開催されました。地方自治体レベルでは、現在も生涯学習フェスティバルが継続して実施されています。たとえば、鹿児島県薩摩川内市では、2022（令和 4）年度で 17 回目の開催となっており、記念講演に加えて、ステージ発表や展示などが行われ、生涯学習の成果を発表したり、生涯学習についての理解を深めたりする機会となっています。

🌷 用語解説

* 7　教職大学院
　教職大学院は 2008（平成 20）年、専門職大学院の一つとして制度化されました。教職大学院は「高度の専門的な能力及び優れた資質を有する教員の養成のための教育を行うこと」（専門職大学院設置基準第 26 条第 1 項）を目的としています。従来からの教育系大学院（教育学研究科修士課程）は教育指導体制が研究重視であるのに対して、教職大学院は理論と実践の融合をはかる体制となっています。

③　教育基本法の改正と生涯学習政策

　2006（平成 18）年、教育基本法の改正によって、第 3 条に生涯学習の理念が新設されました。この規定は、教育基本法第 4 条の教育の機会均等と同じように、教育基本法における教育理念の一つとして位置づけられました。その後、2008（平成 20）年には中央教育審議会によって、「新しい時代を切り拓く生涯学習の振興方策について～知の循環型社会の構築を目指して～」という答申が発表されました。同答申では、「生涯学習の理念が社会に浸透し、学習成果の活用が持続可能な社会づくりにつながり、『知』と『実践』の正のスパイラル（循環）が従来型の社会にイノベーションをもたらし、新たな社会の創造へと導く」とされました[12]。

　2007（平成 19）年には、大学等による**履修証明制度**が創設されました。履修証明制度は、大学等が社会人など学生以外の者を対象に一定のまとまりのある学習プログラムを開設し、修了者に対して履修証明書を交付できる制度です。当初の総時間数の要件は 120 時間以上であったものの、2019（平成 31）年度からは 60 時間以上となっています。

　2015（平成 27）年 3 月には、教育再生実行会議から「『学び続ける』社会、全員参加型社会、地方創生を実現する教育の在り方について（第 6 次提言）」が発表されました。この提言を受けて、2015（平成 27）年 7 月には文部科学大臣が大学

等における社会人や企業等のニーズに応じた、実践的・専門的なプログラムを「**職業実践力育成プログラム**（Brush up Program for professional）」として認定する制度が創設されました。対象となるプログラムは、大学等の正規課程と 60 時間以上の体系的な教育カリキュラムで構成される履修証明プログラムです。職業実践力育成プログラムについては、厚生労働省の**教育訓練給付**の対象となっているプログラムもあります。

　2017（平成 29）年の学校教育法の改正によって、実践的な職業教育を担う新たな大学制度として**専門職大学**が創設され、2019（平成 31）年度の 3 校からスタートしました。専門職大学は、卒業単位の 3 割程度以上を実習等の科目とするとともに、企業内実習などを行うこととされています。

　このように、日本においては 1960 年代以降に現在の生涯学習につながる考え方が打ち出され、教育政策の一つの理念として定着していったとともに、国や地方自治体によって生涯学習のための環境整備が進められてきました。

3　生涯学習の現代的意義

① 持続可能な開発目標（SDGs）と生涯学習

　2015 年、国際連合では 2030 年までの行動計画として、「我々の世界を変革する：持続可能な開発のための 2030 アジェンダ」を採択しました。この「2030 アジェンダ」を実現させるための目標が、**持続可能な開発目標**（以下、「**SDGs**」という）[8]です。SDGs は、開発途上国も先進国も全世界で取り組む目標であり、17 の目標が設定されています。SDGs の目標 4 では、「すべての人々への包摂的かつ公正な質の高い教育を提供し、生涯学習の機会を促進する」と設定されており、国際社会からも国として生涯学習を推進することが求められています。

　生涯学習を個人の視点から考える場合、すべての人々がアクセスしやすい生涯学習の機会の一つとして、放送大学をあげることができます。放送大学は、1983（昭和 58）年に設置され、1985（昭和 60）年 4 月から学生の受け入れを開始しました。放送大学は、放送大学学園法という法律にもとづく放送大学学園が設置主体であり、放送大学学園は当初は特殊法人であったものの、2003（平成 15）年に特別な学校法人に変更されました。

　放送大学（学部）は、15 歳以上の正規の学生に対しては、テレビ、ラジオ、インターネットなどの方法を使い、学習機会を提供しています。学生の種類は 4 つに分けられており、科目履修生についても放送大学の学生であるため、入学手続きが必要です。また、放送大学では、学生以外の学習者に対しても、オープンコースウェアとしてインターネットを使い、放送大学のウェブサイト上で多くの授業

CHECK！
＊8　持続可能な開発目標（SDGs）は、貧困撲滅を地球規模の最大の課題としています。そのうえで、持続可能な開発の 3 つの側面として「経済」「社会」「環境」が設定されています。17 の目標と 169 のターゲットは不可分のものであり、持続可能な開発の 3 側面を調和させるものと位置づけられています。

CHECK！
＊9　放送大学は、2020（令和 2）年度までに延べ 170 万人以上の学生が学び、12 万人を超える卒業生を輩出しています[13]。

148

を公開しています。オープンコースウェアでは、授業動画を視聴したり、授業音声を聴取したりすることができます[*9]。

このように放送大学については、どの都道府県に住んでいたとしても、学習センターを利用したり、インターネットを使用したりすることで、学習機会にアクセスできるようになっています。また、正規学生以外の学習者についても、インターネットを使い、放送大学の授業を視聴したりすることができます。

一方で、実際には生涯学習の機会にアクセスしたいと考えているすべての人がアクセスできるわけではなく、時間が十分に取れない人や ICT 機器（情報機器）にアクセスできない人など支援が必要な人もいるのが事実です。国および地方自治体に対しては、生涯学習の環境整備を進めるだけではなく、すべての学習者が自身の経験を学習資源として生かせるように、直接的に働きかけていくことも求められます。

② 社会の変化と生涯学習

近年の世界および日本を取り巻く環境の変化は、きわめて激しいです。たとえば、新型コロナウイルスの影響が生じた 2020（令和 2）年以降、国および地方自治体の行政活動は、デジタル化が加速しています。具体的な内容としては、デジタル庁の設置、義務教育段階における GIGA スクール構想[*10]、マイナポイント事業、マイナンバーカードと健康保険証の一体化などをあげることができます。

ここでは、社会の変化の一つとして、デジタル化に関連する ICT 環境[*11]の進展を取り上げます。2011（平成 23）年が日本の「スマートフォンの普及の年」といわれたように、スマートフォンは 2010 年代の日本社会に広く普及しました。

2021（令和 3）年の総務省の「通信利用動向調査」によれば、スマートフォンを個人で保有している割合は 74.3％であり、さらになんらかのモバイル端末（スマートフォン、携帯電話、PHS）を保有している割合は 83.9％となっています。その一方で、インターネット利用状況（個人）については、20 代から 50 代までは90％を超えているのに対して、60 代は 84.4％、70 代は 59.4％、80 代は 27.6％となっています（図 14-1）。さらに、インターネットを利用するためにどのような機器を使用しているかについては、20 代から 50 代まではスマートフォンの割合が80％を超えているのに対して、60 代はスマートフォンが 70.0％、パソコンが48.8％、タブレット型端末が 19.4％であり、70 代はスマートフォンが 40.6％、パソコンが 28.2％、タブレット型端末が 8.8％であり、80 代はスマートフォンが12.1％、パソコンが 10.3％、タブレット型端末が 2.8％となっています（図 14-2）[14)]。このように、ICT 環境が整っていく一方で、世代間の**デジタル・ディバイド**[*12]が際立っていることがわかります。

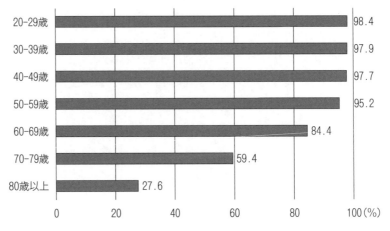

図14-1　インターネットの利用状況
出典：総務省「令和3年通信利用動向調査の結果」2022年をもとに筆者作成。

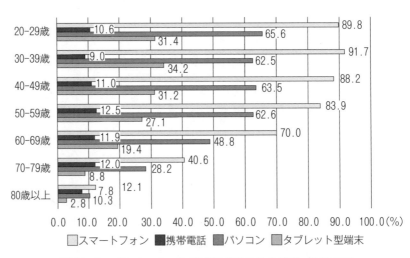

凡例：スマートフォン　携帯電話　パソコン　タブレット型端末

図14-2　インターネットを利用するための機器（複数回答）
出典：総務省「令和3年　通信利用動向調査の結果」2022年をもとに筆者作成。

　こうしたなかで、政策の是非は置いておくものの、マイナンバーカードの保検証利用の導入については、インターネット上のマイナポータルで事前の申し込みやその後の管理をすることになるため、すべての世代がICT機器を使用し、インターネットにアクセスすることが基本的に求められているといえます。このことは、生涯学習の視点から考えた場合、学習のきっかけになるかもしれません。前述の「生涯学習に関する世論調査」では、学習した理由として「現在または当時の仕事において必要性を感じたため」という選択肢を選んだ割合が最も高くなっており（53.5%）、必要性を感じることは学習の大きなきっかけとなっています。

　生涯学習の視点から求められることは、ICT機器の操作に対する支援が必要な人々に対して、手続き上の一時的な支援をするだけではなく、操作方法などを

学ぶ機会を一定期間にわたって提供するということです。ICT 機器を使用できない人々、特に高齢者に対する支援を充実させるとともに、ICT 機器を使用できない人々が、主体的に ICT 機器を使うための能力を高められるように支援していくことが求められます。このような意味で社会の変化は、学ぶ側にとっても、支援する側にとっても、新たな課題を生じさせているといえます。

③ 平均寿命の延伸と生涯学習

　厚生労働省「令和 3 年簡易生命表の概況」によれば、2020（令和 2）年の日本の平均寿命は、男性が 81.56 歳、女性が 87.71 歳となっています。1950（昭和 25）年から 1952（昭和 27）年までの平均寿命は、男性が 59.57 歳、女性が 62.97 歳であったため [15]、この 70 年間で男性についても女性についても、平均寿命が 20 年強伸びています。また、高年齢者雇用安定法 [*13] については、2020（令和 2）年に改正され、70 歳までの就業機会の確保を企業の努力義務としました。

　こうしたなかで、2018（平成 30）年の第 3 期教育振興基本計画では、**人生 100 年時代**を見すえた生涯学習の推進が掲げられました。2023（令和 5）年 3 月には、

☆ CHECK !
＊13　正式名称は、「高年齢者等の雇用の安定等に関する法律」です。

= Column ② =

人生 100 年時代

　人生 100 年時代、つまり人生の期間が延びていることは生涯学習の重要性を高めている一つの要因です。この要因にも関連している別の要因としては、現代という時代の変化が加速度的であることです。現代社会を取り巻く環境は激しく変化しており、こうした変化に対応するための学習も重要ではあるものの、主体としての学習者という視点から考えると、変化をさまざまな角度から分析するための学習や変化を妥当な方向に導くための学習も重要と考えられます。

　現代社会を取り巻く環境の変化としては、たとえば、地球温暖化によるさまざまな気候変動が生じており、世界の人々、特に発展途上国の人々に大きな影響が出ています。また、エネルギー価格の高騰を受けて、エネルギー需要をどのように満たすのかという、エネルギー政策のあり方を考える必要性も高まっています。

　中央教育審議会の 2016（平成 28）年の答申では、変化の激しい現代は「予測困難な時代」と表現されました。これからの人生 100 年時代が予測困難な時代であれば、現代のさまざまな課題に対して学習者として主体的に向き合い、妥当な解決策を見つけ出していくための地道な「学習」が求められるとともに、その成果を還元し合っていくことで、人々の豊かな人生、さらには地球全体の豊かさにつながっていくと考えられます（学習できること自体が権利であり、人生の豊かさにつながります）。

　確かに、現在の学校教育では、「主体的・対話的で深い学び」を通して、子どもたちは学び方（例：課題解決学習の方法）を学びます。しかしながら、人生 100 年時代であれば、子ども期と青年期の学校教育は、人生全体の 5 分の 1 くらいの期間にすぎません。「主体的・対話的で深い学び」を通して学んだ学び方を、本章で取り上げているさまざまな生涯学習の機会などを通して磨き続け、現代社会の変化に向き合っていくことが求められます。

第4期教育振興基本計画策定に向けて、中央教育審議会から「次期教育振興基本計画について」という答申が発表されました。同答申においても、「人生100年時代」という考え方が踏襲されています。このように、現在は「人生100年時代」といわれるようになっており、子ども期および青年期に受けた学校教育だけで対応するのは困難であり、生涯学習の重要性が高まっていると考えられます。

　こうしたことをふまえると、生涯学習の現代的意義の一つは、変化の激しい時代のなかで、生涯学習を通して人生100年をどのように生きていくかを考えることにあるといえるでしょう。

4　生涯学習としての教師・保育者の学び

　生涯学習社会においては、学校教育や保育について、生涯学習の視点からどうあるべきかを考えることが求められます。また、教師・保育者には、そのなかで常に専門性を更新するための学びを継続することが求められます。

　教師・保育者が専門性を向上させるのは、広い意味での研修といえます。教師については、2022（令和4）年7月に教員免許更新制が廃止され、教員免許状更新講習が終了しました。その後の研修のあり方としては、中央教育審議会から「**新たな教師の学びの姿**」という考え方が示されています。

　新たな教師の学びの姿を理解するためには、まずは「**令和の日本型学校教育**」という考え方を理解する必要があります。2021（令和3）年1月に、中央教育審議会は答申「『令和の日本型学校教育』の構築を目指して」を発表しました。「令和の日本型学校教育」という考え方では、ICT（情報通信技術）の活用と少人数によるきめ細かな指導体制の整備により、「個別最適な学び」と「協働的な学び」の一体的な充実が目指されています。こうした動きは、現在の学習指導要領等の方向性と、Society5.0 [14] のもとで求められる方向性を調整した結果と考えられます。

　「令和の日本型学校教育」を担うのは教師です。中央教育審議会答申「『令和の日本型学校教育』を担う教師の養成・採用・研修等の在り方について」（2022年12月）では、教師の新たな学びの姿について、「個別最適な学び、協働的な学びの充実を通じた、『主体的・対話的で深い学び』」と設定されています。現在は、幼児教育段階から高校教育段階までの幼児・児童・生徒に対しても、**主体的・対話的で深い学び** [15] が求められています。

　こうしたことから、個別最適な学びと協働的な学びの充実を通じた、主体的・対話的で深い学びに取り組んでいくという方向性は、子どもたちに対しても、さらには教師に対しても、求められている学びのあり方であることがわかります。このため、教師は子どもたちの学習者モデルになることが重要となります。なお、

*14　Society5.0については、第10章(p.105)を参照。

*15　主体的・対話的な学びについては、第11章(p.110)を参照。

保育士についても、「福祉領域の教育職」と称されることがあるため [16]、教師の研修のあり方は参考になります。

　新たな教師の学びの姿をもとに考えると、今後の教師に求められるものは、まずは大学・短期大学での学びや各都道府県教育委員会が策定する教員育成指標などを参考にし、自身がどのような教師を目指すのかについて、短期的、中期的、長期的な「ビジョン」を設定することです。そして、その「ビジョン」を実現するために、どのような研修に取り組んでいくのかを自身で考えるとともに、管理職などの助言を得ながら具体的に考えていくことです。研修については、「研修における『協働的な学び』」としては、たとえば校内研修があり、「個別最適な学び」としては、たとえば大学で新たな教員免許を取得したり、大学院で特定の研究テーマに取り組み、修士号の取得を目指したりすることがあります（例：公立学校の教員の場合は大学院修学休業制度があります）。また、たとえ大学や大学院に通わないとしても、特定の研究テーマを設定し、個別最適な学びに取り組むことができます。

　このように考えると、学び続けることが求められる教師・保育者にとって、どのように生涯学習をとらえ、どのように取り組んでいくのかという課題は、どのような教師・保育者になっていきたいかということと強く結びついているといえるでしょう。

POINT

・生涯学習の「学習」は、意図的に行う学習であり、学習を通して、考え方や行動を変容させる活動です。そのうえで、生涯学習とは、充実した人生を送ることを目指して、生涯にわたって自発的に行う学習です。
・生涯学習の現代的意義については、社会の急激な変化などを考慮すると、一つには、生涯学習を通して、人生100年をどのように生きていくかを考えることであるといえます。
・対人援助の専門職である教師および保育者については、その職業自体がもつ特性が、学び続けることが求められる理由と結びついています。生涯学習社会において、教師および保育者には自身の専門性を常に更新し続けることが求められています。

演習問題

① 　学校教育を通して、子どもたちに生涯にわたって自発的に学習するための力量を身につけさせるためには、どのような実践を積み重ねればよいでしょうか。
② 　あなたが教師または保育者になった場合、子どもたちの学習者モデルとなるために、どのように自己研修に取り組むでしょうか。

第**15**章　現代の教育課題

　私たちの生きている「今」という時代に特徴的な傾向を考えたとき、教育や保育にどのような課題が見えてくるでしょうか。前章までにも ICT や SDGs など現代用語の数々が話題になってきましたが、改めて最後の章で、今の世界を全体的に見渡し、これからの教師や保育者に求められることを整理しておきましょう。

考えてみよう！

① あなた自身が、最も優先的に解決すべきと考える「現代の教育課題」とは何でしょうか。
② 教師や保育者の職は社会的に重要でやりがいがあるはずなのに、メディアはしばしば労働環境の厳しさなど負の側面に注目した報道を行うことがあります。これからの時代、教師や保育者に「なる」ことの意義をどのように考えるべきでしょうか。

 keywords　　グローバル化　多文化共生　デジタル技術　多様性　少子化

1　「現代の教育」をとらえるための視点

用語解説

＊1　1.57 ショック
　1989（平成元）年の合計特殊出生率（1人の女性が生涯に産む子どもの数の平均）が1.57と、それまでの過去最低だった 1966（昭和41）年「ひのえうま」の年の1.58をさらに下回ったことが人々に衝撃を与えたことをいいます。

用語解説

＊2　ソ連
　正しくは「ソヴィエト社会主義共和国連邦」。1923年にロシア、ウクライナ、白ロシア（現在のベラルーシ）をはじめ15の共和国が連合し成立した社会主義の多民族国家。モスクワに首都が置かれ、崩壊するまで面積では世界の陸地の約6分の1を占めていました。

　本章では、だいたい 1990 年代以後、21 世紀の前半ぐらいまでの教育界の状況を指して「現代の教育」ということにします。

　1990（平成2）年は、いわゆる「1.57 ショック」＊1で日本の**少子化**の深刻さが初めて広く認知され、政府が少子化対策に乗り出すきっかけとなった年です。翌 1991（平成3）年には、その2年ほど前から始まっていた東欧諸国の政変の最終段階としてソ連＊2が解体され、消滅しました。これは、かつての東西二大陣営からなる国際秩序（いわゆる冷戦体制）が崩壊し、不安定化した国際情勢のなかで、**新たな世界像**構築へ向けての模索が始まったことを意味します。

　阪神・淡路大震災の年として記憶される 1995（平成7）年は、Microsoft「Windows 95」が発売され、パソコンが爆発的に普及するきっかけとなった年です。同時に**インターネット**が私たちの生活に入り込み、日常的なメディアとして利用されるようになりました。ちなみに、スマートフォンの普及は、2008（平成20）年の Apple「iPhone」の国内発売に端を発し、2011（平成23）年の東日本大震災のおりに LINE などの SNS（ソーシャル・ネットワーキング・サービス）の利便性が注目されたことで拍車がかかったといわれます。

　20 世紀末から 21 世紀初頭にかけて生じたこれらの出来事は、一見すると、い

ずれも教育現場・保育現場の「外」で起こったように見えます。しかし、学校や保育施設の「内」で行われること（＝教育や保育の具体的な営み）が、「外」の社会の動きとは別に、独立して存在しうると考えるのは幻想にすぎません。実際には、「現代の教育」は「現代の社会」とつながっており、教育の課題と思われているものは、多くの場合、社会そのものの課題と重なっているのです[*3]。

　この視点に立って、以下、現代の私たちが直面しているさまざまな教育課題を、4 つの重要な社会変化（グローバル化、ICT・デジタル技術の革新、価値の多様化および少子高齢化）の線に沿って整理していきます。

2　さまざまな教育課題

① グローバル化がもたらした教育課題

　グローバル化は「国際化」と混同されがちですが、国際化（internationalization）が「国家（nation）」の枠組みを温存して、その勢力を拡張したり、諸外国の間にあって自国の威信をアピールしたりする意味合いをもつのに対し、グローバル化（globalization）においてはむしろ、国と国を隔てる国境の意味が無化されることで（globe は「地球」の意味）、国家の存在感が希薄になることが特徴的です[*4]。

　「グローバル化」というと、多くの人は「世界が一つになる」といったイメージをもつと思います。しかし、実は逆に、グローバル化の進行こそが、地球上にさまざまな分断や対立がひき起こされるのを助長している側面もあります。実際、グローバル化が「国家の存在感」をぬぐい去ってしまうある種の大波のようなものだとすれば、そうはさせまいとする防衛反応として、自国の伝統や自民族の文化的アイデンティティ[*5]といったものを強調し、結果として周囲と鋭く対立する国が現れても不思議ではありません。

　1990 年前後に冷戦体制が崩壊したことで自由貿易の行われる範囲が一挙に拡大し（市場経済のグローバル化）、さらに、インターネット時代の到来により世界中の人々が双方向に、また同時的に情報をやり取りすることも可能になりました（情報通信のグローバル化）。このことは、教育や保育にどのような課題をもたらしたでしょうか。2 つの問題があります。

1　グローバル・スタンダード（世界標準）の意識

　教育や保育の目標を定める際、または、定めた目標にもとづいて計画を立て、実施する際に、従来の日本は学習指導要領のような国の定める基準（ナショナル・スタンダード）を重視してきました。その一方、グローバル化の進行とともに、国家の枠組みを超えた視点から考えられた理想的な人間形成の方向性（**グローバル・スタンダード**）に照らして教育の現状を変えていこうとする動きも見られる

用語解説

＊6　キー・コンピテンシー

キー・コンピテンシー（直訳は「カギとなる能力」）とは、21世紀に活躍する人材に必要な能力として2003年にOECDが提唱したもので、「道具（言語や情報や技術など）を相互作用的に用いる」力、「異質な集団で交流する」力、「自律的に活動する」力の3つをいいます。

用語解説

＊7　PISA

PISAは、世界各国の子どもたち（15歳前後）の学力を同一の問題でテストする国際的な調査で、OECDが3年おきに実施しています。読解力・数学的リテラシー・科学的リテラシーの3つを主要な調査分野とし、たんなる暗記でなく、知識を実際生活の場面で活用できるかを試すのが特徴です。

用語解説

＊8　ユネスコスクール

ユネスコ（国連教育科学文化機関）は教育と文化交流を通じた平和の実現を理念とする機関です。これに共鳴する学校をつなぐ国際的なネットワーク（ASPnet）が存在しており、このネットワークへの加盟を申請して承認を受けた学校を文部科学省は「ユネスコスクール」と呼んで、それらが国内における「持続可能な開発のための教育（ESD）」の推進拠点となることを期待しています。

さらに詳しく

＊9　たとえば、「国際バカロレア」のプログラムを導入した高校には、学習指導要領の内容との両立がはかれるよう、教育課程の特例を認めています。

ようになっています。たとえば、OECD（経済協力開発機構）の「**キー・コンピテンシー（key competencies）**」概念＊6やPISAテスト＊7の結果が日本の教育政策にも影響を与えたことは明らかです。また、国際バカロレア（IB）やユネスコスクール＊8のように、海外に本部を置く組織が開発した教育プログラムを採用した学校が増えることを文部科学省も歓迎しています＊9。

しかし、「グローバル」な視点から望ましいとされることと、日本国政府の方針や政策にもとづき「ナショナル」なレベルで目指されることが、常に一致するとは限りません。

国連は、「**子どもの権利条約**」で定めたことが締約国で守られているかを監視するため、条約の履行状況をまとめた報告書を定期的に提出することを各国に義務づけています。その報告書を専門家からなる子どもの権利委員会が審査し、問題があれば、改善のための提案や勧告が行われる仕組みです。1994（平成6）年に締約国となった日本の政府も、過去数回の報告書の提出を行ってきましたが、そのつど、子どもの権利委員会から審査後の所見として、いまだ十分に子どもの権利が保障されているとはいえないとの指摘を受けてきました。たとえば、2017（平成29）年に日本の提出した報告書を審査した委員会が問題視したことの一つに、「**体罰**」があります。日本が法律で体罰を禁じていながらその禁止が「効果的に実施されていない」ことや、「家庭及び代替的監護環境における体罰」は「法律によって完全に禁止されていない」ことを、同委員会は「深刻に懸念する」と述べています[1]。適切なしつけの範囲なら愛情の裏返しとして軽微の体罰が用いられるのも仕方ないというのが、たとえこれまでの日本人のナショナルな感受性だったとしても、グローバルな視点からすれば「あらゆる環境において（中略）どんなに軽いものであっても、全ての体罰を明示的かつ完全に禁止すること」が要請されるのです[2]。

教育上の要求や理想には「ナショナル」なものと「グローバル」なものだけではなく、同じ国内でも地域固有の事情をふまえた「ローカル」な教育要求もあれば、そのどれとも無関係に＜私は＞こうなりたい、＜うちの子には＞こうなってほしいといった「パーソナル（個人的）」な欲求もあります。これら次元を異にする多様な教育要求が考えられるなかで、グローバル・スタンダードといわれる考え方をどこまで意識して日本の教育や保育を動かしていくのかが問われています。

═ Column ═

家庭等における体罰禁止の法制化をめぐって

　この問題をめぐっては、2018（平成30）年から2019（令和元）年にかけて悲惨な虐待死事件が相次いだことが引き金となり、令和の時代に入って大きな法改正の動きがありました。まず、2019（令和元）年6月の児童虐待防止法・児童福祉法改正により、親権者や児童福祉施設の長などがしつけに際して体罰を用いることを禁じる規定が初めて盛り込まれました。さらに、2022（令和4）年12月の民法改正では、それまでの民法に存在していた「親権を行う者は、（中略）監護及び教育に必要な範囲内で、その子を懲戒することができる」という条文（改正前民法第822条のいわゆる「懲戒権」の規定）が削除され、代わって「子の人格の尊重等」をうたう次の条文（改正後民法第821条）が設けられました。

> **民法第821条**　親権を行う者は、前条の規定による監護及び教育をするに当たっては、子の人格を尊重するとともに、その年齢及び発達の程度に配慮しなければならず、かつ、体罰その他の子の心身の健全な発達に有害な影響を及ぼす言動をしてはならない。

　このように、「子どもの権利条約」の批准後も懸案とされてきた体罰の全面的禁止がようやく法制化されたことには、確かに重要な意義があります。ただ、これはまだ、実際にしつけと称して体罰が用いられることのない社会をつくっていくためのスタート地点に立ったというにすぎません。本当の意味で日本人の子育てや教育・保育のあり方が問われるのは、この先ということになるでしょう。

2　「多文化共生」の実現

　国内に在留する外国人の数は年々増えています。2022（令和4）年末の在留外国人数は過去最高を更新し、初めて300万人の大台を超えました[3]。今日の日本社会がすでに「多文化（multicultural）」の社会であることは確実です。子どもをめぐる状況も同様であり、2022（令和4）年5月1日現在、日本には外国人の子どもが、小・中学生相当の年齢だけに限ってみても約13万7千人が存在していること、また、そのうち1万人程度の子どもは「不就学」またはその可能性があることを、文部科学省の調査は明らかにしています[4][*10]。

　2016（平成28）年に「ヘイトスピーチ解消法」[*11]が制定・施行され、在留外国人への差別的言動を解消するための教育活動や取り組みを実施することが、国および地方公共団体の責務として定められました（同法第6条）。こうした法律をわざわざつくらなければならなかったこと自体が、現実に、日本の各地で「○○人出ていけ」のようなデモが行われたり、インターネット上で差別をあおる書き込みがなされたりすることがあるという事態を物語っています[*12]。

　このようにグローバル化の進行と表裏一体となって現れる対立・分断をどう乗り越え、**多文化共生の理念**を実現するかという問題とのかかわりで、教育現場における人権教育の充実は大きな意味をもっているといえます。また、実際に日本の学校に来ている外国人の子どもや帰国児童生徒に対する日本語の指導をどうするか、さらには生活習慣のような文化面の違いにどう対処するかということも課

🧢 さらに詳しく

＊10　文部科学省は2020（令和2）年7月に「外国人の子供の就学促進及び就学状況の把握等に関する指針」を策定し、そのなかで、外国人の子どもが就学の機会を逸することのないよう、就学案内等の情報提供を徹底することが必要と述べています[5]。ただし、その具体的な実施は市町村等の教育委員会の業務とされ、問題の解決は各地域の努力に委ねられているのが実情です。

☆ CHECK！

＊11　正式名称は、「本邦外出身者に対する不当な差別的言動の解消に向けた取組の推進に関する法律」です。

＊12　問題となった事例や対応についての詳細は、法務省が毎年作成・公表している『人権教育・啓発白書』などを参照してください（法務省のウェブサイトから読むことができます）。

図15-1　公立学校における日本語指導が必要な児童生徒数の推移
出典：文部科学省　「日本語指導が必要な児童生徒の受入状況等に関する調査」（2022年10月18日報道発表）

CHECK !

＊13　図15-1は小学校以上の状況ですが、就学前の乳幼児に関しては、厚生労働省が「外国籍等の子どもへの保育に関する調査研究」として、保育所等における外国籍の子どもの在籍状況や支援の取り組みをまとめた報告書（令和元年・2年）を公にしています[6]。ただし、同調査の対象には幼稚園と幼保連携型認定こども園は含まれません。

題となっています（図15-1）[*13]。これについては、日本語講師や母語ボランティア等の派遣に加え、外国人児童生徒が多く在籍する学校に「国際教室」を設置するといった取り組みを早くから進めてきた横浜市など、先進地域の取り組み事例が参考になるでしょう。

② ICT・デジタル技術の革新がもたらした教育課題

1　教師や保育者の世代交代

　現在、教育・保育の現場は、急速に進化するICT（情報通信技術：Information & Communication Technology）と**デジタル技術**（Digital Technology）への対応を迫られ、それらの新しいテクノロジーを活かして、いかに従来の教育内容・教育方法を刷新させていくかが問われています。**AI**（人工知能：Artificial Intelligence）の発達により、勉強を教えるだけならもはや人間の教師は不要になるのではないかといった声さえ聞かれるようになりました。

　読者のみなさんの多くは2000年以降に生まれ、幼少の頃からインターネット環境やパソコン、携帯・スマホ、ゲーム機等のデジタル機器が、身近に当たり前のようにあった人たちだと思います。そのみなさんが「子ども」であった頃すでに「大人」であった世代の人たちにとっては、デジタル・テクノロジーは最初から空気や水のように当たり前にあったのではなく、人生のある時点でその新鮮な登場に立ち会い、一つの選択（新製品を購入する、新サービスの利用を始めるなど）の結果として恐るおそる使い始めるに至ったものです。

　この経験の差は、子どもがICTやデジタル技術を使用することを「常識」的で自然と感じるか、それとも、可能な選択肢ではあっても「常識」とは思いにくいと感じるのかという、世代間のとらえ方のギャップにつながります。デジタル

ネイティブでない世代の大人たちにとっては、教育の ICT 化やデジタル化は常識でも自然な現象でもなく、いわば、時代の変化のなかで「やむを得ず」選択せざるを得なくなった方向性の一つにすぎないととらえる意識が強いと思われます。

　現在の教師や保育者たちはやがて表舞台から去り、読者のみなさんのような次の世代の人たちが、さらに新時代の子どもの教育・保育を担っていくことになります。テクノロジーの革新が今、教育界に突きつけている大きな課題の一つが、この世代交代をどうすれば円滑に成し遂げ、教育や保育を新しい時代にふさわしくバージョンアップできるかという点にあります。

2　〈知〉のあり方の根本的問い直し

　学校は何をするところかと問われたら、多くの人は「勉強するところ」、そして「友だちと過ごすところ」と答えるのではないでしょうか。実際、さまざまな分野の知識・技能を獲得することと、自分以外の他者と話したり協働したりしながら社会性を培うことは、学校教育に期待される 2 つの大きな成果といえるでしょう。この点は、就学前の教育や保育にも同じようにいえることだと思います[14]。一言でいえば、教育や保育の仕事は、子どもたちの〈知〉と〈コミュニケーション〉をはぐくむ仕事にほかなりません。

　しかし、まさにこの〈知〉と〈コミュニケーション〉こそ、現代の ICT やデジタル技術や AI の開発等により、そのあり方を大きく変えつつある当のものなのです。

　人がなにかを〈知〉っているというとき、そこには、レベルの異なるさまざまな〈知〉があります。たとえば、理屈ではなく身体が覚えており、特に意識せずとも自然にそのように動けるというレベルでの**〈身体知〉**[15]。思考という精神の働きを通して得られる**〈理知〉**（理性知・理論知）[16]。そして、自ら思考する手間をかけずとも、世間あるいはウェブ上に大量に流通している無数の情報のなかから気に入ったものを拾い出すなどの仕方で入手することのできる**〈情報知〉**があります[17]。問題は、テクノロジーの発展は〈情報知〉を極大化させることにはつながっても、ほかの 2 つの知（身体知と理知）はその結果どうなってしまうのかという点にあります。

　〈情報知〉の有益さや ICT によって、いつでもどこでも情報にアクセスできることの便利さはいうまでもありませんが、〈情報知〉さえあれば〈理知〉も〈身体知〉も不要と考えるのは間違いでしょう。それとも、AI さえあれば人間のアタマもカラダもいらなくなるのでしょうか。今後、どの発達段階の子どもたちに、どのような種類の〈知〉をどのようにはぐくんでいくべきか、抜本的な見直しが必要となっています。

覚えておこう

＊14　幼児教育・保育では教科を通して知識を学ぶのでなく、遊びや経験を通して能力を発達させていくことが中心となりますが、なにかが「できるようになる」ことは、そのなにかを「するすべを知る」ことと言い換えられるので、その意味では幼児教育でも〈知〉をはぐくむことが目指されているといってよいわけです。

CHECK !

＊15　ここでいう〈身体知〉に類似した言葉がいろいろあります。暗黙知、言語以前の知、非反省的な知、非認知能力などと呼ばれるものも〈身体知〉に含めて考えることができます。

さらに詳しく

＊16　〈理知〉は、「なぜこうなのか」など疑問から出発し、問題を解明しようとして論理的に考える、調べる、議論するといった、頭脳（特に言語的能力）を駆使する行為の結果として行き着くことのできる種類の知です。「これはこうだからこう」と、自ら納得したことを他者にも言語的に説明（論証）できることが条件となります。

CHECK !

＊17　〈情報知〉は〈理知〉とは異なり、必ずしも言語的に表現されるとは限りません。映像のような視覚的イメージや音響なども〈情報知〉の一種として機能することがあります。

3　〈コミュニケーション〉の根本的問い直し

　内閣府が毎年行っている「青少年のインターネット利用環境実態調査」の結果からデータを一部紹介しましょう。2022（令和4）年度調査の対象となった青少年（10歳から17歳までの5,000人）でインターネットを利用していると答えた人の75％は、使用する機器としてスマートフォンをあげました[7]。図15-2と図15-3は、これらの小・中・高校生が使用するスマートフォンが「自分専用」か

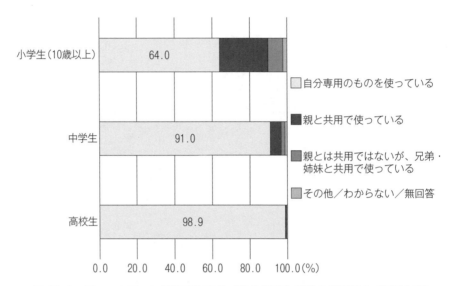

図15-2　スマートフォン利用者に見る「自分専用」機器の使用割合（2022年度）

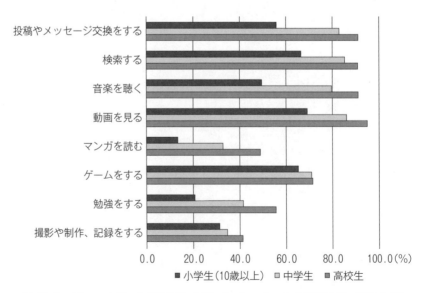

図15-3　スマートフォン利用者に見るインターネットの利用内容（2022年度）

注　対象者は同調査でインターネット接続機器として「スマートフォン」を利用すると回答した小学生417人、中学生955人、高校生987人。
出典：内閣府「令和4年度 青少年のインターネット利用環境実態調査（PDF版）」の図表2-1-1-3-3および図表2-1-1-4-5をもとに筆者が作成。

どうか、そして、スマートフォンでインターネットを利用するのは何をするとき
かを表しています。

　ちなみに、この 10 年前の 2012（平成 24）年に同じ調査が行われたときには、
従来型の携帯電話・PHS・スマートフォンのすべてを含めた「携帯電話」につい
て、「自分専用」の機器を所有していると答えた小学生は 24%、中学生でも 46%
にとどまっていました[8]。こうした過去のデータに照らして浮かび上がってくる
のは、デジタル・テクノロジーを用いてコミュニケーション行動を行う年齢層、
しかも、普通の大人と同じく自分のスマートフォンでメッセージの送受信を行う
年齢層が、高校生から中学生、中学生から小学生というふうに、下方へ拡大しつ
つあることです。

　空間的な制約を超え、同時双方向的に多数の人と交信できることや、言葉だけ
でなく画像や動画のやりとりなども双方向で自由に行いやすいこと、立場の弱い
人でも匿名ないし仮名で堂々と意見を主張できることなど、デジタル時代のコ
ミュニケーションが可能にしたことは、たくさんあります。しかし、大人たちが
ビジネスや娯楽のなかで便利だと感じるコミュニケーションのあり方と、人生の
初期段階にある子どもたちに対し、教育や保育を通して習得させなければならな
いコミュニケーションのあり方は、はたして同じものでしょうか。

　プロのスポーツ選手が行うのと同じトレーニングのメニューを、スポーツ教室
に通う筋肉や骨格の未熟な幼児や小学生に強いる人はいないでしょう。同様に、
教育の ICT 化・デジタル化を進めるにあたっては、子どもにとっての必要は大
人にとってのそれと必ずしもイコールではないということに留意すべきです。

③ 価値の多様化がもたらした教育課題

　ダイバーシティ（diversity）、すなわち「**多様性**」という言葉が、しばらく前か
ら現代社会において尊重されるべき価値を表す流行語となっています。企業にお
いては雇用や人材登用、あるいは起業との関連でいわれることの多い言葉ですが、
前述した多文化の社会における人種的・文化的・宗教的多様性、また、この後に
触れる障害者福祉的視点での多様性やセクシュアリティ（sexuality）の多様性な
どは、今日、教育の世界においてさかんに議論される話題となっています。「み
んなちがって、みんないい」[18]と、もっぱらプラスのイメージをともなって語
られることの多い「多様性」ですが、教育の問題として考えるならば一筋縄では
いかない、なかなかむずかしい面をもっていることも事実です[19]。

　ここからは、「多様性」が教育にもたらす課題について、障害児と性のありか
たについての 2 つのトピックをとりあげ考えます。

*18　これは、もち
ろん、童謡詩人・金子
みすゞ（1903-1930 年）
の有名な詩「私と小鳥
と鈴と」の名高い一節
です。

さらに詳しく

*19　なぜ「むずか
しい」かというと、価
値が「多様化」してい
るということは、言い
換えれば価値が「不確
実化」してしまった、
何が善いのか悪いのか、
はっきりしなくなった
ということでもあるか
らです。それは、なん
らかの「善さ」へ到る
ことを目的として行わ
れる行為としての教育
にとっては、危機的な
状況といえるかもしれ
ません。

図15-4　障害者差別解消法の改正をPRする内閣府作成リーフレットの表紙

＊20　同条約第2条に見るこの言葉の定義は、以下のとおりです。「『合理的配慮』とは、障害者が他の者との平等を基礎として全ての人権及び基本的自由を享有し、又は行使することを確保するための必要かつ適当な変更及び調整であって、特定の場合において必要とされるものであり、かつ、均衡を失した又は過度の負担を課さないものをいう」。ここで「合理的(reasonable)」という言葉は、障害者が社会のなかで不利益を強いられている状況を改善するのが当然の道理であるという意味と、そのために行う配慮は無理のないものでなければならないという、二重の意味でいわれています。

1　障害のある子どもへの合理的配慮

　2021（令和3）年に「障害を理由とする差別の解消の推進に関する法律（障害者差別解消法）」の改正法が成立して、2024（令和6）年4月1日から改正後の規定が適用となります。この法改正により、公立・私立を問わずすべての事業所に（当然、学校や幼稚園・保育所にも）「**合理的配慮の提供**」が義務づけられました（図15-4）。

　「合理的配慮（reasonable accommodation）」という言葉は、2006（平成18）年12月に国連総会で採択された「**障害者の権利に関する条約**」に由来しています[20]。同条約は、「差異の尊重並びに人間の多様性の一部及び人類の一員としての障害者の受入れ」を「一般原則」とする立場から、「合理的配慮の否定」は「障害に基づく差別」の一つにあたるものと位置づけ、「差別を撤廃することを目的として、合理的配慮が提供されることを確保するための全ての適当な措置をとる」ことを締約国に要求しています（同条約第2条・第3条・第5条）。

　ここに表れているのは、障害の有無を健常か否かではなく「人間の多様性」の問題としてとらえ、人間であれば当然保障されるべき「人権及び基本的自由」を、不利な条件をこうむりやすい障害者も公平に享受できるよう、「合理的配慮」にもとづき処遇しなければならないという考え方です。教育や保育の世界でもこの考え方が基本に据えられるようになったことは、きわめて意義のある変化だといえます。

　一方、2022（令和4）年の文部科学省の調査から、通常学級に在籍する児童生徒のうち「学習面、各行動面で著しい困難を示す」とされた児童生徒（発達障害の可能性がある児童生徒）の推計値が、小学生10.4％、中学生5.6％、高校生2.2％であることが明らかになっています[9]。小学生の10人に1人という割合は目を引くものがあり、学校現場の教員たちが「合理的配慮」にどのように取り組むかが課題になっています。

2　セクシュアリティの多様性

　21世紀に入り、諸外国のなかには、婚姻に関する自国の法律を改正して、同性のカップルにも異性のカップルと同様に婚姻を認める（もしくは婚姻と同等の権利を保障する）国々が増えてきました[21]。国連の人権理事会も、2011年6月に「人権、性的指向およびジェンダー同一性（Human rights, sexual orientation and gender identity）」と題する決議を採択し[10]、同性愛者や性同一性障害者、トランスジェンダーと呼ばれる人々などへの暴力と差別・人権侵害に対する「重大な懸念」を、世界に向けて発信しました。こうした国際的な流れは当然わが国にも波及し、2023（令和5）年における「LGBT理解増進法」[22]の制定につながりましたが、国会での審議の過程において、gender identityを日本語にどう訳すかなど、微妙な点をめぐる各党の考え方の相違が浮き彫りになったことも事実です[11]。

　文部科学省は、2015（平成 27）年に都道府県教育委員会等に対する通知「性同一性障害に係る児童生徒に対するきめ細かな対応の実施等について」を発出し、「性同一性障害に係る児童生徒や『性的マイノリティ』とされる児童生徒に対する相談体制等の充実」を求めました。2022（令和 4）年 12 月に公表された『生徒指導提要 ［改訂版］』のうちにも、「『性的マイノリティ』に関する課題と対応」について記述した部分が新たに盛り込まれています。

　人間の性のあり方（セクシュアリティ）には解明されていない部分も多く、とらえ方もさまざまなので、議論の際にどういう用語を用いるべきというところからして微妙な、むずかしい問題といえます。それでも、問題から目を背けず、むしろ、セクシュアリティの多様さを人間存在の奥深さとしてとらえ、当事者の語りに耳を傾けながらオープンに議論を展開していくことこそ、教育の未来をひらくことにつながるはずです。学校や園においては、まずは教師・保育者自身が研修等の機会を活かしてこの問題への理解を深め、相談を受けた場合の適切な対応や、偏見の除去につながるような授業のあり方を研究していくことが課題となるでしょう。

表 15- 1 　性同一性障害に係る児童生徒に対する学校における支援の事例

項目	学校における支援の事例
服装	・自認する性別の制服・衣服や、体操服の着用を認める。
髪型	・標準より長い髪形を一定の範囲で認める（戸籍上男性）。
更衣室	・保健室・多目的トイレ等の利用を認める。
トイレ	・職員トイレ・多目的トイレの利用を認める。
呼称の工夫	・校内文書（通知表を含む）を児童生徒が希望する呼称で記す。 ・自認する性別として名簿上扱う。
授業	・体育又は保健体育において別メニューを設定する。
水泳	・上半身が隠れる水着の着用を認める（戸籍上男性）。 ・補習として別日に実施、又はレポート提出で代替する。
運動部の活動	・自認する性別に係る活動への参加を認める。
修学旅行等	・1 人部屋の使用を認める。入浴時間をずらす。

出典：文部科学省『生徒指導提要 ［改訂版］』2022 年　 p.266

④ 少子高齢化がもたらした教育課題

　2070 年には日本の人口は今より 3 割減の 8,700 万人になり、とりわけ子どもの出生数は 2020（令和 2）年の 81 万人から 50 万人程度にまで落ち込むという推計があります 13)*23。子どもの数が減少すれば今日の学校や園のような集団での教育や保育が成り立たなくなってしまうため、**少子化**は、現代日本の数ある教育課題のうちでも最も深刻な問題の一つといえるのではないでしょうか*24。

さらに詳しく

＊21 　同性婚法制化の動きは 2001 年のオランダから始まりました。以来、主要国だけ見ても、カナダ（2005 年）、フランス（2013 年）、イギリス（2014 年）、アメリカ（2015 年）、ドイツ（2017 年）、オーストラリア（2017 年）などはすでに同性婚を認めています。2019 年にはアジアで初めて台湾が法制化したことが話題となりました。

CHECK !

＊22 　この法律の正式名称は、「性的指向及びジェンダーアイデンティティの多様性に関する国民の理解の増進に関する法律」です。2023（令和 5）年 6 月 23 日に公布され、同日施行されました 12)。

CHECK !

＊23 　人口の推計値には中位推計・高位推計・低位推計の 3 種があり、本文に記した数値は「出生中位 - 死亡中位」の推計結果です。

CHECK !

＊24 　もっとも、生涯教育の視座に立つなら学習の主体が必ずしも子どもである必要はないわけですが、ここで少子化が深刻な問題だというのは、あくまで教育や保育の営みを次世代の育成として考えた場合のことです。

2023（令和5）年、岸田首相率いる政府は「こども・子育て政策の強化」と「次元の異なる少子化対策」＊25 を進めていくと公言し、4月1日付で「こども家庭庁」＊26 を発足させました[14]。はたしてその政策が功を奏し、日本の出生数や総人口が上昇に転じる日は来るのでしょうか。先を見守るしかありませんが、子育て支援策だけを単独で進めても効果は薄く、若者が自分の老後までを含めた将来の生活に安心と希望をもてるような社会にならないかぎり、結婚や出生数の増加は見込めないという見方もあります＊27。

少子高齢化といわれるように、少子化が進めば必然的に、人口比に占める高齢者の割合（高齢化率）は高まります。国立社会保障・人口問題研究所の推計では、2020（令和2）年に28.6％だった65歳以上人口の割合は、2070年には38.7％になるとされています[16]。

しかし、高齢化の真の問題は「高齢者が多いこと」自体にあるのではありません。どの高齢者もみな、生きがいをもって幸福に生きられるような社会であり、かつ、若年人口がそれなりに保たれている社会であれば、高齢者の数の多さはまったく問題とはならないはずです。

同様に少子化も、それ自体が問題というより、今の現実の日本社会が、子どもを産み育てることを「生きがい」や「幸せ」とは感じにくいような社会になっており、しかもその状況からなかなか抜け出せないというところに真の問題があるといえます。社会全体に漂う不安感から結婚・出産する人が減少して少子化が進行し、少子高齢化の進行によってますます社会不安が増大するといった負のループからいかに脱出するかというむずかしい課題に、私たちは直面しています。

このような社会の現状があるなか、教師・保育者が特に意識を強くもたねばならないことが2つあります。一つは、〈コミュニケーション〉のあり方です。同年代の子どもの数の減少がそのまま子ども同士の〈コミュニケーション〉や人間関係面での貧困化につながらないような工夫が、教育・保育の現場に求められます。もう一つは、学校教育における探究的な学習やディスカッションなどの主題として少子高齢化の問題を積極的にとりあげ、子どもたちが、未来の社会をつくる当事者としての意識をもてるようにしていくことです。このことは少子高齢化だけでなく、本節で話題にしたすべての「現代の課題」とのかかわりで必要なことです。

3　現代を生きる教師・保育者の課題

1　教師や保育者の「現実」をどう見るか

「ストレスで心を病む先生が多い」ということもいわれます。文部科学省によ

る 2021（令和 3）年度調査の結果として、公立学校教職員の「精神疾患による病気休職者数」が「5,897 人（全教育職員数の 0.64％）で、2020（令和 2）年度（5,203人）から 694 人増加し、過去最多」であったと報道があったのも事実です[17]。

しかし、同じ年に厚生労働省が実施した、全産業種から抽出した約 14,000 事業所を対象とする調査結果を見ると、「メンタルヘルス不調により連続 1 か月以上休業した労働者の割合」は、前年度から 0.1％増の「0.5％」とあります[18]。「全教育職員数の 0.64％」という数値はこれより〈わずかに高い〉という見方もできますし、〈違いはわずかしかない〉ともいえる微妙なところです。もともと教師や保育者のような対人援助職は生身の人間と密接にかかわるなかで細やかな気遣いを絶えず必要とし、それだけ精神的に疲れることも多い仕事であるため、今後その根本的な課題への対応が必要になると考えられます。

残念ながら、学校の職員室でパワーハラスメントや教員間のいじめなど、きわめて不適切な行為が行われていたことが判明する事例もあることは否定できません。ただ、その種の情報がニュース性のある話題としてメディアで報じられたり、SNS で広まり「炎上」したりするのは、そういったことがけっして日常茶飯に起こることではないから（もし日常的なことなら、いまさら誰も騒ぎ立てる人はいないはずです）にすぎないことも、一面の事実です。

② 教師や保育者を目指す人へ

みなさんのなかには、教師や保育者の姿にあこがれをもち、教員免許状や保育士の資格取得を本気で目指しておられる人が少なくないでしょう。最後にそのような人へ向けて申し上げたいのは、「子どもたちへの愛情とともに、勇気と自信と誇りをもって進んでください」ということです。

現代という時代の状況を考えると、このいわば当たり前のことが、今、むずかしくなっているように思います。これまで見てきたような変化の荒波がいくつも一度に押し寄せ、教育・保育の未来像が見えにくくなっているのが実情なのです。

しかし、そういう時代だからこそ、**子どもたちの〈知〉と〈コミュニケーション〉を豊かにはぐくむ教師や保育者の存在の重要性**が高まっており、その役割が、みなさんのような若い世代のかたがたに期待されています。目まぐるしく変化する時代に勇気をもって立ち向かうことが、現代を生きる教師・保育者の最大の課題といえるでしょう。

本章では「グローバル化」「ICT・デジタル技術の革新」「価値の多様化」「少子高齢化」の 4 つの社会変動に目を向け、その結果として今、教育の何が問われているのかを見てきました。未来を生きていく子どもたちのよき伴走者となるべく学んでいるみなさんが、この社会で起こりつつあることに関心をもち、主体的

に学び行動する姿勢を示すことは大切なことです。教師や保育者が子どもたちの
ロールモデルであることは、社会がどのように変化しようと変わらないはずです
から。

POINT

・現代の教育の課題の多くは、現代社会の課題と重なっています。
・現代の顕著な動向として、たとえばグローバル化、デジタル技術の革新、価値の多様化、
　少子高齢化などがあり、教育界はそれらへの対応を迫られています。
・いま、教師や保育者が問い直さなければならないのは、子どもたちにどのような種類の
　〈知〉と〈コミュニケーション〉をはぐくんでいくかということです。

演習問題

① （A）あなたのいる都道府県に居住する在留外国人数と、（B）同じくあなたのいる都道府
　県の公立学校に在籍する、日本語指導が必要な児童生徒数を調べましょう。公式発表のな
　されているウェブサイトを情報源とし、現時点で最新のデータを探してください。

② 内閣府の「青少年のインターネット利用環境実態調査」では、0歳から満9歳までの子ど
　もの保護者（3,000人）を調査対象に含め、乳幼児のインターネットや情報機器の利用状況
　を尋ねています。この最新の調査結果を調べ、「スマートフォン」を利用する2歳、3歳、
　4歳、5歳の各年齢の子どもの割合をつきとめてください。

演習問題　解答例

第1章

① 野生児の事例をふまえれば、人間は、人間の両親から生まれたからといって、そのまま人間として成長することはできません。教育を通じて、人間としての知識、技能、規範、習慣などを身につけることで、初めて人間は人間らしく振る舞えるようになります。そのため、教育とは、人間が人間として成長し生きるために必要不可欠な営みであるといえます。

② 幼稚園・保育所・認定こども園のどこで幼児期を過ごそうとも、卒園した子どもは小学校などへ進学します。そのため、3施設の教育の目的や目標、内容などを共有することで、子どもがどの施設に通っていても一定の水準の教育を受けながら、生涯にわたる人格形成の基礎および学習や生活の基盤を培っていけるようにしたのだと考えられます。

第2章

① 主体性を発揮する機会が増えることがありますが、画一的な内容を押しつけるなどによって、個性が尊重されないこともあります。

② 教育・保育にかかわる者は、子どもを中心におく観点をもちつつ、さらにそうしたことを大切にできるような社会を実現させるよう、時代に安易に迎合するのではなく、自分で考えて行動する態度が必要になります。

第3章

① 幼稚園や保育所、小学校では、子どもの発達の特徴をとらえ、タイミングを考慮して、適切な働きかけを行っています。ただし、子どもの発達には個人差があり、生育の状況、家族や周囲の環境等の影響を受けています。教師・保育者は、それらを考慮し、子どもを学校・園全体で理解し、家族と共有するとともに、必要な支援を行うことが大切になります。

② 子どもの生活は、幼稚園、保育所、小学校以外に家庭、地域社会を基盤としています。また、現在の育ちはこれまでの育ちを土台とし、今後の育ちの基盤となります。そこで、教育・保育は、たんに現在・ここで行われていることだけではなく、子どもの生活や育ち全体との関係から理解し、子どもの幸せや安心という視点で考慮する必要があるのです。

第4章

① 日曜日に労働する子どもたちを主な対象とし教育を行った「日曜学校」、「モニトリアル・システム」を採用した「助教法学校」などがありました。子どもたちの精神的退廃を防ぐことなどを目的としていました。

② 公教育を社会の義務と考えました。教育の機会が平等に保障されないことは、もっているはずの権利を行使できないことや、他者との従属関係を解消できないなどの不平等につながると考えました。

第5章

① 一つは、日本において初の近代的な学校教育となった明治期の学制の制度です。また、軍国主義的な教育への反省から、教育の民主化・自由化が進められていく第二次世界大戦後の教育改革も重要な節目です。

② 一例として、学校での学習内容が増大し、受験戦争が激化していく1960年代には、子どもの「塾通い」が社会の注目を集めました。同じ時期には、幼児に対する知育の過熱傾向も見られました。教育の拡大は、子どもが遊んだり休憩したりする余暇の時間にも大きな影響を与えていくのです。

第6章

① どの視点を重視しようと考えても間違いはありません。挨拶などの社会性をはぐくむために「教える」視点を重視する、環境構成を工夫して、興味や関心を「引き出す」視点を重視する、子どもとともに成長していきたいので「学ぶ」視点を重視するなどが、例としてあげられます。

② ①挨拶する習慣を身につけてほしい→そのために自ら挨拶する姿を見せて、子どもたちに挨拶の仕方を教えたい、②絵本に興味をもってほしい→そのためにさまざまな絵本を手に取れるように用意し、読み聞かせを重視したい、③元気に主体性をもった子どもに成長してほしい→そのために外遊びを一緒にして、友だちとやりたいことをする経験を提供したい、などが例としてあげられます。

第7章

① ヨーロッパやアメリカの教育思想は、近代的な「個人」から出発し、そこから社会や国家の形成を考えますが、

日本の教育思想は、教育勅語が典型的なように、天皇制国家のあり方から出発し、そこから個人のあり方を考えようとするところに特徴があります。個人を尊重するか、全体を尊重するかという点で、欧米と日本の教育思想の違いが認められます。

② 教育の思想を学ぶことは、自分自身の教育の実践を支えるものを獲得することです。何の手がかりもなく、やみくもに実践しようとしても、うまくいかないことが多いでしょう。教育思想を学ぶことで、子どもの発達や教育方法の考え方、そもそもどのような教育が「よい」教育なのかといったことを念頭に置いた実践が可能になります。教育実践のためのヒントを得ることが、教育の思想を学ぶ意味だと考えられます。

第8章

① 保育制度・学校制度などさまざまな違いがあります。教科書制度・授業スタイル、教員養成課程などにも違いがありますし、放課後活動にも違いがあります。こうしたさまざまな違いには、関連性もあります。たとえば、就学前教育を義務教育に含んでいるフランスは、幼児教育において小学校への準備を重視しています。

② 専門性の高い教師・保育者によって、子どもの違いを尊重できる教育が望ましい教育なのではないでしょうか。ただし、専門性の高い教師・保育者をどのように養成し、どのように確保するかはむずかしい問題です。また、子どもの違いを尊重できる教育とはなにかについても、学校のなかだけでなく放課後も合わせて考える必要があります。

第9章

① 第11条に新たに幼児教育についての文言が追加されました。この文言によって、保育施設の教育のみならず、家庭における教育や地域社会でのさまざまな教育の機会が「生涯にわたる人格形成の基礎を培う重要なものである」と国民に意識づけをはかるとともに、地方自治体での環境整備を促す根拠となっています。

② 幼児期の保育は、生命の保持および情緒の安定を図る生存を保障するための「養護（保護）」的かかわりと、環境を通して子どもの人格形成を促す「教育」的働きかけの両方を含んでいます。教育というと、小学校以降の系統的な学習を想定してしまいがちですが、幼児期には系統的な学習を求めるのではなく、人的・物的環境を通した学びによる成長を促すべきです。

第10章

① 「子どもの権利条約」のなかから、乳幼児期の教育・保育について考えるうえで大切と考える条項は、第12条「子どもの意見表明権」です。その理由は、本書にも書かれていましたが、社会では子どもの年齢が低くなればなるほど、子どものなかにある思いや気持ち、意思などが軽んじられる傾向があり、そうした子どもの立場に立つことが大切で、教育・保育は、その尊重なくして成立しないと考えるからです。

② 日本は、AI、バーチャルリアリティ、ビッグデータなどの技術革新により、Society5.0 という時代を迎えつつあります。AIに注目するならば、それが人間に代わって莫大な情報を分析し判断する機会が増えてくることが予想されます。だからこそ、乳幼児期において、遊びを通じて、子ども自身がさまざまな工夫をし、想像をめぐらせ、さらに創造していく機会をたくさんつくることが大切になると考えます。

第11章

① 小学校以降の教育について考えるときの手がかりになるのが、学習指導要領です。学習指導要領には、教科等の目標や大まかな教育内容が示されており、現行の学習指導要領は 2020（令和2）年から施行されています。この改訂にあたって、各教科等において「知識及び技能」「思考力、判断力、表現力等」「学びに向かう力、人間性等」の3つの資質・能力を育成することとされました。これは、就学前の教育・保育と基本的に重なるものであり、就学前から高等学校まで継続して目指されるものになります。

② 子どもたちにとって、就学前の教育・保育から小学校教育への移行は簡単なものではありません。そのため、就学前の5歳の後半には「5領域（保育内容）」や「幼児期の終わりまでに育ってほしい姿」を手がかりにしながら、小学校以降の学びを見通した活動を実現するアプローチカリキュラムを用意しています。また、小学校入学直後には「幼児期の終わりまでに育ってほしい姿」をふまえて、小学校生活にスムーズに移行できるように時間割を工夫したり、就学前の教育・保育からの学びの連続性を重視した活動を計画したりするスタートカリキュラムがあります。

第12章

① 健康：全身を使って遊ぶ遊び
　　人間関係：ルールを守る、（おに遊びの種類によっては）友だちと協力する
　　環境：その環境に合わせて走ったり隠れたりする
　　言葉：友だちとのやり取り
　　表現：（おに遊びの種類によっては）なにかのふりをする

② 子どもたちのそのときの興味・関心を拾い、その遊びをさらに発展させるために計画を立てます。また、その計画を遂行した後、保育は適切であったかを評価するための手立てとし、その後の保育計画に反映させていきます。

第13章

① モンテッソーリ教育では、子どもの発達を6年ごとに分けており、特に0～6歳までの乳幼児期を大切にしています。また、感覚の敏感期を利用し、意識して教具を用いて感覚器官を使って練習することで、五感を研ぎ澄ませる感覚教育を重視しています。

② 教師が子どもの活動をすべて決めたり誘導したりするのではなく、子どもたちの自立性や自発性を尊重することが求められます。また、子どもたちが自ら積極的に活動に取り組めるような環境設定を計画する必要があります。

第14章

① 生涯学習のための実践としては、主体的・対話的で深い学びを積み重ねていくことと考えられます。たとえば、小学校では、自由研究で課題解決学習に取り組み、その成果と課題をクラスのなかで発表することで、主体的・対話的で深い学びとなります。この学びのプロセスのなかで、教師が段階ごとに学び方の指導をしていきます。

② 日頃から継続的に取り組める自己研修としては、一つには放送大学の授業を活用することができます。放送大学では、一般の人々に対しても、オープンコースウェアだけではなく、BS放送の放送大学のチャンネルも使い、授業を配信しています。BS放送で授業を定期的に視聴し、授業のための教材研究を深めていきます。

第15章

① (A)https://www.moj.go.jp/isa/（法務省出入国在留管理庁のWebサイト）から入り、「公表情報」＞「プレスリリース」（報道発表のこと）＞「○○年のプレスリリース」とたどっていくと、「いついつ現在における在留外国人数について」という記事が見つかるので、そこから調べます。

(B)文部科学省の行っている「日本語指導が必要な児童生徒の受入状況等に関する調査」の最新の調査結果を見る必要があります。次のURLにアクセスして必要なところをクリックして開き、調べてください。https://www.e-stat.go.jp/statistics/00400305

② 次のURL（内閣府「青少年のインターネット利用環境実態調査」のページ）からアクセスし、最新の調査結果を示すファイルを開いて調べてください。https://www8.cao.go.jp/youth/youth-harm/chousa/net-jittai_list.html
ちなみに、令和4年度調査の結果を見ると、2歳─23.8％、3歳─20.2％、4歳─26.5％、5歳─26.2％となっています。

文献リスト

引用文献

第1章
1）新村出編『広辞苑［第7版］』岩波書店　2018年　p.754
2）Summers, Della, 1991, *Longmam dictionary of contemporary English*（newedition）, Harlow, Longman, p.325.
3）法務省「憲法の意義」（https://www.moj.go.jp/shingi1/kanbou_houkyo_kyougikai_qa03.html）
4）文部科学省「2 義務教育の目的、目標」
　（https://www.mext.go.jp/b_menu/shingi/chukyo/chukyo0/toushin/attach/1419867.htm）
5）文部科学省「教育基本法制定の要旨（昭和22年5月3日）」
　（https://www.mext.go.jp/b_menu/kihon/about/003/a003_05.htm）。

第2章
1）J. A. L. シング『野生児の記録1　狼に育てられた子』福村出版　1977年
2）西平直『教育人間学のために』東京大学出版会　2005年　pp.18-25
3）井谷信彦「教育の意義——ヒトは教育によって人間になる」『いまがわかる教育原理』みらい　2018年　pp.14-25
4）フィリップ・アリエス『〈子供〉の誕生　アンシャン・レジーム期の子供と家族生活』みすず書房　1980年
5）北本正章『子ども観と教育の歴史図像学　新しい子ども学の基礎理論のために』新曜社　2021年　p.332
6）同上　p.331
7）ルソー『エミール（上）』岩波書店　2007年　pp.22-23
8）西研『ルソー　エミール　自分のために生き、みんなのために生きる』NHK出版　2017年　p.14-20
9）同上　pp.150-153
10）北本正章『子ども観と教育の歴史図像学　新しい子ども学の基礎理論のために』新曜社　2021年　p.381-382
11）同上　pp.396-397
12）「人口政策確立要綱」1941年
13）逸見勝亮『学童集団疎開史　子どもたちの戦闘配置』大月書店　1988年　pp.97-98
14）湯川嘉津美「倉橋惣三における国民幼稚園論の展開」『上智大学教育学論集』32号　1998年
15）倉橋惣三「国民保育者」『幼児の教育』39（12）　1939年　p.4
16）倉橋惣三「戦時保育の本義と実際（1）」『幼児の教育』43（8）　1943年　p.6
17）倉橋惣三「幼稚園保育に於ける時局的反省の問題」『幼児の教育』38（8-9）　1938年　pp.89-90
18）倉橋惣三「戦時保育の本義と実際（3）」『幼児の教育』43（12）　1943年　p.2
19）倉橋惣三「幼稚園保育に於ける時局的反省の問題（2）」『幼児の教育』38（10）1938年　p.52
20）同上　p.50
21）湯川　前掲論文　p.8
22）同上　pp.8-9
23）日本教育法学会編『コメンタール教育基本法』学陽書房　2021年　pp.61-63
24）青木孝治「前文」『法律時報増刊　教育基本法改正批判』2004年　p.77
25）竹内俊子「教育の機会均等（第3条）」『法律時報増刊　教育基本法改正批判』2004年　pp.90-91
26）小島喜孝「能力主義の教育システム化と個性論」『法律時報増刊　教育基本法改正批判』2004年　pp.32-33
27）世取山洋介「教育改革および教育基本法改正論の新自由主義的側面の批判的検討」『法律時報増刊　教育基本法改正批判』2004年　pp.18-19
28）世取山洋介「教育人権と新自由主義教育改革」『日本教育法学会年報』（48）2019年　pp.45-49

第3章
1）森上史朗・柏女霊峰編『保育用語辞典［第3版］』ミネルヴァ書房　2004年　p.245
2）中島常安ほか『発達心理学用語集』同文書院　2006年　p.51
3）林邦雄ほか監修、大沢裕編『教育原理』一藝社　2012年　pp.40-41
4）柴崎正行編著『保育内容の基礎と演習［改訂版］』わかば社　2018年　p.10

5）榎沢良彦・上垣内伸子編著『保育者論――共生へのまなざし』同文書院　2010 年　pp.115-135
6）森上史朗・柏女霊峰編著『保育用語辞典［第 5 版］』ミネルヴァ書房　2009 年　pp.6-7
7）森上史朗・柏女霊峰編著『保育用語辞典［第 5 版］』ミネルヴァ書房　2009 年　p.7
8）榎沢良彦・上垣内伸子編著『保育者論――共生へのまなざし』同文書院　2010 年　pp.132-135

第 4 章
1）教育思想史学会編『教育思想事典［増補改訂版］』勁草書房　2017 年　p.91
2）梅根悟『新装版 世界教育史』新評論　2002 年　p.104
3）石橋哲成・佐久間裕之編著『西洋教育史［新訂版］』玉川大学出版部　2019 年　pp.16-17
4）梅根悟『新装版 世界教育史』新評論　2002 年　pp.106-112
5）同上　pp.145-146
6）同上　p.152
7）全国歴史教育研究協議会編『世界史用語集［改訂版］』山川出版社　2022 年　p.162
8）梅根悟『新装版 世界教育史』新評論　2002 年　pp.155-156
9）江藤恭二監修、篠田弘ほか編『新版 子どもの教育の歴史　その生活と社会背景をみつめて』名古屋大学出版会　2008 年　p.31
10）江藤恭二・木下法也ほか編著『西洋近代教育史』学文社 1979 年　p.154
11）梅根悟監修、世界教育史研究会編『イギリス教育史Ⅱ』講談社　1981 年　pp.171-177
12）田口仁久『イギリス学校教育史』学芸図書　1975 年　p.31
13）全国歴史教育研究協議会編『世界史用語集［改訂版］』山川出版社　2022 年　p.160
14）木村靖二・佐藤次高ほか『アナウンサーが読む 聞く教科書 山川詳説世界史』山川出版社　2013 年　p.212
15）田口仁久『イギリス学校教育史』学芸図書　1975 年　p.32
16）梅根悟『新装版 世界教育史』新評論　2002 年　p.286
17）石橋哲成・佐久間裕之編著『西洋教育史［新訂版］』玉川大学出版部　2019 年　p.67
18）江藤恭二・木下法也ほか編著『西洋近代教育史』学文社　1979 年　pp.156-157
19）土方直史『ロバート・オウエン』研究社　2003 年　pp.33-34
20）江藤恭二・木下法也ほか編著『西洋近代教育史』学文社　1979 年　p.165
21）ロバアト・オウエン著、楊井克巳訳『新社会観』岩波書店　1954 年　p.44
22）石堂常世『フランス公教育論と市民育成の原理――コンドルセ公教育論を起点として』風間書房　2013 年　pp.91-113
23）コンドルセ著、松島鈞訳『公教育の原理』明治図書　1962 年　p.10
24）田中克佳編著『教育史 古代から現代までの西洋と日本を概説』川島書店　1987 年　pp.135-136
25）江藤恭二・木下法也ほか編著『西洋近代教育史』学文社　1979 年　p.187
26）田中克佳編著『教育史 古代から現代までの西洋と日本を概説』川島書店　1987 年　pp.141-142
27）梅根悟監修、世界教育史研究会編『イギリス教育史Ⅱ』講談社　1981 年　pp.44-53
28）田中克佳編著『教育史 古代から現代までの西洋と日本を概説』川島書店　1987 年　p.142
29）梅根悟監修、世界教育史研究会編『フランス教育史Ⅱ』講談社　1981 年　p.34
30）梅根悟監修、世界教育史研究会編『フランス教育史Ⅱ』講談社　1981 年　pp.126-138
31）江藤恭二・木下法也ほか編著『西洋近代教育史』学文社　1979 年　pp.203-204
32）コンドルセ著、松島鈞訳『公教育の原理』明治図書　1962 年　p.31
33）石堂常世『フランス公教育論と市民育成の原理――コンドルセ公教育論を起点として』風間書房　2013 年　p.144
34）コンドルセ著、松島鈞訳『公教育の原理』明治図書　1962 年　p.34

第 5 章
1）鳥越信『はじめて学ぶ日本の絵本史Ⅱ　15 年戦争下の絵本』ミネルヴァ書房　2002 年　p.1

第 6 章
1）プラトン著、加来彰俊・藤沢令夫訳『プラトン全集 9』岩波書店　1974 年　p.301
2）同上　p.321
3）同上　p.257
4）同上　p.332
5）プラトン著、山本光雄・藤沢令夫訳『プラトン全集 8』岩波書店　1975 年　pp.134-135
6）コメニュウス著、鈴木秀勇訳『大教授学 1』明治図書出版　1962 年　p.35

7）ジョン・ロック著、大槻晴彦訳『人間知性論1』岩波書店　1972 年　p.44

8）ジョン・ロック著、梅崎光生訳『教育論』明治図書出版　1960 年　p.45

9）同上

10）同上　p.46

11）同上　p.185

12）ルソー著、今野一雄訳『エミール（上）』岩波書店　1962 年　p.23

13）ルソー著、西川長夫訳『ルソー全集7』白水社　1982 年　p.462

14）田中克佳編著『教育史』川島書店　1987 年　p.114

15）デューイ著、市村直久訳『学校と社会・子どもとカリキュラム』講談社　1998 年　p.262

16）デューイ著、宮原誠一訳『学校と社会』岩波書店　1957 年　p.45

17）中島一恵著「20 世紀初頭イギリスにおけるマクミランの保育学校の特質と意義に関する研究」日本保育学会『保育学研究』第 54 巻第 1 号　2016 年　pp.22-24

第7章

1）源了圓『徳川思想小史』中央公論新社　2021 年　p.37

2）同上　p.48

3）辻本雅史『近世教育思想史の研究——日本における「公教育」思想の源流』思文閣出版　1990 年　p.119

4）源了圓『徳川思想小史』中央公論新社　2021 年　p.82

5）同上　p.246

6）石川松太郎『新装版　藩校と寺子屋』教育社　1989 年　pp.22-24

7）丸山眞男、松沢弘陽編『福沢諭吉の哲学　他六篇』岩波書店　2001 年　p.36。〔〕内は引用者）

8）福澤諭吉『福澤諭吉著作集　第 3 巻』慶應義塾大学出版会　2002 年　p.6

9）福澤諭吉『福澤諭吉著作集　第 5 巻』慶応義塾大学出版会　2002 年　p.299

10）辻本雅史『近世教育思想史の研究——日本における「公教育」思想の源流』思文閣出版　1990 年　p.283

11）小原國芳ほか『八大教育主張』玉川大学出版部　1976 年　p.4

12）汐見稔幸ほか編『日本の保育の歴史』萌文書林　2017 年　p.152

13）同上　pp.146-147

14）同上　pp.148-149

15）倉橋惣三『倉橋惣三選集　第 1 巻』フレーベル館　1965 年　p.23

16）同上　p.44

17）同上　p.57

18）同上　p.47

19）木村元『学校の戦後史』岩波書店　2015 年　p.52

20）森昭「現代教育哲学の道」『理想』第 134 号　理想社　1942 年　p.85

21）城戸幡太郎『幼児教育論』賢文館　1939 年　p.71

22）同上　p.71

23）田中耕太郎『教育基本法の理論』有斐閣　1961 年　p.73

24）神代健彦編『民主主義の育てかた——現代の理論としての戦後教育学』かもがわ出版　p.3

第8章

1）ユニセフ『世界子供白書 2021』（https://www.unicef.or.jp/sowc/）

2）教科書研究センター「海外教科書制度」2022 年（https://textbook-rc.or.jp/kaigai/）

3）本柳とみ子『コアラの国の教育レシピ』2021 年　幻冬舎　p.247

4）伊井義人編『多様性を活かす教育を考える七つのヒント　オーストラリア・カナダ・イギリス・シンガポールの教育事例から』共同文化社　2015 年　pp.129-130

5）国立教育政策研究所編『幼児教育・保育の国際比較：OECD 国際幼児教育・保育従事者調査 2018』明石書店　2020 年　pp.100-102

6）池本美香編『子どもの放課後を考える』勁草書房　2009 年　pp.48-52

第9章

1）原聡介編集代表『教職用語辞典』一藝社　2008 年　pp.131-132

2）藤井穂高編著『教育の法と制度』ミネルヴァ書房　2018 年　p.6

3）同上　p.7

4）日本児童教育振興財団編『学校教育の戦後 70 年史』小学館　2016 年　p.14
5）文部省・厚生省「幼稚園と保育所との関係について」
（https://www.mhlw.go.jp/web/t_doc?dataId=00ta8961&dataType=1&pageNo=1）
6）OECD 編著『OECD スターティングストロング白書』明石書店　2022 年　p.11
7）藤井穂高編著『教育の法と制度』ミネルヴァ書房　2018 年　p.153
8）内閣府『平成 25 年版　少子化社会対策白書』勝美印刷　2013 年　p.31
9）藤井穂高編著『教育の法と制度』ミネルヴァ書房　2018 年　p.162
10）汐見稔幸『保育学講座 1　保育学とは』東京大学出版　2016 年　pp.25-26
11）谷田貝公昭編『保育用語辞典［改訂新版］』一藝社　2019 年　p.352
12）日本 WHO 協会「世界保健機関（WHO）憲章とは」（https://japan-who.or.jp/about/who-what/charter/）
13）ユニセフ『子どもたちに影響する世界——先進国の子どもの幸福度を形作るものは何か』2021 年（https://www.unicef.or.jp/library/pdf/labo_rc16j.pdf）
14）こども家庭庁設立準備室「こども家庭庁の創設について」（https://www.mhlw.go.jp/content/11900000/000987734.pdf）

第 10 章
1）OECD, OECD Learning Compass 2030（https://www.oecd.org/education/2030-project/teaching-and-learning/learning/learning-compass-2030/OECD_LEARNING_COMPASS_2030_Concept_note_Japanese.pdf）
2）大田堯『教育とは何か』岩波新書　1989 年　p.94
3）鳩の森愛の詩瀬谷保育園「のびる——園庭整備事業報告第一期」2017 年
4）内閣府「Society5.0」（http://www8.cao.go.jp/cstp/society5.0/）

第 11 章
1）文部科学省『平成 29・30・31 年改訂学習指導要領　育成すべき資質・能力の三つの柱』
（https://www.mext.go.jp/content/1421692_7.pdf）
2）文部科学省「幼児期の教育と小学校教育の円滑な接続の在り方について（報告）」2010 年
（https://www.mext.go.jp/component/b_menu/shingi/toushin/__icsFiles/afieldfile/2011/11/22/1298955_1_1.pdf）
3）文部科学省『小学校プログラミング教育の手引［第 3 版］』2020 年
（https://www.mext.go.jp/content/20200218-mxt_jogai02-100003171_002.pdf）p.13

第 12 章
1）weblio 辞書（https://www.weblio.jp）

第 13 章
1）OECD, OECD Learning Compass 2030　p.7（http://www.oecd.org/education/2030-project/teaching-and-learning/learning/learning-compass-2030/OECD_Learning_Compass_2030_concept_note.pdf）
2）中山芳一『非認知能力を伸ばすおうちモンテッソーリ 77 のメニュー』東京書籍　2020 年　p.42
3）レッジョチルドレン著、田辺敬子ほか訳『子どもたちの 100 の言葉——イタリア／レッジョ・エミリア市の幼児教育実践記録』学習研究社　2001 年　p.212
4）ヴェラ・ヴェッキほか編『もざいく　描くこと、言葉、素材が紡ぐ物語り』中央法規　2023 年　p.16

第 14 章
1）香川正弘ほか編『よくわかる生涯学習［改訂版］』ミネルヴァ書房　2016 年　p.3
2）馬場祐次朗編『生涯学習概論［2 訂］』ぎょうせい　2018 年　p.2
3）香川正弘ほか編『よくわかる生涯学習［改訂版］』ミネルヴァ書房　2016 年　p.16
4）文部科学省編『学制百五十年史』ぎょうせい　2022 年　p.382
5）田中壮一郎監修『逐条解説 改正教育基本法』第一法規　2007 年　pp.63-64
6）岩永雅也・岩崎久美子『現代教育入門』放送大学教育振興会　2021 年　p.186
7）内閣府「「生涯学習に関する世論調査」の概要」2022 年
8）馬場祐次朗編『生涯学習概論［2 訂］』ぎょうせい　2018 年　pp.15-16
9）岩永雅也『現代の生涯学習』放送大学教育振興会　2012 年　p.68
10）文部省編『学制百二十年史』ぎょうせい　1992 年
11）岩永雅也『現代の生涯学習』放送大学教育振興会　2012 年　p.75
12）馬場祐次朗編『生涯学習概論［2 訂］』ぎょうせい　2018 年　p.23
13）文部科学省編『学制百五十年史』ぎょうせい　2022 年　pp.388-389

14）総務省「令和3年 通信利用動向調査の結果」2022年

15）厚生労働省「令和3年 簡易生命表の概況」2022年

16）橋本鉱市編『専門職の報酬と職域』玉川大学出版部 2015年 pp.207-234

第15章

1）外務省「国連児童の権利委員会『日本の第4回・第5回政府報告に関する総括所見』」2019年
（https://www.mofa.go.jp/mofaj/files/100078749.pdf）

2）同上

3）法務省「令和4年における外国人入国者数及び日本人出国者数等について」2023年
（https://www.moj.go.jp/isa/publications/press/13_00034.html）

4）文部科学省報道発表「調査の結果、不就学と考えられる外国人の子供の数が8,183人であることが明らかとなりました（令和4年度外国人の子供の就学状況等調査）」2023年
（https://www.mext.go.jp/content/20230418-mxt_kyokoku-000007294_01.pdf）

5）文部科学省「外国人の子供の就学促進及び就学状況の把握等に関する指針」2020年
（https://www.mext.go.jp/a_menu/shotou/clarinet/004/1415154_00003.htm）

6）厚生労働省「『外国籍等の子どもへの保育に関する調査研究』について」
（https://www.mhlw.go.jp/stf/seisakunitsuite/bunya/0000135739_00006.html）

7）内閣府「青少年のインターネット利用環境実態調査」（令和4年度報告書）2023年
（https://www8.cao.go.jp/youth/kankyou/internet_torikumi/tyousa/r04/net-jittai/pdf-index.html）

8）内閣府「青少年のインターネット利用環境実態調査」（平成24年度報告書）2013年
（https://www8.cao.go.jp/youth/youth-harm/chousa/h24/net-jittai/pdf-index.html）

9）文部科学省報道発表「通常の学級に在籍する特別な教育的支援を必要とする児童生徒に関する調査結果（令和4年）について」2022年（https://www.mext.go.jp/b_menu/houdou/2022/1421569_00005.htm）

10）国際連合広報センター「人権理事会決議17/19『人権、性的指向およびジェンダー同一性』」
（https://www.unic.or.jp/files/a_hrc_res_17_19.pdf）

11）時事通信社「LGBT法案「三すくみ」こう着状態で成立見えず」2023年5月31日付Web配信記事
（https://sp.m.jiji.com/article/show/2955173）

12）内閣府通知「性的指向及びジェンダーアイデンティティの多様性に関する国民の理解の増進に関する法律の施行について」（令和5年6月23日）（https://www8.cao.go.jp/rikaizoshin/law/pdf/tuuchi.pdf）

13）国立社会保障・人口問題研究所「日本の将来推計人口（令和5年推計）結果の概要」2023年
（https://www.ipss.go.jp/pp-zenkoku/j/zenkoku2023/pp2023_gaiyou.pdf）

14）こども家庭庁「こども・子育て政策の強化について（試案）——次元の異なる少子化対策の実現に向けて」
（https://www.cfa.go.jp/policies/81755c56-2756-427b-a0a6-919a8ef07fb5/）

15）山田昌弘『日本の少子化対策はなぜ失敗したのか?』光文社新書 2020年 pp.158-179

16）国立社会保障・人口問題研究所「日本の将来推計人口（令和5年推計）結果の概要」2023年
（https://www.ipss.go.jp/pp-zenkoku/j/zenkoku2023/pp2023_gaiyou.pdf）

17）文部科学省「令和3年度 公立学校教職員の人事行政状況調査について（概要）」2022年
（https://www.mext.go.jp/content/20230116-mxt-syoto01-000026693_01.pdf）

18）厚生労働省「令和3年 労働安全衛生調査（実態調査）結果の概況」2022年
（https://www.mhlw.go.jp/toukei/list/dl/r03-46-50_kekka-gaiyo01.pdf）

参考文献

第1章

・Internet Archive "Plato's Lows [Pangle]"
（https://ia801500.us.archive.org/14/items/platos-laws-pangle/Plato%27s%20Laws%20 5 BPangle% 5 D.pdf）

・InternetArchive "Grosseunterrichtslehre"
（https://ia600408.us.archive.org/25/items/grosseunterricht00come/grosseunterricht00come.pdf）

・Lewis, Charlton T, 1969, *ElementaryLatinDictionary*, Oxford, Oxford. U. P.

・尾崎雄二ほか編『角川 大字源』角川書店 1992年

・竹林滋ほか編『新英和大辞典［第6版］』研究社　2002年
・文部科学省「2義務教育年限・就学率」（https://www.mext.go.jp/a_menu/shotou/career/05010502/017.htm）

第2章

・フィリップ・アリエス『〈子供〉の誕生——アンシャン・レジーム期の子供と家族生活』みすず書房　1980年
・ルソー『エミール（上）』岩波書店　2007年

第3章

・木村元・小玉重夫・船橋一男著『教育学をつかむ』有斐閣　2009年
・柴田義松・山﨑準二編『教育原論』学文社　2014年
・田井康雄編『人間と教育を考える——教育人間学入門』
・高橋重宏・才村純編著『改訂　子ども家庭福祉論』建帛社　2006年
・中島常安・請川滋大ほか編著『発達心理学用語集』同文書院　2006年
・橋本太朗編著『現代教育基礎論』酒井書店　2010年
・林邦雄・谷田貝公昭監修、大沢裕編著『教育原理』一藝社　2012年
・平井悠介・曽余田浩史『教育原理・教職原論』共同出版　2021年
・福元真由美編『はじめての子ども教育原理』有斐閣　2017年
・森上史朗・柏女霊峰編『保育用語辞典［第5版］』ミネルヴァ書房　2009年

第4章

・石堂常世『フランス公教育論と市民育成の原理——コンドルセ公教育論を起点として』風間書房　2013年
・石橋哲成・佐久間裕之編著『西洋教育史［新訂版］』玉川大学出版部　2019年
・梅根悟『新装版　世界教育史』新評論　2002年
・梅根悟監修、世界教育史研究会編『イギリス教育史Ⅱ』講談社　1981年
・梅根悟監修、世界教育史研究会編『フランス教育史Ⅱ』講談社　1981年
・江藤恭二・木下法也ほか編著『西洋近代教育史』学文社　1979年
・江藤恭二監修、篠田弘ほか編『新版　子どもの教育の歴史　その生活と社会背景をみつめて』名古屋大学出版会　2008年
・木村靖二・佐藤次高ほか『アナウンサーが読む　聞く教科書　山川詳説世界史』山川出版社　2013年
・木村靖二ほか監修、日下部公昭ほか編『詳説世界史図録［第2版］』山川出版社　2017年
・教育思想史学会編『教育思想事典［増補改訂版］』勁草書房　2017年
・コンドルセ著、松島鈞訳『公教育の原理』明治図書　1962年
・全国歴史教育研究協議会編『世界史用語集［改訂版］』山川出版社　2022年
・田口仁久『イギリス学校教育史』学芸図書　1975年
・田中克佳編著『教育史　古代から現代までの西洋と日本を概説』川島書店　1987年
・土方直史『ロバート・オウエン』研究社　2003年
・藤井千春編著『時代背景から読み解く　西洋教育思想』ミネルヴァ書房　2016年
・吉田武男監修、尾上雅信編著『西洋教育史』ミネルヴァ書房　2018年
・ロバアト・オウエン著、楊井克巳訳『新社会観』岩波書店　1954年

第5章

・江藤恭二監修『新版　子どもの教育の歴史　その生活と社会背景をみつめて』名古屋大学出版会　2008年
・喜多明人編著『子どもの学ぶ権利と多様な学び——誰もが安心して学べる社会へ』エイデル研究所　2020年
・京都市教育委員会・京都市学校歴史博物館編『京都学校物語』京都通信社　2006年
・久保義三ほか編『現代教育史事典』東京書籍　2001年
・小針誠『教育と子どもの社会史』梓出版社　2007年
・汐見稔幸ほか『日本の保育の歴史』萌文書林　2017年
・宍戸健夫『日本における保育園の誕生——子どもたちの貧困に挑んだ人びと』新読書社　2014年
・竹内洋『立志・苦学・出世——受験生の社会史』講談社　1991年
・永田桂子『絵本観・玩具観の変遷』高文堂出版社　1987年
・日本保育学会編『保育学講座1　保育学とは——問いと成り立ち』東京大学出版会　2016年
・橋本宏子『戦後保育所づくり運動史——「ポストの数ほど保育所を」の時代』ひとなる書房　2007年
・文部科学省編『学制百五十年史』ぎょうせい　2021年
・文部省編『学制百年史』帝国地方行政学会　1972年
・文部省編『幼稚園教育百年史』ひかりのくに　1979年

・柳治男『〈学級〉の歴史学——自明視された空間を疑う』講談社　2005 年

第 6 章
・アルベルト・レーブレ著、広岡義之訳『教育学の歴史』青土社　2015 年
・ウィリアム・H. キルパトリック著、乙訓稔ほか監訳『フレーベルの教育原理』東信堂　2020 年
・乙訓稔著『西洋近代幼児教育思想史［第 2 版］』東信堂　2010 年
・乙訓稔著『西洋現代幼児教育思想史』東信堂　2009 年
・ジョン・ロック著、梅崎光生訳『教育論』明治図書出版　1960 年
・田中克佳編著『教育史』川島書店　1987 年
・デューイ著、市村直久訳『学校と社会・子どもとカリキュラム』講談社　1998 年
・プラトン著、山本光雄・藤沢令夫訳『プラトン全集 8』岩波書店　1975 年
・プラトン著、加来彰俊・藤沢令夫訳『プラトン全集 9』岩波書店　1974 年
・フレーベル著、荒井武訳『人間の教育』岩波書店　1964 年
・ペスタロッチー著、長田新訳『隠者の夕暮・シュタンツだより』岩波書店　1943 年
・J. A. コメニウス著、太田光一訳『大教授学』東信堂　2022 年
・ルソー著、今野一雄訳『エミール（上）』岩波書店　1962 年

第 7 章
・今井康雄編『教育思想史』有斐閣　2009 年
・小野雅章『教育勅語と御真影——近代天皇制と教育』講談社　2023 年
・教育思想史学会編『教育思想事典［増補改訂版］』勁草書房　2017 年
・田岡昌大「戦後における城戸幡太郎の幼児教育論——『幼児教育論』以後の異同について」『子ども発達臨床研究』第 9 号　2017 年
・辻本雅史『江戸の学びと思想家たち』岩波書店　2021 年
・山中恒『戦時下の絵本と教育勅語』子どもの未来社　2017 年

第 8 章
・秋田喜代美編『世界の保育の質評価——制度に学び、対話をひらく』明石書店　2022 年
・池本美香編『子どもの放課後を考える』勁草書房　2009 年
・泉千勢『なぜ世界の幼児教育・保育を学ぶのか——子どもの豊かな育ちを保障するために』ミネルヴァ書房　2017 年
・国立教育政策研究所編『幼児教育・保育の国際比較：OECD 国際幼児教育・保育従事者調査 2018』明石書店　2020 年
・文部科学省『令和 4 年版 諸外国の教育統計』2022 年
　（https://www.mext.go.jp/b_menu/toukei/data/syogaikoku/1415074_00017.htm）
・山田千明編『多文化に生きる子どもたち——乳幼児期からの異文化間教育』明石書店　2006 年

第 9 章
・OECD 編著、星三和子ほか訳『OECD 保育白書』明石書店　2011 年
・日本児童教育振興財団編『学校教育の戦後 70 年史』小学館　2016 年
・日本保育学会編『保育学講座 1　保育学とは』東京大学出版会　2016 年
・日本保育学会編『保育学講座 2　保育を支えるしくみ——制度と行政』東京大学出版会　2016 年
・藤井穂高編著『教育の法と制度』ミネルヴァ書房　2018 年
・文部科学省「教育三法の改正について」2007 年（https://www.mext.go.jp/a_menu/kaisei/07101705/001.pdf）

第 10 章
・汐見稔幸『教えて！ 汐見先生 マンガでわかる「保育の今、これから」』Gakken　2023 年
・仁慈保育園『非認知能力をはぐくむ仁慈保幼園の環境づくり』Gakken　2023 年
・高山静子『学びを支える保育環境づくり——幼稚園・保育園・認定こども園の環境構成』小学館　2017 年
・日本建築学会編『こどもの環境づくり事典』青弓社　2014 年

第 11 章
・OECD『家庭、学校、地域社会における社会情動的スキルの育成』2015 年
　（https://www.oecd.org/education/ceri/FosteringSocialAndEmotionalSkillsJAPANESE.pdf）
・京都教育大学教職キャリア高度化センター『「生きる力」を育てるためのキーワード集（その 1）—「資質・能力」を考える』2020 年（https://www.kyokyo-u.ac.jp/Cece/keywords_1.pdf）
・国立教育政策研究所「学習指導要領を理解するためのヒント　主体的・対話的で深い学びを実現する授業改善の視点

について」2020 年　（https://www.nier.go.jp/05_kenkyu_seika/pdf_seika/r02/r020603-01.pdf）
・柴田義松『ヴィゴツキー入門』子どもの未来社　2006 年
・中央教育審議会初等中等教育分科会「幼児期の教育と小学校教育の円滑な接続の在り方に関する調査研究協力者会議（第 1 回）配布資料　幼児期の教育と小学校教育の接続について」2010 年
（https://www.mext.go.jp/b_menu/shingi/chousa/shotou/070/gijigaiyou/__icsFiles/afieldfile/2010/06/11/1293215_3.pdf）
・東京大学大学院教育学研究科附属発達保育実践政策学センター『保育学用語辞典』中央法規　2019 年
・文部科学省「新たな未来を築くための大学教育の質的転換に向けて（答申）」2012 年
（https://www.mext.go.jp/component/b_menu/shingi/toushin/__icsFiles/afieldfile/2012/10/04/1325048_3.pdf）
・文部科学省『小学校プログラミング教育の手引［第 3 版］』2020 年
（https://www.mext.go.jp/content/20200218-mxt_jogai02-100003171_002.pdf）
・文部科学省「『令和の日本型学校教育』の構築を目指して（答申）」2021 年
（https://www.mext.go.jp/content/20210126-mxt_syoto02-000012321_2-4.pdf）
・文部科学省『令和 3 年度　文部科学白書』2022 年
（https://www.mext.go.jp/content/20220719-mxt_soseisk02-000024040_201.pdf）
・文部科学省国立教育政策研究所教育課程研究センター『学習評価の在り方ハンドブック　小・中学校編』
（https://www.nier.go.jp/kaihatsu/pdf/gakushuhyouka_R010613-02.pdf）
・文部科学省初等中等教育分科会「幼児教育と小学校教育の架け橋特別委員会（第 1 回）配付資料」2021 年
（https://www.mext.go.jp/content/20210720-mxt_youji-000016944_08.pdf）

第 12 章
・森上史朗・柏女霊峰『保育用語辞典［第 8 版］』ミネルヴァ書房　2015 年
・文部科学省『幼児理解に基づいた評価（平成 31 年 3 月）』チャイルド社　2019 年

第 13 章
・国際バカロレア機構『国際バカロレア（IB）とは？』International Baccalaureate Organization　2017 年
・ドミニク・S・ライチェンほか編著『キー・コンピテンシー――国際基準の学力をめざして』明石書店　2006 年
・日本モンテッソーリ教育綜合研究所（https://sainou.or.jp/montessori/about-montessori/index.html）
・本多舞「幼児教育における PYP 導入の可能性と課題――一条校の PYP 認定幼稚園での聞き取り調査から」『国際バカロレア教育研究』第 3 巻　2019 年
・文部科学省 IB 教育推進コンソーシアム「PYP（プライマリー・イヤーズ・プログラム）」（https://ibconsortium.mext.go.jp）

第 14 章
・岩崎久美子『成人の発達と学習』放送大学教育振興会　2019 年
・香川正弘ほか編『よくわかる生涯学習［改訂版］』ミネルヴァ書房　2016 年

第 15 章
・アンドレアス・シュライヒャー著、OECD 編『教育のワールドクラス――21 世紀の学校システムをつくる』明石書店　2019 年
・川村千鶴子編著『多文化社会の教育課題――学びの多様性と学習権の保障』明石書店　2014 年
・ジョエル・スプリング著『教育グローバル化のダイナミズム――なぜ教育は国境を越えるのか』東信堂　2023 年
・寺田千栄子『LGBTQ の子どもへの学校ソーシャルワーク――エンパワメント視点からの実践モデル』明石書店　2020 年
・日本教育社会学会編『教育社会学事典』丸善出版　2018 年
・「特集＝危機の時代の教育」『現代思想』2022 年 4 月号　青土社

索　引

あ 行

ICT　110、114、149、152、155、158-159、165

アカデメイア　3、32

アクティブ・ラーニング　110

アプローチカリキュラム　117-118、133

アリエス　14-15、20

アリストテレス　32、54、56

石田梅岩　66

1 条校　52、139

伊藤仁斎　66

Well-being　91

AI　105、109、158-159

絵本　10-11、49、71、102、121

園庭整備　104

オウエン　36-37、40、62-63

OECD　80、87、101、132-133、145、156

荻生徂徠　66

恩物　44、60-62、69
　　──中心主義　69-70

か 行

外国語活動　51、115

貝原益軒　65

学習指導要領　45、50-51、77、110、113-115、134、152、155-156

学制　4、42-43、45-46

学童保育　81-82

学校教育法　5-6、8-10、28、45、48、50、52、85-86、89-91、111-112、139、148、164

カテキズム　57

キー・コンピテンシー　156

GIGA スクール構想　109、149

ギゾー法　39

城戸幡太郎　71

教育格差　82

教育課程　40、48、51、60、112、114-116、127-128、156

教育機会確保法　51

教育基本法　5-9、19、29、48、50-51、72-73、85-86、89、91、111、144、146-147

教育実習　78

教育勅語　45-46、48、68、71-72

教育令　45

教育を受ける権利　5-7、48、85-86

教科書検定制度　77

共主体　101

教職大学院　147

キルパトリック　60-61

熊沢蕃山　65

倉橋惣三　18、70

グローバル化　114-115、132-133、155、157、165

慶應義塾　67

経験主義教育　61

形式陶冶　55

公教育　5、34、37-41、45-46、51、67、85
　　──制度　32-35、37-40

合理的配慮　162

コーナー保育　126

古学　65-66

国学　43、65-66

国際バカロレア　133、139-142、156

「国体」論　68

国民学校　47-48、70-71

国民国家　15、74

子ども・子育て関連 3 法　89

こども家庭庁　52、89-92、127、164

こども基本法　52、91

こども計画　91

こども食堂　81

こども大綱　91

子どもの家　62、134

子どもの権利条約　19-20、30、91、99、156-157

子どもの最善の利益　20、30、52

コメニウス　3-4、55-60

5 領域　10-12、27、106、118、120、124-125

混合保育　127

コンドルセ　38-41

コンピテンシー　110、132

さ 行

産婆術　54、63

自己肯定感　111

慈善学校　35-36

持続可能な開発目標（SDGs）　148

実学主義教育　55

実質陶冶　55

師弟同行　70-71

児童虐待防止法　157

児童中心主義教育　62

児童の権利に関する宣言　20

児童福祉法　10、49、81、86、89、157

社会教育　143-145

社会情動的スキル　111

就学援助制度　6

就学準備型　80、132-133、142

修身　45、67

儒教思想　42-43

主体的・対話的で深い学び　77、110-111、113、118、151-152

小1プロブレム　117、133

生涯学習振興計画　144

生涯学習振興法　146

松下村塾　42、67

小学校学習指導要領解説　22-25、27

小学校令　45

消極教育　16、58

少子高齢化　155、163-165

助教法学校　36

人格の完成　6-10、12、48、72、124

新自由主義　19

スタートカリキュラム　117-118、133

STEAM教育　116

性格形成学院　36-37

生活基盤型　80-81、132-133、142

セクシュアリティ　161-163

戦後教育学　72

全体的な計画　127-128

専門職大学　148

ソーシャルサポート　93

ソクラテス　3、53-54、63

Society5.0　105、152

た　行

大正新教育　69

ダイバーシティ　161

体罰　30、156-157

縦割り保育　126-127

タブラ・ラサ　56

多文化共生　157

直観教授　37、56、59

適塾　67

デモクラシー　16、19-20

デューイ　50、60-62、136

寺子屋　42、66

道徳　19、45-46、51、55-56、65、73、114-115、125

ドキュメンテーション　138

な　行

中江藤樹　65-66

鳴滝塾　66-67

二重行政　89

日曜学校　36

認定こども園法　11、89

は　行

発達過程　23、25、55、128

林羅山　64

PDCAサイクル　130

非認知能力　111、159

平田篤胤　66

フィッシャー法　39

フェリー　40

フォスター法　39

福沢諭吉　43、67-68

プラトン　3-4、32、54

フリースクール　16、52

フレーベル　44、59-63、69

プログラミング教育　115

ペスタロッチ　55、58-61、63

ベル・ランカスター法　36

ヘルバルト　59-61

保育所保育指針　10、12、19、23、50、86、89、96-97、101、105-106、124、128

　　——解説　22-24、27、30

放課後活動　82

放送大学　147-149

ボランタリズム　35、39

ま　行

マクミラン姉妹　62-63

学びの自覚化　112

学びの連続性　89、112、117

3つの視点　27、106

「みんなの学校」プロジェクト　77

本居宣長　66-67

森有礼　45、67

モンテッソーリ　62、133-136

　　——教育　62、133-136、142

問答法　54、57、63

や　行

山崎闇斎　63-64

ヤングケアラー　74

誘導保育　18、70

ユネスコスクール　156

幼児期の終わりまでに育ってほしい姿　12、29、90、105-107、111、117-118、124、130

幼稚園教育要領　9、19、25、50、86、89、111、120、124、128、130

　　——解説　22、24-25、27、29

幼稚園令　46

幼保一元化　47、79、90

幼保連携型認定こども園教育・保育要領　86、90、128

陽明学　64-65

ら　行

リカレント教育　143、145

履修証明制度　147

臨床性　73-74

ルソー　15-17、20、55、57-58、61

レッジョ・エミリア・アプローチ　133、136-138、142

ロック　55-58

◆編者紹介

安部　孝（あべ　たかし）

名古屋芸術大学教育学部教授

［主著］
・『カリキュラム論──教育・保育の計画と評価』安部孝編著　みらい　2021年［編著］
・「第16章 乳幼児期における家庭での心を育てる取組」『新 道徳教育全集 第5巻』日本道徳教育学会編集委員会　田沼茂紀・島恒生・竹内善一・廣川正昭編著　学文社　2021年［共著］（安部日珠沙）。
・「第10章 5歳児の保育内容」『子どもの主体性を育む保育内容総論』津金美智子・新井美保子編著　みらい　2018年［共著］
・『自分でつくる BOOK & NOTE──教育・保育実習でよりよい時間を過ごそう！』安部孝編著　同文書院　2015年［編著］

シリーズ　実践につなぐ

教育原理
──教育・保育をひらく──

2024年3月31日　初版第1刷発行

編　　者	安部　孝
発行者	竹鼻均之
発行所	株式会社みらい

〒500-8137　岐阜市東興町40 第5澤田ビル
TEL　058-247-1227㈹　FAX　247-1218
https://www.mirai-inc.jp/

| 印刷・製本 | 株式会社　太洋社 |

ISBN978-4-86015-628-2
Printed in Japan　　　　　　乱丁本・落丁本はお取替え致します。